우리 아이의
입시는
공정한가

우리 아이의 입시는 공정한가

공정한 시험과 적합한 선발을 향한 끝없는 논쟁

초판 1쇄 펴낸날 | 2023년 12월 14일

지은이 | 이 현·김 용·박대권
펴낸이 | 고성환
펴낸곳 | (사)한국방송통신대학교출판문화원
　　　　(03088) 서울시 종로구 이화장길 54
　　　　전화 (02) 3668-4764
　　　　팩스 (02) 741-4570
　　　　홈페이지 http://press.knou.ac.kr
　　　　출판등록 1982년 6월 7일 제1-491호

출판위원장 | 박지호
책임편집 | 이두희
편집 디자인 | (주)성지이디피
표지 디자인 | 김민정

ⓒ 이 현·김 용·박대권, 2023
ISBN 978-89-20-04886-9　03370

값 18,000원

공정한 시험과 적합한 선발을 향한 끝없는 논쟁

우리 아이의 입시는 공정한가

이 현·김 용·박대권 같이 씀

지식의날개

머리말

"개천에서 용 난다."는 말은 이미 수명을 다한 것처럼 생각되지만, 여전히 적지 않은 사람들이 "제2의 탄생"을 기대하며 학교교육에 열심히 참여하고 있다. 제2의 탄생은 1960년대 말 일본을 방문한 노르웨이 학자가 학교 공부를 잘 하면 부모와는 다른 삶을 살 수 있는 일본사회의 현실을 보고 만든 용어다. 한국사회는 일본 이상으로 제2의 탄생이 가능했다. 단, 또 한번의 탄생은 대학입시에서 좋은 결과를 거둔 사람에게만 허락되었다.

대학으로 들어가는 좁은 문을 열기 위한 경쟁과정에서 숱한 문제가 나타났다. 어린 학생들이 잘 먹고 잘 놀지 못한 채 밤늦은 시간까지 입시 준비에 매달렸다. 극심한 스트레스를 호소하고, 나아가 그 스트레스를 이기지 못하고 유명을 달리하는 학생이 늘어갔다. 단순한 문제를 암기하는 일에 귀한 시간을 다 써 버리는 청춘들을 안타깝게 여기고, 대학입시 탓에 고등학교 교육의 황폐화를 걱정하는 목소리도 높았다. 대입에는 적지 않은 돈이 들었고 학부모들은 사교육비 부담을 호소했다. 대입 경쟁과 사교육비 부담은 여전히 젊은 사람들이 결혼과 출산을 주저하게 만드는 주범 중 하나로 꼽힌다. 입시를 돈벌이 수단 정도로 생각하고 부정을 일삼는 대학도 있었다. 대학입시의 역사는 입시 비리의 역사이기도 했다.

이와 같은 다양한 문제에 정부가 대응하였다. 대학이 시험을 주관하는 과정에서 비리가 발생하자 국가가 직접 시험을 주관하기 시작했다. 과열 경쟁과 사교육비 부담을 줄이고자 전격적으로 대학 본고사를 폐지하고 과외를 전면 금지한 때도 있었다. 학생들의 학업 부담을 줄이고, 암기가 아닌 고차원적 사고를 진작하기 위하여 대학수학능력시험을 도입했다. 대학입학제도는 늘 최우선 교육 정책이었다. 그러나 정부의 노력에도 불구하고 대학입시 문제는 사라지지 않았다.

근래 대학입시의 화두는 공정이다. 지난 20여 년 이상 저성장이 지속되면서 부모 세대보다 풍족한 삶을 살 수 없는 자녀 세대가 등장하고 있다. 내 몫은 내가 지켜야 한다고 믿는 사람들이 늘어나고, 경쟁의 규칙을 조금이라도 자신에게 유리하게 만들고자 하는 움직임이 활발해지고 있다. 공정이라는 이름 아래.

모든 사람을 동등하게 만족시키는 정책은 찾아보기 어렵다. 대학입학전형제도를 어떻게 설계하는가에 따라서 누군가는 이익을 얻지만, 누군가는 상대적 불이익을 받게 된다. 수시 입학을 늘릴 것인가, 정시 입학 비중을 확대할 것인가, 수능성적을 중시할 것인가, 학생부 기록을 더 눈여겨볼 것인가, 상대평가 방식을 취할 것인가, 절대평가를 도입할 것인가에 따라 어떤 사람은 웃을 수 있지만, 다른 누군가는 시름에 빠진다.

이처럼 얽히고설킨 문제의 지혜를 얻기 위하여 수년 전에 공론화 방식을 도입하기도 했다. 오래전부터 대학입시는 온 국민의 관심사였지만, 대학입학제도 공론화는 많은 사람들의 다양한 문제제기와 요구를 수렴하는 통로가 되었다. 대입제도를 공론화 방식으로 결정하는 것이 옳은가, 공론화 과정은 공정했는가, 공론화 결과는 타당했는가와 같은 문제가 여전히 제기되고 있지만, 대입제도를 둘러싼 당시의 날카로운 분위기를 떠올리면 공론화가 아닌 방식으로, 이만큼이나 사회의 다양한 목소리를 모아 내고 갈등 수준을 낮출 수 있었을까라는 생각도 하게 된다. 공론화 과정을 겪고 어느 정도 휴전 상태에 돌입한 것은 사실이다.

얼마 전, 2028년에 대학에 입학하는 학생들을 위한 대입제도 개편안이 발표되었다. 미래 지향적 대입 방안을 마련한다는 취지와 달리 공정, 입시 카르텔 등 현재의 관심사만 잔뜩 담긴 방안이 되고 말았다. 공정을 요구하는 목소리가 그만큼 높거나, 공정이라는 명분을 앞세우고 자신의 이해관계를 지키고자 하는 사람들이 그만큼 많다는 사실을 보여준다.

그런데 공정은 과연 지고지선의 가치인가? 모두가 공정을 말하지만, 공정은 하나의 내용을 갖는 개념이 아니다. 누군가는 내 능력만큼 내가 받아야 한다는 공정을, 다른 누군가는 사회정의의 토대로서의 공정을 말한다. 근래 능력과 결부지은 공정을 논할 때, 그 능력이 나의 능력인지 내 부모의 능력인지를 구분하지 않는 경우도 적지 않다. 적지 않은 사람들이 공정하다는 착각에 빠져 있는지도 모른다.

대학입학제도를 염두에 두면, 공정한 선발과 함께 적합한 인재를 선발해야 한다는 주장을 많은 사람들이 수긍할 것이다. 대학입시에서 잠깐 눈을 돌리면 우리 사회 여기저기서 적합한 선발제도가 빠르게 발전하고 있다. 판교 IT 회사들은 출신 학교 졸업장이 아니라 코딩 실력으로 사원을 선발하기 시작했다. 스타트업 기업 중에는 자격증이나 학점 같은 스펙을 보기보다 며칠을 두고 함께 식사하고 이야기하면서 자신들의 조직에 잘 어울리는 사람을 선발하고자 노력하는 경우도 있다. 모두 적합한 인재를 선발하기 위한 시도이다.

대학입시에서도 선발의 적합성을 높이는 일이 중요해지고 있다. 대학은 많고, 다양화하고 있다. 자신의 특색을 만들어 가고자 노력하는 대학이 많아지고, 대학교육에 적합한 학생 역시 같지 않다. 대학이 적합한 인재를 선발하고 교육해야 할 필요가 점점 강해지고 있다. 공정한 선발만큼 적합성을 높이는 선발이 중요하다.

이 책은 공정성과 적합성이라는 시각으로 우리 사회의 대학입학 제도의 어제와 오늘을 개관한다. 대학입학 문제와 대학입학 정책의 사회사를 살펴보고, 근래 논의의 핵심이 되고 있는 수능시험과 입학사정관제가 어떻게 만들어졌고, 어떤 쟁점을 만들어 내고 있는지를 확인할 수 있다. 이 책 한 권에서 난마亂麻처럼 얽힌 대입 문제에 최선의 처방을 내릴 수는 없지만, 문제의 기원을 알고 다양한 관점에서 문제를 생각할 수 있도록 한다. 그 과정에서 우리 사회 최대의 문제를 해결할 단초를 발견할 수 있기를 기대한다.

2023년의 끝자락에서
공저자를 대표하여, 김용

차례

공정한 대학입시,
우리 사회 최고의 관심사

>>> 대학입시, 한국인의 결정적 경험

대학입시는 수많은 한국인이 공유하는 결정적 경험이다. 초등학교에 입학하면서부터 "좋은 대학에 가야 한다"는 말을 듣고, 학교를 서너 해 다니고 나면 아직 초등학생임에도 벌써 대학입시에 도움이 될 것 같은 학원에서 사교육을 시작한다. 중학생이 되면 본격적인 대학입시 경주의 막이 오르고, 고등학교에서의 모든 생활은 오로지 대학입시에만 초점을 맞춘다. 하필 입학시험을 치르던 날 배가 아파서 시험을 망쳤다든지, 운 좋게 '찍은' 문제가 정답이었다든지 하는 이야기는 대학을 입학하고 졸업한 후에도 종종 화제가 된다.

대학입시는 한 사람만의 문제가 아니다. 온 가정의 문제이다. 초등학생 자녀가 학원을 다니기 시작하면, 부모 중 누군가는 자녀를 학원에 데려다주고 데리고 오는 일을 개시해야만 한다. 고등학생 자녀를 둔 가정에서는 자녀의 공부를 방해할까 봐 최대한 조용히 생활하고, 자녀의 정신을 산만하게 할 수도 있는 여행과 같은 가욋일은 미루어 둔다. 대학입학시험장으로 들어가는 자녀의 뒷모습을 바라보면서 기도를 올리는 부모의 모습은 대학입시를 둘러싼 한국인의 삶을 상징적으로 보여준다.

대학입시는 국가와 사회의 문제이기도 하다. 대학수학능력시험^{수능}을 치르는 날이면 경찰 오토바이가 학생을 실어 나르고, 듣기 평가를 치르는 동안에는 비행기 이착륙마저 멈춘다. 시험 문제가 너무 어렵거나 너무 쉽다는 평가가 나오면 사회부총리^{교육부장관}가 사과를 하고, 시험 문제를 잘못 출제했다는 평가에 장관이 자리에서 내려오기도 한다. 대학입시제도를 어떻게 할 것인가는 수많은 국민이 관심을 가지고 있는 문제라서 대통령이 정시와 수시 입학 비중을 어떻게 바꾸어야 하는지를 국회에서 연설하기도 하고, '킬러 문항' 문제를 국무회의에서 제기하며, 여러 정부 기관에서 후속 대책을 내놓는다. 대학입시제도를 개편하는 일은 대통령선거에 매번 등장하는 단골 공약 가운데 하나이다.

한국인과 한국사회에서 대학입시는 결정적 경험이자 사건이다.

>>> 변화하는 대학입시

대학입시는 한국사회에서 늘 중요한 문제였지만, 내막을 들여다보면 조금씩 변화가 나타나고 있다. 우선, 대학입학 경쟁 대열에 참여하는 학생 수가 변화하였다. 1975년 무렵까지는 고등학교에 입학하는 학생 비율이 40%를 밑돌았다(아래 그래프 참조). 당시 대학 신입생 비율은 동년배의 10% 내외에 머물렀다. 그때는 고등학교를 졸업하고 사회에 진출하는 사람도 제법 많았기 때문에, 대학입학 경쟁에 뛰어든 사람은 20% 정도에 머물렀을 수 있다. 그런

각급 학교 취학률 추이, 1945~2014[1]

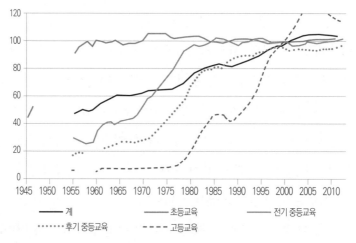

* 1) 취학률 = 학생 수 ÷ 학령 인구 × 100
  2) 학령 인구는 만 6~21세이며, 초등학교 만 6~11세, 중학교 만 12~14세, 고등학교 만 15~17세, 고등교육은 만 18~21세임
  3) 1956~59년의 연령별 인구는 1955년 연령별 인구 비율을 적용하여 추정함.

데 1980년 무렵이 되면 고등학교 진학률이 60%를 넘어서고, 대학에 입학하는 비율도 20%를 넘어선다. 대학입학을 자신의 문제라고 여기는 사람이 많아지는 셈이다. 1990년대에 접어들면 거의 모든 사람이 고등학교에 입학하고, 2000년대 중후반에는 대학 진학률이 80%에 이를만큼 높아진다. 이제는 거의 모든 사람이 대학에 갈 수 있고, 그만큼 대학입시는 거의 모든 사람의 문제가 되었다.

그런데 모든 고등학생에게, 그리고 모든 고등학교에 대학입시가 동일한 강도의 부담으로 다가오는 것은 아니다. 1970년대 중반까지는 이른바 명문고가 있었고, 주로 이 학교와 학교에 다니는 학생들이 대학입시 부담을 졌다. 당시에는 고등학교 입학 경쟁이 치열했고, 대학입학은 한 차례 걸러진 학생들만의 경쟁이었다. 1970년대 중반부터 고교 평준화 정책이 시행되면서 "변두리 신설 또는 무명 고등학교들이 새로운 강자로 등장"했다.[2] 평준화가 확산하면서 전국의 많은 학교들이 입시 작전의 전장으로 변했고, 교장은 사령관으로서 초비상상태를 지휘했다. 이 시기부터 보충수업, 방학 중 수업, (자율적이지 않은) 야간 자율학습이 시작됐다. 그리고 서울대반 등 특별반을 만들어 운영하는 고등학교가 등장했다. 무한경쟁의 수레바퀴가 돌아가기 시작한 것이다.[3]

수레바퀴는 여전히 돌아가고 있다. 다만 풍경이 바뀌었다. 2000년대 들어 '한 줄 세우기에서 여러 줄 세우기'로 대학입시제도가 방향을 바꾸어 가고 있다. 여전히 몇몇 고등학교에서는 정시 입학을 대비하여 문제집을 풀고 있지만, 더 많은 학교에서는 수시 입학을 대비하여 학교생활기록부^{학생부}를 관리하는 활동에 힘을 쏟는다. 초등학교 중학년(3~4학년)이 되면 벌써 입시학원을 기웃거리는 아이들이 있는가 하면, 비슷한 시기에 공부를 손에서 놓아 버리는 아이들도 꽤 많다. 학생을 선발하는 대학이 있고 이 대학입학을 준비하는 학생들의 경쟁은 치열하지만, 학생을 모집하는 대학에 가는 학생들에게 고등학교는 더 이상 '지옥'처럼 힘든 곳이 아니다. 지역, 학교, 학생에 따라 대학입학을 준비하는 모습에 큰 차이가 나타나고 있다.

최근 들어 어떤 대학에 입학하는가라는 문제가 과거에 비하여 훨씬 중요해졌다. 1959년에는 대학과 교육대학, 그리고 초급대학을 합한 수가 61개교에 불과했으나 1975년에는 98개교로 늘었다. 초급대학이 전문대학으로 변화한 1985년에는 231개교였고, 대학설립준칙주의가 시행된 1997년에는 325개교 그리고 2022년에는 334개교에 이르고 있다. 대학이 많아졌다. 1995년에 대학 진학률이 50%를 넘어서는데, 이 무렵까지는 둘 중 한 사람이 대학교육을 받았다. 이 시기까지는 한국경제가 해마다 성장해서 새로운 일자리가 많아지고, 일자리의 질도 개선되었다. 대학이 지금처럼 많지 않았고 대학을 졸업하면 적당한 일자리가 있었으니, 당시에도 유명 대학에 입학하기 위한 경쟁은 치열했지만, 그래도 어떤 대학이든 입학하면 그 결과가 나쁘지 않을 것이라는 믿음이 존재했다.

그러나 2000년대 들어 한국은 수축사회로 접어들었다.[4] 해가 바뀐다고 일자리가 많아지지 않는다. 과거의 대규모 기업 공채는 상당히 많이 사라졌고, 대학 졸업자를 신규 채용하지 않고 경력직을 수시 채용하는 기업이 많아졌다. 반면, 대학은 많아졌다. 이제는 대학을 졸업한다고 취업을 보장받지 못한다. 어떤 대학에 입학하는가가 훨씬 중요해졌다. 취업 시장에서 얼마나 적용되는지는 알 수 없으나, 서울에 있는 대학 이름의 앞 글자 한 자씩을 붙인 대학 서열이 존재한다. 서열 밖에 있는 대학입시에서 경쟁은 그다지 치열하지 않다. 그렇지만 서열 내에 있는 대학에 입학하기 위한 경쟁은 여전히 매우 치열하다.

어떤 대학에 입학하는가가 이후의 삶에 매우 중요한 영향을 미치기 때문에 대학입학을 위한 경쟁이 치열했고, 그 과정에서 여러 시비가 일어나기도 했다. 대학입학은 학생에게도 중요한 문제이지만, 대학에도 마찬가지로 중요하다. 한국은 사립대학 비중이 세계에서 가장 높은 국가이다. 사립대학은 학생의 등록금을 주된 수입으로 삼는다. 학생이 많을수록 대학 수입이 늘어난다. 특히 대학 재정이 열악한 학교일수록 많은 학생을 선발하려 한다. 정부 수립 초기에는 정원 외 학생을 선발하거나, 부정한 돈을 받고 입학을 허가해 주는 비리가 자주 일어났다. 예비고사나 학력고사와 같은 국가가 주관하는 시험이 등장한 배경에는 입시에서 대학이 저지른 부정한 사건이 존재한다.

2000년대 들어 대학이 학생 선발에서 자율권을 행사할 수 있게 되면서부터 공정성 논란의 내용이 달라졌다. 학생부를 주된 전형 요소로 삼은 수시 입학이 급증하는 과정에서 대학이 학생을 합격시키고 탈락시키는 기준이 불분명하다는 문제가 제기되었다. 정유라의 이화여대 부정입학 사건이나 조국 전 장관 자녀의 대학(원) 입학 관련 논란이 불거졌다. 학생부 종합전형과 수시 입학에 대한 문제제기는 날로 심해져 2018년에는 대규모 공론화 논쟁을 진행하기도 했다. 한국사회의 불평등 문제가 심각해지고, 좁은 문인 대학의 입학 기회를 둘러싼 갈등이 심화하면서 공정성 논란이 거세다.

한편, 사회변화도 빠르다. 기존에 없던 새로운 일이 만들어지고, 지난 20여 년 사이에 10대 기업 구성도 많이 달라졌다. 특히 인공지능^AI이 생활에 파고들면서 지식을 아는 일의 가치는 크게 낮아지고 있다. 사회가 다변화하고 사람에게 필요한 능력도 다양화하고 있다. 이런 시대를 살아갈 사람을 하나의 기준으로 선발하는 일이 바람직한가를 묻는 사람들도 많아지고 있다. 과거 대학입시는 시험을 중심으로 이루어졌지만, 이것을 '한 줄 세우기'라고 비판하고, 바꾸고자 하는 흐름이 강해지고 있다. 단 한 차례의 시험으로 학생의 능력을 온전히 측정할 수 없으며, 고등학교 생활 전체를 들여다보면서 학생의 역량이 어떻게 변화하는지를 평가하는 방식이 바람직하다는 주장이 활발하고, 실제로 대학수학능력시험^수능에서 학교생활기록부^학생부로 대학입학의 주된 방식이 변화하고 있다.

이런 변화가 또 다른 논란을 야기하고 있다. 학생부는 학생들이 고등학교 생활 내내 관리해야 하는 존재가 되었다. 고등학교에 따라서 학생부에 기재하는 내용에는 상당한 차이가 나타난다. 교사들이 모든 학생들의 학생부를 기록하는 일에 똑같은 에너지를 사용하지는 않는다. 때로는 학교 밖에서 학생부를 관리받는 경우도 있고, 이 과정에는 부모의 경제력이 개입한다. 대학이 학생부를 어떻게 평가하는지는 불투명하다. 학생부를 기록하고 평가하는 과정에서 공정성 문제가 다시 불거지고 있다.

≫ 입시 논쟁은 여전히 진행 중

대학입학에 관여하는 주체는 다양하다. 학생을 교육하는 고등학교, 학생을 선발하는 대학, 입학과정을 관리하는 국가 등이 모두 중요한 주체이다.

대학입학제도를 운영하는 과정에서 주인공은 몇 차례 변화했다. 해방 후 10년 정도는 대학이 전적으로 학생을 선발했다. 당시에는 대학과 대학에 입학하는 학생 수가 많지 않아서 대학입시가 요즘처럼 큰 사회문제가 되지는 않았지만, 대학의 입시 비리 문제는 수시로 불거졌다. 정원 이상으로 학생을 입학시키고, 그 대가로 돈을 받는 대학이 종종 알려졌다.

결국 대학입학예비고사라는 이름으로 국가가 주관하는 시험이 등장하고, 이 시험은 대학입학학력고사, 대학수학능력시험으로 이름을 바꾸어 가면서 지금까지도 대학입시에서 중요한 역할을 맡고 있다. 국가는 시험의 형식과 시험 대상 교과목을 포함하여 대학입학전형의 거의 모든 요소를 결정했다. 한국의 대학입시에서 가장 오랫동안 주연을 맡았던 주체는 국가였다.

국가가 주도하는 시험 중심의 대학입시가 계속되자 고등학교에서 볼멘소리가 터져 나왔다. 고등학교에서 마땅히 경험해야 하는 활동은 뒷전으로 물러나고 3년 내내 시험을 준비하였다. 여러 교과목을 고르게 학습하지 않고, 시험에서 배점이 높은 과목을 편식하는 학습이 일어났다. 무엇보다 아침 일찍 도시락 두 개를 들고 교문에 들어서 밤늦게까지 기계처럼 공부하는 아이들을 안타깝게 여기는 목소리가 높아졌다. 한 차례의 시험 결과가 인생을 결정하는 일의 부당함에 대한 호소는 여러 사람으로부터 호응을 얻었다.

적지 않은 고교 교사들이 고등학교의 학습 경험을 성실하게 기록하고, 그 기록을 대학이 잘 살펴서 학생의 변화과정을 확인하여 선발하는 것이 바람직하다는 생각을 가졌다. 이렇게 하면 고교교육은 정상화되고, 대학은 학문 분야에 적합한 인재를 선발할 수 있다는 기대가 생겼다.

대학은 학문의 자유를 추구하며 학생 선발의 자유도 주장했지만, 오랫동안 입시 비리와 결부되어 있었다. 1950년대 정원 외 학생을 입학시키면서 돈을 받았던 사건이 있었다. 1990년대에도 대학의 입시 비리는 계속되었다. 1990년대 초 서울의 한 대학은 한 학생당 3~4천만 원까지, 총 94명에게 30억 원이 넘는 기부금을 받고, 학교 전산실에서 컴퓨터에 합격 가능 점수를 입력하고, 학생의 답안지를 바꾸는 방식으로 비리를 저지르다 발각되었다. 2000년대 들어서도 대학의 입시 비리는 계속되었다. 국가가 주관하는 시험성적으로 학생을 선발하는 시기에는 학생의 답안지를 조작하는 등 상당한 부담이 따랐지만, 대학이 자율적으로 학생을 선발하면서부터는 비리를 저지르기가 쉬워졌다. 서울에 있는 한 대학에서는 면접시험을 치르면서 중요한 보직자의 딸에게는 최고점을 주고 다른 응시생들에게는 상당히 낮은 점수를 부여하여 교수 자녀를 입학시켰다.[5] 밝혀지지 않은 문제를 포함하면 이와 같은 비리는 알려진 것보다 훨씬 많을 것이다.

입시 비리에 대한 대학의 책임이 컸기 때문에 대학이 자유롭게 학생을 선발할 수 있어야 한다는 주장은 오랫동안 억눌려 있었다. 그런데 김영삼 정부가 등장하고 사회의 민주화가 진전하면서 대학에서도 학생 선발의 자율권을 주장하기 시작했다. 대학은 본고사나 기여입학제 시행 등 자율을 요구했으나, 본고사 시행은 학생들의 부담을 더 가중시킬 것이라는 우려 때문에, 기여입학제는 돈으로 대학입학을 산다는 부정적 시선 때문에 공감을 이끌어 내지 못했다.

그 와중에 대학이 학생들의 고등학교 기록을 자율적으로 평가하여 학생을 선발할 수 있는 제도가 도입되면서 대학이 학생 선발에서 자율성을 상당히 발휘할 수 있게 되었다. 학교 안팎에서 학생이 수행한 각종 활동을 살펴보고, 3년간의 변화를 확인하면서 학생을 선발하는 방식은 대학에서 수학할 적격자인지를 확인할 수 있는 좋은 방법이고, 한 줄 세우기가 아니라 여러 줄 세우기를 가능하게 한다는 긍정적 평가를 받았다. 아울러 고등학교를 시험 준비 기관으로 만들지 않고 학생들이 교육과정을 정상적으로 이수하도록 할 수 있다는 장점도 있었다. 이 점에서 대학과 고교 교사들의 생각에 비슷한 점이 많아졌다.

그런데 대학이 학생부를 활용하여 학생을 선발하자 학교 밖에서 다양한 활동이 이루어지기 시작했다. 자녀 교육에 관심이 높고 사회적 지위와 경제력을 갖춘 가정에서는 자녀의 활동을 다방면에서 지원할 수 있었다. 그렇지 않은 가정의 자녀들은 학생 스스로 준비할 수밖에 없었다. 학교에서는 상위권 대학에 입학할 가능성이 있는 학생들은 집중 관리하면서도 나머지 학생들의 학습에는 충분한 주의를 기울이지 않았다. 또, 대학이 학생부를 평가하는 과정이 불투명하다는 비판이 쏟아졌다. 교수 자녀는 대학 문을 들어서기가 쉽다거나 누군가는 고액의 입시 컨설팅을 받아서 대학에 입학했다는 말이 나돌았다.

결국, 문재인 정부 들어 입시제도에 대한 불만이 크게 터져 나왔다. 수능성적으로 정시에 입학하는 것이 가장 공정하다는 주장과 수능은 학원에서 준비할 수 있고, 재수를 하는 등 오래 공부할수록 유리하다는 점에서 오히려 불공정하다는 생각, 정시전형을 확대해야 고등학교와 대학의 입시 비리를 예방할 수 있기 때문에 공정하다는 의견과 정시보다는 수시전형을 통해서 경제·사회적으로 어려운 지역의 고등학생들이 대학에 입학할 가능성이 높아진다는 점에서 더 공정하다는 주장, 그리고 학생부를 중심으로 수시 입학을 확대해야 대학에서 학과 공부에 더 관심과 소양이 있는 인재를 선발할 수 있다는 믿음이 어지럽게 부딪혔다. 2018년에 있었던 대학입시 공론화는 대학입학에 관한 여러 집단의 서로 다른 주장을 확인할 수 있는 장이었다. 공론화는 마쳤지만 대학입시를 둘러싼 논란은 여전히 진행 중이다.

≫ 세상은 이미 변하였다

대학의 학생 선발 방식이 계속 변화하고 있는 것 이상으로 학교 바깥 세계에서 사람을 선발하는 방식 또한 크게 달라지고 있다.

시험을 활용한 선발 중 대표적인 것이 일제강점기부터 시작된 고등고시이다. 해방 이후에는 1950년부터 시행한 고등고시는 행정과 법조 관료를, 나중에는 외무 관료까지 선발하는 시험이었다.

이 시험에 합격하면 가문의 영광이자 개인적으로는 영예로운 공직자로 생활할 수 있었다.

그런데 고등고시는 점차 해체되고 있다. 시험의 꽃이라고 부를 수 있었던 법조인을 선발하는 사법고시는 2017년을 마지막으로 폐지되었다. 학력이나 가정 배경을 불문하고 누구나 치를 수 있는 시험이라는 점에서 긍정적으로 평가받았고, 특히 "개천에서 용 나는" 시험으로 인식되었지만, 다양한 분야의 인재를 선발하는 데에는 적합하지 않다는 비판, 많은 사람이 장기간 시험 준비에 매달려 국가적으로 자원 낭비가 심하다는 문제가 제기되었다. 또, 법과대학 학생들이 폭넓은 교양을 쌓고 법학 이외의 다른 분야에도 관심을 기울이기보다는 법학에만 매몰되며, 법과대학 이외의 학생들도 사법고시 준비에 뛰어들면서 대학교육이 파행된다는 비판이 거듭되면서, 법학전문대학원Law School을 통해서 예비 법조인을 교육하고, 대학원 졸업생을 대상으로 한 변호사시험을 통해서 법조인을 양성하는 방식으로 변화했다.

1968년에 처음 치러진 외무고시 역시 2013년에 폐지되었다. 외무고시를 통해서 유엔 사무총장까지 배출했지만, 외무고시가 융통성과 실무 능력이 떨어지는 외교관을 배출한다는 비판이 거셌다. 외무고시 합격자끼리의 외교관 순혈주의가 한국 외교를 위태롭게 한다는 문제도 제기됐다. 기존의 고시 방식으로는 급변하는 국제무대에서 활약할 창의적 인재를 선발하기 어렵다는 문제의식에서 고시를 폐지하는 대신, 외교관 후보자 선발시험을 치르고 이 시험에 합격한 사람을 국립외교원에서 1년간 교육하여, 외교관으로 임용하도록 했다. 고등고시 가운데 아직까지 실시되고 있는 것은 5급 공무원 공개채용시험으로 시행 중인 행정고시뿐이다.

기업의 선발 방식은 더 급변하고 있다. 기업에서 사원 공채를 처음 실시한 것은 1957년 삼성물산이다. 당시 삼성물산은 1,200여 명의 지원자 중에서 27명을 시험을 통해서 선발했다.[6] 이후 기업 공채는 점차 확산하였고, 1980년대에는 대규모 정기 공채의 시대라고 할 만큼 한날한시에 여러 기업이 동시에 채용시험을 치르는 풍경이 펼쳐졌다. 대규모 정기 공채는 보통형 인재를 선호하고, 그물형 채용 방식이 특징이다.[7]

그런데 1990년대 중반부터 대규모 정기 공채 대신 소수를 수시 채용하는 기업들이 늘어난다. 보통형 인재보다는 특이형 인재를 선호하고, 그물에 걸리는 사람을 선발하는 것이 아니라 낚시형 채용 방식이 이루어진다.[8] 이렇게 변화한 데에는 배경이 있었다. IMF 위기를 겪으면서 많은 기업이 구조조정을 단행하고 감원을 시작했다. 이 시기에 세계화가 진전되면서 국제 경쟁력을 높이는 일이 매우 중요해진 것도 그 원인이었다.

2000년대 들어 또다시 변화가 일어났는데, 삼성이 그 주역이었다. 기존에는 인성면접과 필기시험 성적을 중심으로 선발했지만, 그 중심에는 학벌이 상당히 강력하게 작용했다. 그러나 국제 경쟁이 치열해지는 상황에서 과감하게 능력 위주로 선발하자는 취지를 살리고자 했다. 이 시기에 지원 직무를 집중 평가하는 역량면접이 도입되었다.[9] 잠재력이 있는 인재를 우선 검증하고 나중에 채용한다는 취지에서 인턴 채용이 급격히 확대되기 시작한 것도 이 무렵부터다.

근래 아이디어를 기반으로 성장을 추구하는 스타트업 기업이 크게 늘고 있는데, 스타트업 채용 시장에서는 학력이나 자격증, 학점과 같은 스펙이 거의 의미가 없다. 스타트업 기업은 실전형 인재, 그리고 자신들만의 조직 문화와 잘 어울리는 사람을 찾고자 한다. 스펙 좋은 사람보다는 구체적인 스킬이나 경험을 가진 사람, 최고의 인재Best Person가 아니라 적합한 사람Right Person을 선발하고자 한다.[10] 서류심사 대신 코딩테스트를 진행하고 동료들과 협력하여 일을 해 나갈 수 있는지를 확인하는 면접을 진행한다.

수시 채용이 늘어나면서 인공지능AI을 활용한 선발이 확대되고 있는 점도 주목할 만하다. 수시 채용으로 채용 담당자들의 부담이 늘면서 인공지능에 의존하는 기업이 증가하고 있다. 인공지능이 자기소개서를 분석하는 일은 물론 면접과 역량검사까지 시행한다. 500대 글로벌 기업 중 90% 이상이 채용에 인공지능을 활용하고 있고, 이 기업들은 채용과정에서 200시간을 절감하고 다양한 인재를 확보할 수 있었다고 한다.[11]

공공 부문에서는 블라인드 채용이 늘어나고 있다. 채용과정에서 출신 학교의 영향이 과다하고 이로 인한 차별을 시정할 필요가 있었고, 공공기관 인적 구성원의 다양성을 확대하고자 하는 목적에서 먼저 블라인드 채용을 시행한 뒤, 민간 기업에도 권고하고 있다. 성별이나 학력, 학교 등 차별 요인으로 작용할 소지가 있는 항목은 서류에 기재하지 않도록 하고, 지원자의 역량을 편견 없이 평가하고자 하는 것이 이 제도의 취지이다.[12] 이처럼 민간 기업과 공공 부문을 불문하고 적격자를 선발하고자 하는 노력이 활발하게 이루어지고 있다.

이와 같은 새로운 시도에도 문제점은 있다. 수시 채용이 확대되면서 경력자를 우대하는 기업이 늘고 있다. 대학생들은 졸업 전에 인턴 경험을 쌓아야 하지만, 청년들이 업무 경험에 접근할 기회는 공평하지 않다. 로스쿨을 졸업해도 법조인 부모를 둔 학생은 유명 로펌에서 인턴을 시작하지만, 그렇지 않은 학생은 자신에게 인턴 경험을 제공할 곳을 애타게 찾아다녀야 한다.

인공지능 채용이 효율적인 면이 있지만, 글로벌기업 아마존 Amazon은 채용과정에 활용한 인공지능이 여성보다는 남성을, 흑인이나 유색인보다는 백인을 선호한다는 사실을 확인하고, 인공지능 채용 시스템을 폐기했다. 인공지능 프로그램은 과연 공정한 것인지도 의문이다.

블라인드 채용은 학벌과 같은 요인의 영향을 줄이고 능력을 공정하게 평가하고, 능력이 있음에도 기존 채용 방식으로는 불이익을 받을 수 있는 취약 계층을 보호하고자 하는 취지에서 시행되고 있다. 그런데 블라인드 채용이 좋은 학벌을 가진 지원자에게 유리하게 작동하고, 취약 계층을 보호하기보다는 오히려 이들을 배제하는 '베일의 역설' 현상이 나타난다는 분석 결과도 나와 있다.[13] 또, 블라인드 채용을 표방하면서 사실상 기업 내부 인사의 자녀를 선발하는 부정 행위가 이미 여러 차례 알려졌다. 블라인드 채용이 진정 공정한 채용인가에 대해서도 의문이 제기된다.

≫ 대학입시, 정말 우리만의 문제일까?

《정의란 무엇인가》의 저자로 유명한 마이클 샌델Michael J. Sandel은 자신의 저서 《공정하다는 착각》을 윌리엄 싱어라는 입시 상담가의 대입 부정 사건에 관한 이야기로 시작한다. 그는 SAT와 ACT 같은 표준화된 시험의 감독관에게 돈을 주고 학생들의 답안지를 조작해 달라고 부탁하고, 대학 운동부 감독에게 돈을 써서 운동을 잘 하지 못하는 학생을 특기생으로 선발하도록 하는 등 다양한 방법을 활용해 부유한 가정 자녀들이 명문대학에 입학할 수 있도록 했다. 그는 대가로 부모로부터 상당히 많은 돈을 받았다. 미국에도 대학입학 부정 사건은 존재한다.

미국의 대학입학에는 한국보다 중대한 쟁점이 많다. 특히 인종 문제가 심한 상황에서 대학교육의 기회를 누구에게 어느 정도로 배분하여야 하는가라는 문제는 오래전부터 상당한 논란거리였다. 이 문제에 관한 사회적 논의의 결과로 대학입학에서 소수 인종 우대 정책affirmative action을 편 대학이 많았다. 대학의 학생 구성원을 다양하게 만들어야 공감 능력을 갖춘 리더를 기를 수 있다는 주장이 정책을 뒷받침했다. 그런데 트럼프 대통령 시절에 대법원 보수화가 진행되면서 마침내 2023년 여름, 미국 대법원은 소수 인종 우대 정책을 위헌이라고 결정했다. "학생 구성에서 다양성이 왜 필요한지 납득이 되지 않는다"는 대법관의 의견이 받아들여진 것이다. 소수 인종을 우대하는 정책이 오히려 공정성을 해친다는 주장이 확산하고 있다. 이 판결을 계기로 대학의 학생 선발뿐만 아니라 취업 기회 등 모든 부문에서 소수 인종이나 집단을 우대하는 제도를 폐지해야 한다는 주장이 높아지고 관련 소송이 확대되고 있다.[14]

이런 움직임에 맞서 다른 한편에서는 미국 대학입시의 공정성을 해치는 진짜 문제는 상당한 기부금을 대학에 내면 입학을 허가하는 기여입학제라면서 폐지할 것을 요구하고 있다. 미국의 대학입시 또한 공정성을 둘러싸고 큰 홍역을 앓는 중이다.

바칼로레아라는 시험으로 유명한 프랑스에서도 대학입학제도를 개혁하는 과정에서 상당한 갈등을 경험했다. 프랑스는 고등학교 졸업시험인 바칼로레아에 합격하기만 하면 희망하는 대학에 지원하여 입학할 수 있었다. 만약 어떤 대학 어떤 학과에 지원자가 몰리면 추첨을 통해서 입학생을 결정해 왔다. 이런 방식은 대학교육을 받을 권리는 평등한 기본권으로서 공화주의적 가치에 기반하여 '공정한' 것으로 평가받아 왔다. 그런데 바칼로레아에 합격하여 대학에 입학한 후에 2, 3학년으로 진급하는 과정에서 상당수 학생이 탈락하는 일이 계속되자 프랑스 정부가 대학입학제도의 효율성을 문제 삼기 시작했다. 모든 사람들에게 동등한 교육기회를 제공하는 방식이 대학의 국제 경쟁력을 강화하는 데에도, 사회에 필요한 인재를 양성하는 데에도 도움이 되지 않는다는 생각을 하게 된 것이다.

더 놀라운 사실은 시민들 사이에서 '공정'을 바라보는 관점이 변화하고 있다는 것이다. 추첨으로 입학자를 결정하는 방식은 능력에 따라서 정당하게 교육을 받을 기회를 박탈할 수 있다는 점에서 공정하지 않다고 주장하는 사람들이 늘어났고, 이들이 추첨제를 폐지하라는 시위를 하기도 했다. 2018년 마크롱 대통령은 추첨제에서 대학이 학생을 선발할 수 있도록 대입제도를 크게 바꾸었다. 그러나 여진은 계속되고 있다.[15]

입시 경쟁이나 사교육 등 여러 가지 면에서 한국과 유사한 일본에서도 대학입학 개혁이 사회적 이슈다. "앞으로의 시대에 요구되는 주체성과 창조성을 갖춘 다양한 인재를 육성하기 위해서는 단한 번의 시험, 1점으로 판가름하는 입시로부터 전환이 필요하다." 2020년을 목표로 한 대학입시 개혁을 촉발한 총리 자문기구 보고서에 등장하는 문장이다.[16] 한국에서도 오래전부터 비슷한 이야기를 들을 수 있었다. 일본 정부는 한국의 수능과 유사한 센터시험 문제를 여러 교과에 걸린 종합적 문제로 개편하고, 선다형 문제 외에 서술형 문제를 출제하여 학생들의 고차적 사고를 측정하고자 했다. 사회변화에 발맞추어 적합한 인재를 선발하고자 한 것이다. 영어시험에 말하기 평가를 도입하는 등 실질적 능력을 측정하기로 했지만, 여러 가지 이유로 일본의 대학입시제도를 개혁하지 못했다.

그런데 그들의 개혁 방안에 주목할 만한 점이 있다. 고등학교 3학년 과정을 마친 후에 치르는 센터시험 외에 고등학교 1학년 시기에 시험을 치르도록 한 것이다. 이 발상은 일본 고등학생의 학력 실태에 대한 진단에서 비롯한 것으로 알려져 있다. '잃어버린 30년' 동안 일본 학생 사이에서는 학력 분단 현상이 나타났다. 즉 공부를 열심히 하는 아이들과 그렇지 않은 아이들 사이에 학력 차이가 크게 벌어지고, 특별히 공부하지 않아도 대학에 입학할 수 있어서 기초학력조차 갖추지 못한 채 대학에 입학하는 학생이 많아졌다는 것이다. 따라서 대학에서 수학할 수 있는 최저학력을 갖추도록 하기 위해서 고등학교 1학년 시기에 그 여부를 확인하기 위한 시험을 치르고자 한 것이다.[17] 이런 발상은 한국에도 시사하는 바가 있다.

이렇게 보면 세계 여러 국가에서 더 공정한 대학입시, 더 바람직한 대학입시제도를 마련하기 위한 노력을 계속하고 있고, 이를 둘러싸고 상당한 갈등을 빚고 있음을 알 수 있다.

≫ 불평등 심화 속 대학전입시대, 대입의 방향은?

경제가 어렵고 불평등이 심화될수록 사회제도를 공정하게 운영해야 한다는 목소리가 더 높아진다. 한국사회의 병목 지점이라고 할 수 있는 대학입학 기회를 공정하게 배분하는 일은 여전히 매우 중요한 과제다. 그런데 대학의 학생 선발에서 '무엇이 공정한 것인가?'를 둘러싸고 상당한 견해의 차이가 나타난다. 부모의 경제력과 사회적 지위까지 더해진 능력에 따라 학생을 선발하는 것이 공정한가, 기회는 공정하게 개방하되 사회·경제적 약자들을 우선 지원하여 그들이 어느 정도 대학교육 기회를 누릴 수 있도록 하는 편이 공정한가와 같은 질문에 대해서 서로 다른 주장이 펼쳐지고 있다.

불확실한 시대를 살아갈 사람을 기르는 일, 그들의 역량을 키우는 일이 중요하다는 사실에는 이견이 없다. 그러나 시험 점수로 선발하는 것이 과연 최선인가? 하나의 시험 점수로 다양한 역량을 측정할 수 있는가?

대학은 많다. 학생은 적다. 이제는 모두가 대학에 갈 수 있는 대학전입全入시대, 만민고등교육시대에 접어들었다. 한편, 대학의 역할은 분화하고 있다. 소질이나 적성 면에서 학생들의 다양성은 확대하고 있다. 일본과 같은 학력 분단 현상도 나타나고 있다. 이런 시대에 대학의 학생 선발에서 공정성과 적합성은 어떻게 조화를 이루도록 해야 할까?

제1장

시험과 선발의 사회사
– 시험을 대하는
한국인의 특징

≫ 교육열이라는 사회·정치·문화적 현상

현재의 시험과 관련된 한국인의 높은 교육열에 대한 관심은 1998년 OECD 보고서에도 나타난다. OECD는 "한국인에 대한 두 가지 매우 분명한 인상"을 보고했다. 첫째는 한국인이 교육에 엄청난 중요성을 두고 있고, 부모는 자녀가 최상의 교육을 받을 수 있도록 모든 노력을 다한다는 것이다. 둘째, 한국인이 매우 경쟁적이라는 것이다. 이 두 가지 요소가 동시에 작용하여 "매우 안정된 한국의 문화적 가치 very stable Korean cultural value"를 강력하게 만들어 왔다고 보았다.[1] 이러한 가치는 교육열 education fever이라는 정치·사회적 문화로 반영되고, 교육열은 대학입학시험으로 집중된다.[2] 즉, 시험은 교육열의 배출구로 작동하였다.

대학진학을 위한 대학입학시험에서 좋은 성적을 거두기 위해서 한국인들은 세계적으로 드문 교육열을 발휘하고 있다. OECD 보고서는 "한국인의 교육열은 전 세계 어느 국가와도 비교될 수 없다"라고 적시하였다. 이러한 한국적 특성은 학부모들이 자녀의 대학진학에 몰두하게 만들었고, 대학수학능력시험수능으로 대표되는 대학입학시험에 대비하기 위하여 막대한 사교육비를 지출하는 결과를 가져왔다. 학부모의 관심은 시험에서의 '좋은 성적'에 있기 때문에, 좋은 학교에서 우수한 교사와 훌륭한 교육과정에 의한 '좋은 교육'과는 거리가 있다. 오히려 '좋은 학교'는 좋은 입학결과를 배출해 내는 학교, '우수한 교사'는 학생들의 진학률을 높이는 교사, '훌륭한 교육과정'이란 대학입학시험에서의 높은 성적에 도움이 되는 교육과정이라는 암묵적 합의를 공유하고 있다. 시험에 대한 집착은 결국 교육과정이 평가에 영향을 끼치는 것이 아니라, 평가가 교육과정에 영향을 주는 '역류효과Washback Effect'로 나타나고 있다.

한국 부모가 보여주는 교육열의 두드러진 특징은 부모와 학생들의 시험성적과 관련된 적극적·공격적 행동으로 나타난다. OECD는 "한국인의 교육에 대한 강한 열의는 다른 어느 곳과도 일치할 수 없다"고 하였다.[3] 교육에 대한 강한 존경과 신념은 교육뿐만 아니라 사회 전체에 긍정적인 영향과 함께 부정적인 결과도 초래하고 있다. PISA 보고서상의 높은 순위, 높은 고등학교 졸업률, 높은 대학 진학률, 경제발전과 민주주의에 대한 기여 등 긍정적인 교육성과가 있지만, 아울러 낮은 학교 만족도, 학교에 대한 부정적 태도 등 부정적인 평가도 공존한다. OECD는 이러한 한국인의 특성은 '학력주의credentialism'로 귀인attribution되는데, 졸업장이 취업, 결혼, 비공식적 인간관계 등에서 결정적 요인으로 여겨지기 때문이라고 보았다.[4]

>>> 시험에 대한 한국인의 태도를 보는 두 가지 역사적 시각

시험에 지나치게 관심을 가지는 한국인의 태도를 두고 조선시대에도 그랬다는 전통 유래적 시각과 근대화 이후부터라는 근대 유래적 관점이 공존한다.

《세종실록》 12년(1430) 기사에는 조선의 엘리트 배출 기관이었던 성균관에서도 학습 자체보다는 시험 준비에만 몰두한 당시 유생의 모습이 기록되어 있다. 성균관 유생은 출제 예상 문제는 열심히 준비하지만 정작 글을 열심히 읽는 사람은 멸시를 받았다는 기록도 있다.[5] 유학 교육의 본산인 성균관에서도 학생들이 학습 자체보다 시험 대비에 더 관심이 있었다는 사실이 엿보인다. 관직 진출, 출세라는 개인적 욕망을 추구하는 수단이 과거제도시험였기 때문에, 교육의 목적지와 덕의 함양과 교육과정유교 경전 등에 대한 관심은 뒷전이었다. 시험의 효용성사회·경제적 지위 상승에 대한 지나친 관심은 '교육의 과정교수·학습활동'이 아닌 '교육의 결과시험 합격 여부'에 매몰되는 결과를 가져왔고 이러한 인습은 지금까지 이어지고 있다.

교육열이 근대의 산물이라는 주장도 있다.[6] 일제강점기의 보통학교가 교육열의 맹아로 작동했다는 것이다. 교육의 효용에 대한 일반 민중의 자각이 시작되면서 교육열이 시작되었다는 주장이다. 이 시기에 도입된 국가교육제도는 신분에 의한 역할 부여가 아닌 개인의 역량 강화, 사회적 지위 부여 대신 개인의 지위 획득, 교육을 수기修己의 과정이 아닌 사회 및 국가 발전의 도구로 강조하였기 때문이다.[7] 이때 형성된 교육열에 대한 각성은 해방 이후의 본격적인 근대화·산업화와 더불어 확산되었다. 1962년 경제개발 5개년 계획의 발표와 더불어 시작된 한강의 기적은 도시화로 대표되는 사회변동과 경제발전에 필요한 인재 양성의 요구와, 학력에 대한 신봉 등이 교육열이라는 문화를 보편화시키는 계기가 되었다. 또한 교육의 역할을 경제발전에 필요한 인적자원을 공급하는 인적자본이론Human Capital Theory에 기반한 개발교육학 등도 교육열을 부추기는 데 한몫했다. 교육에 대한 자본주의적 시각의 도입은 조정과 조화를 중요시하는 전통적인 유교적 가치관 대신 생존과 경쟁이 교육을 대하는 태도를 변화시킨 것이다.[8]

이러한 교육열은 1964년 '무우즙파동'*으로 나타난다. 1964년

---

* '무'의 당시 표준어는 '무우'였다.

12월 서울시 전기 중학교 입학시험과 관련된 사건이다. 시험 문제는 "밥으로 엿을 만들려고 한다. 만약 엿기름이 없다면 대신에 무엇을 넣으면 될까?"였고, "디아스타제, 무우즙, 꿀, 녹말"이 선택지였다. 출제자가 생각한 정답은 디아스타제였다. 디아스타제는 아밀라아제 성분이 든 약의 상품명이었다. 그런데 논란이 생겼다. 무에도 아밀라아제 성분이 풍부히 함유되어서 엿을 만드는 데 사용이 가능했기 때문이다. 또한 이때의 초등학교 자연 교과서는 "침이나 무우즙에도 디아스타제 성분이 들어 있다"고 명시하고 있었다. 이에 대한 서울시교육청의 해명이 파동의 불을 질렀다. "상식적으로 누가 엿을 만드는데 무우즙을 넣겠는가? 약국에서 파는 디아스타제를 넣으면 밥을 엿으로 만들 수 있다는 것이 출제의도였다"는 발표였다.

당시는 일류중이 일류고와 명문대 입학의 첫 단추로 여겨졌기 때문에 학부모들은 중학교 입시에 매우 민감했다. 자녀가 경기중, 서울중, 경기여중에 지원했다가 불합격한 학부모 중심으로 소송을 제기하였다. 또한 불합격자의 70%가 이 문제에 대한 답을 "무우즙"으로 썼기에 그 심각성이 있었다. 교과서에 나온 내용대로 답을 썼는데 오답처리됐기 때문이다. 결국 법원은 "무즙으로 엿을 만들 수 있다"는 전문기관의 판단에 근거하여 "무우즙도 정답"이라는 판결을 내린다.[9]

끝이 아니었다. 석 달 후인 6월 25일 박정희 대통령은 이 문제의 책임을 물어 한상봉 문교부차관, 허선간 보통교육국장, 김원규 서울시교육감을 사임시키라고 국무총리에게 지시했다. 이미 이 사건의 책임을 지고 청와대 정무비서관과 공보비서관이 사퇴했지만, 시험 문제 출제와 관련된 세 사람이 그대로 현직에 남아 있었기 때문에 책임을 물은 것이었다.[10] 초등학생을 대상으로 한 시험 한 문제가 고위직 다섯 명의 사임을 가져오는 전대미문의 조치가 이루어졌다. 사건 이후 "엿 먹어라"는 표현이 욕설로 사용되었고, '치맛바람'은 학부모의 과도한 교육열의 대명사로 쓰이기 시작했다.

≫ 한국인에게 시험(평가)의 의미와 효용

서양의 시험은 '과정' 지향적이다. 타일러는 '교육평가'를 교육과정과 교수 프로그램과 관련된 교육목표의 달성 정도를 판단하는 행위라고 정의하였다.[11] 시험을 통하여 학습자가 배운 내용과 그와 관련된 목표에 얼마나 도달했는지를 묻는다는 의미이다. 평가의 목적은 "학습과 교육과정curriculum에 최대한 도움을 주어 학습을 극대화시키는 것"이라고 하였다.[12] 즉, 환류feedback과정을 통하여 학습의 질을 향상시키는 내부 지향적, 과정 지향적 행위이다. 평가는 학습의 질 향상이라는 교육과정process 내에서의 내적 효용성과 관련된 행위이기 때문에 엄밀성·과학성을 중시한다. 따라서

'점수'로 대표되는 평가 결과의 활용은 매우 제한적으로 수행할 것을 권고한다. 이러한 평가의 점진적 활용은 사회의 안정성에서 유래하고 또한 사회의 보수적 성격을 강화하는 데 기여한다.

전통적으로 우리는 시험의 결과를 넘어선 외적 효용을 중시한다. '당當'과 '락落', 즉 합격과 불합격이 관심사다. 시험에 합격하여 관문을 통과하면 그만이지, 무엇을 제대로 배웠는지에 대한 교육목표 달성에는 큰 관심이 없다. 점수가 높으면 그만이지, 어느 학교에서 무엇을 배웠는지에 대한 교육적 관심은 대단히 낮다. 점수가 높아도 불합격하면 높은 점수마저 대우를 받지 못한다. 대학입시의 경우 정부의 강력한 정원 통제를 받고 있기 때문에 특정 연도 생들이 타고난 지능이 높거나 효과적 교육과정의 도입 등으로 인하여 성취도로 표현되는 실력이 월등이 탁월하다고 하더라도 대학에 더 많이 합격하는 일은 없다. 예를 들어, 2030년생이 그동안 학생들보다 평균 IQ가 10이 높고, 초1부터 고3까지 학업성취도가 압도적으로 우월하다고 하더라도 개인으로는 대학 합격 여부가 중요하지 이러한 배경이 고려되기는 힘들다는 뜻이다. 재수해서 정시로 합격하기 전까지는 말이다.

검정고시 출신 여부나 명문고 출신 여부 등을 전혀 고려하지 않는 과거의 대학입시제도나 전공, 나이를 불문하고 법조인이나 고위 행정관료를 선발하는 고시제도가 시험의 효과성과 그 효용을 보여주는 대표적 경우다. 국가 주도 시험의 경우 국가는 인재를 널리 얻어 국가의 발전 및 안정이라는 통치 차원의 정치적 효과를 가져왔고, 개인의 노력에 의한 운명 개척 및 사회적 지위 상승 등을 가능하게 하였다. 이러한 시험의 효용에 대한 한국인의 인식은 "고시 합격해서 팔자 고쳤다", "과거 급제하여 집안을 일으켰다" 등의 일상적 표현에 잘 드러나 있다.

"고시나 과거에 합격해서 팔자 고쳤다"는 표현은 "시험에 합격해서 하늘의 뜻마저 바꿨다"는 의미이다. 한 사람이 태어난 '연월일시'에 따라서 개인의 일생을 좌우하는 것이 팔자다. 팔자를 바꾼다는 것은 하늘이 정한 개인의 운명을 바꾼다는 것이다. 개인의 노력이 하늘의 뜻운명을 바꿀 수 있다는 인식은 '순리順理', '순천順天'을 중요시하는 유교적 가치관이 지배하는 사회에서 혁명이라 하여도 지나치지 않다. 인간의 노력으로 하늘을 이길 수 있는 방법이 시험이고, 이를 국가가 공식적 제도로 만들어 인간이 하늘을 이길 수 있는 길을 열어 놓았다고 할 수 있다. 시험은 제도화된 혁명인 것이다. 혁명이 일상적으로 이루어지는 것이 시험의 결과다.

또한 이러한 표현은 사회적·정치적 의미를 내포하고 있다. 조선은 신분제 사회를 유지하며 과거시험의 자격을 양인에게만 부여하였다. 양인은 천민이 아닌 모든 사람을 일컬었다. 신분제 사회가 구분해 놓은 '사농공상'이라는 엄격한 계층적 차별이 있었지만, 과거제도라는 시험제도를 통하여 계층 상승의 통로로 역할하였다. 또한 전 국민의 다수인 양인 계층에게 관료로써의 국정 참여기회를 제공하여 국가의 안정에도 크게 기여하였다. 일제강점기 도입된 고시제도는 일제강점기에는 피지배자의 신분에서 지배자의 신분으로의 변화가 과거 천민 계층 출신에게도 가능하게 하였고, 해방 이후에는 '관존민비官尊民卑'의 경향이 지배적인 문화에서 고위 공무원인 '관'으로 편입되는 기회를 제공해 주는 역할을 했다.

≫ 2023년 오늘에 대하는 시험의 의미

선진국에 접어들면서 우리나라의 시험도 서양처럼 과정 중심적으로 변화하는 것 같다. 우리나라 교육계에서도 바람직한 것으로 받아들여진다. 대표적인 사례가 우리나라의 대학입시에서도 커다란 비중을 차지하게 된 현재의 학생부 종합전형제도구 입학사정관제이다. 사회의 보수성 강화라는 부정적 측면이 예측 가능성과 과정 충실성으로 덮여질 수 있기 때문이다. 대학입시에서 출신 학교, AP과목 수강여부 등 시험성적을 구성하는 데 작용한 여러 가지 요소를 담고 판단하기 때문에 해당 학생의 사회·경제적 배경이 자연스럽게 드러나는 것이 학생부 종합전형의 원조인 미국의 입학사정관제다. 대학입시에서 인성personality과 특성character을 고려한 학생 선발은 당연하거나 바람직한 사정의 과정으로 보일 수 있지만 이는 예일대에서 시험에 우수한 성적을 보이는 유대인 지원자를

10% 이내로 제한하기 위해서 도입한 전형이었다.[13]

공정성 강화 논란에서 입학사정관과 학생부 종합전형의 명칭 변화뿐만 아니라 그 과정에 있었던 기재사항의 끊임없는 축소가 우리나라에서도 이를 반영한다. 제외된 내용이 학생부에 적혀 있던 내용뿐만 아니라 교사추천서, 자기소개서 등으로 교육과정을 보여주지만 여기에 담기는 학교에서의 공식적·비공식적 교육과정은 일부이다. 시험을 통해서는 보이지 않던 빙산 아랫부분인 학교 밖에 대부분 존재하는 학생과 학부모의 삶이 오롯이 반영되었다는 뜻이다.

대학입시의 경우 문재인 정부를 뒤흔든 조국 사태로 촉발된 학생부 종합전형의 공정성 시비로 그동안 일련되게 펼쳐지던 사회·경제적 지위가 반영되는 과정 지향적 평가가 지연되고 있다. 2025학년도 고교학점제를 도입하고 시행될 2028년 대학입시에서도 문재인 정부 초기에 도입하려던만큼은 도입하지 못한다. 그러나 이미 학교 밖 사회에서의 시험은 이러한 류의 시험 없는 선발이 기본이 되어 가고 있다. 적성 Aptitude이라는 깃발을 전면에 내세우고 있지만 사실 적성이야말로 사회·경제적 배경이 주는 실력의 다른 말이다.

한때 팔자를 고친다던 고시의 경우에도 상전벽해다. 사법고시는 로스쿨로 대체되었다. 친구 결혼식 다녀오던 길에 읽은 부분이 시험에 나와서 9수 끝에 합격했다는 윤석열 대통령의 합격기는 호

랑이 담배 피던 시절의 이야기다. 법률을 아는 게 중요한 게 아니라 법학적성이 있어야 로스쿨에 입학이 가능하다. 장학금제도가 있기는 하지만 사립대학 기준으로 연 3천만 원의 학비를 지불할 준비도 되어 있어야 한다. 법률가 양성의 과정을 담보하겠다면서 법률가의 적성을 먼저 보는 어불성설이 새로운 표준standard이다. 적성과 상관없이 공부하여 학력고사나 수학능력시험을 본 후 대학에서 법학을 공부하는 방식이 아니라 법률 종사자에게 있어야 할 적성을 가진 사람을 법학적성시험LEET을 통해서 가려 뽑은 후 대학원으로 보내는 식으로 바뀌었다.

행정고시 역시 공직적격성평가를 통해서 뽑는다. 우리말로는 적격성으로 포장해 놓았지만 영어명은 Public Service Aptitude Test, 역시 적성평가다. 과거의 행정고시 1차를 대신한 제도인데, 행정과 관련된 여러 가지 지식을 묻기보다는 공무원이 될 만한 적성이 충만한지를 검토한다. 즉, 얼마나 공무원이 이미 만들어져 있나를 보는 시험으로 전환된 것이다. 외무고시의 경우에도 국립외교원을 통해서 외교관 후보자를 교육하는 방식으로 바뀌었다.

많은 대졸자들이 준비하던 대기업의 공개 채용도 옛말이 되었다. 자기소개서를 작성하고 심층면접을 하여 시험성적이 아니라 개인이 직접 개별적으로 치르는 입사 평가가 대세가 된지 오래다. 상시, 수시로 채용하고자 인턴으로 일단 채용 후 정직원으로 전환하는 예가 늘고 있다. 과거 전공, 상식 등을 필기전형의 요소로 삼던 것이 직무능력검사를 거쳐 인적성검사로 대체되었다.[14] 삼성의 GSAT가 대표적인 예이다.

한국이 압축적 경제성장을 이룬 만큼 사회변화도 압축적으로 이루어지고 있다. 사회변화의 정당성과 효율성과 관련된 합의가 부족한 상태에서 진행되고 그에 대한 질문과 논의가 갈등을 유발하며 나타나는 곳이 시험과 선발이다. 학교에서나 학교 밖 직장 모두에서 일어나는 일이다. 옳고 그름의 문제가 아니라 선택의 문제라고 하기에는 너무나 첨예하고 폭발력이 강하다. 대표적이고 집약적인 부분이기 때문이다. 공정을 기해야 하는 건 맞지만 이상적으로 공정만 추구하기에는 우리 사회는 너무나 다원화되어 있다. 과거에 생각하던 효율성과 평등성 등을 동시에 추구하는 이상적인 방법은 대학입시에서도 입사시험에서도 고시에서도 더 이상 찾기 힘들 것 같다. 찾는다는 것이 오히려 과거 지향적이라는 생각마저 든다.

소박하고 무력함마저 들지만 그저 그때, 그 상황에 적합한 방법을 찾는 게 최선이 아닐까. 대학입시가 아니라 A대학의 선발, B대학의 선발 등으로 개별화되는 게 맞을 수도 있다. 아니면 연구중심대학 그룹, 교원양성대학 그룹, 기계공학 그룹 등으로 묶는 방식이 적절하지 않을까 싶다.

과정이 공정하고 내용이 적당한 시험과 선발을 고민하게 된다.

제2장

대학,
공정하고 교육적인
입시를 위한
경쟁의 닻을 올리다

≫ 세상을 뒤흔든 대학입시

우리 사회에서 학벌과 밥줄을 건 한판 승부의 한복판, 그곳에 대학입시가 있다. 한국사회에서 가장 치열한 계급투쟁이자 전쟁, 이것이 곧 대학입시다.[1] 대학입시는 한 개인과 그의 가정에 가장 중요한 일일 뿐만 아니라, 정권마저 흔들 수 있는 파괴력을 가지고 있다.

박근혜 전 대통령 탄핵은 당시 국정농단 주범으로 알려진 최서원의 딸 정유라가 이화여대에 부정입학했다는 의혹에서 시작했다. 정유라는 2015년 이화여대 체육학과에 체육특기자 전형으로 입학했는데, 그는 승마협회에서 우승한 기록을 대학에 제출했다. 체육특기자 전형은 6명을 선발하는데, 승마 종목 지원자는 정유라뿐이었다. 그는 다른 종목 지원자들보다 낮은 평가를 받았지만, 면접에서 전체 1등을 하면서 6등으로 입학하였다.[2] 사건이 일어나기 두 해 전, 정유라는 사회관계망서비스SNS에 "능력 없으면 니네 부모를 원망해. 있는 우리 부모 가지고 감 놔라 배 놔라 하지 말고. 돈도 실력이야."라는 글을 쓴 사실이 알려지면서 많은 사람의 공분을 샀다.

2016년에는 교육방송EBS에서 〈대학입시의 진실〉이라는 제목의 다큐멘터리를 방송한다. 당시 수시전형이 급격히 확대되고 있는 시점이었는데, 다큐멘터리에 등장하는 한 고등학생은 "수시는 실력 싸움이 아니라 정보 싸움"이라고 말한다. 대학 수시전형이 너무 복잡하여 학생 스스로 모든 전형에 관한 정보를 얻기가 쉽지 않고, 전문가의 도움을 받아야만 하는데, 이 일은 부모의 지원이 뒷받침될 때에만 가능하다는 점에서 공정한 경쟁이 될 수 없다는 뜻이었다. 이 다큐멘터리는 수시전형의 문제를 환기하는 데 중요한 역할을 했다.

촛불정신을 표방하고 등장한 문재인 정부의 초대 사회부총리이자 교육부장관 김상곤은 수시전형의 문제점에 대한 우려가 비등하고 있는 데에도 아랑곳하지 않고 고등학교 학생부를 중심으로 한 수시전형을 확대하고자 하였다. 그러나 곧 여론의 강력한 반대에 부딪혔고, 결국 그의 소신과 달리 수능 위주 정시전형을 강화하는 내용의 대학입시 개혁안을 발표하고 만다. 발표 후 그는 진보와 보수 양쪽 모두로부터 공격을 받았고, 문재인 정부의 교육정책은 사

실상 힘을 잃어버렸다.[3] 자세한 내용은 5장 참조

대학입시는 늘 많은 사람들의 관심을 샀고, 정부는 입시를 개선하여 시민들의 요구를 수용하면서 불만을 줄이고자 했다. 이 과정에서 입시가 너무 자주 바뀐 시기도 있었고, "한국의 교육정책은 조령모개"라는 식의 비판에 직면하기도 했다.

≫ 처음 대학입시는 대학 자율이었다

「대한민국 헌법」은 대학의 자율성을 보장한다고 선언하고 있다. 민주주의 사회에서는 사상의 시장market of ideas을 형성하고 자유롭게 의견을 나누는 일이 중요하며, 대학이 이 과정에 중요한 역할을 하기 때문에 대학에 자유를 부여하는 일은 의미가 있다. 13세기 유럽에서 대학이 만들어진 때부터 대학은 국가로부터 일정한 자유를 보장받았다.

해방 후 한국의 대학 역시 상당한 자유를 부여받았다. 당시 시민들 사이에 대학의 자유에 관한 의식이 충만했었던 것은 아니고 대학인들의 자율 의지가 충천했던 것도 아니다. 일제강점기를 갓 벗어나고, 얼마 지나지 않아 전쟁을 치른 국가의 행정력이 너무 미약하여 대학에 관여할 수 없었기 때문이다. 대학에 대해서는 방임이 이루어졌다.

1949년 「농지개혁법」을 제정·공포하는데, 이 법률은 남한의 모든 경작지를 유상몰수, 유상분배하여 새로운 경제체제를 수립하고자 한 것이었다. 그런데 이 법률 제정을 예견한 많은 대지주들이 소유한 토지를 싼값에 매수당하기보다는 대학 설립 기성회를 조직하여 사립대학을 설립하거나 그렇지 않으면 학교 설립에 희사하기도 했다. 해방 이후 군정 3년 동안 23개에 달하는 대학이 새로 설립되었다.[4]

농지개혁이 실시된 후에 대학은 심각한 문제에 봉착한다. 대다수 사학들이 토지를 기본 재산으로 가지고 있었는데 자체 재원의 상당 부분을 차지하던 소작료 수입을 잃게 된 것이다. 이때부터 사립대학들은 전적으로 학생들이 내는 수업료에 의존하여 운영할 수밖에 없었다.[5] 당시 국립대학과 사립대학을 불문하고 대학 시설이 형편 없었다. 적정한 수준의 시설과 설비를 갖추지 않은 채 학생 수만을 늘린 부실 대학이 상당히 많았다. 여자대학이 난립하여 응시자의 절대 수가 모집인원에 미달하자 순식간에 남녀공학으로 바뀐 경우도 있었다. 등록금 수입에 절대적으로 의존하게 되자 사학은 부정입학과 정실입학의 온상이 되었고 사회적 물의를 빚는다.[6]

한편, 1950년 2월 말 「재학생 징집 연기 잠정령」이 발표되었다. 전쟁 중에도 교육만큼은 중단할 수 없다는 명분을 표방했으나, 젊은이들은 병역 기피 수단으로 이 제도를 이용하였고, 결과적으로 대학생 수가 크게 증가하였다. 1955년 4월 1일까지 64개 대학에서

54,167명이 이 제도에 의해 징집 연기 조치를 받았고,[7] 해방 당시 대학생은 7,819명이었으나 1960년에는 101,041명으로 약 13배 늘어나는데, 이 제도가 상당히 기여했다.

1955년 정부는 「대학 설치 기준령」을 공포하고 부실 대학의 학생 증원을 억제하고자 했다. 그러나 이 기준은 해마다 완화되었고, 자유당 말기부터 민주당 정권에 걸치는 기간 동안 사실상 유명무실하게 운영되었다. 대학은 정원의 몇 배가 되든 마음대로 학생을 선발할 수 있었다.

학생을 선발하는 일에서도 대학은 자율권을 행사하였다. 당시에는 모든 대학이 자체적으로 출제한 시험을 치러서 학생을 선발하였는데, 대학입시에 관해서는 부정과 비리 관련 사건이 끊이지 않았다. 1957년 서울대 입시에서는 수학 문항에 문제가 제기되었다. 당시 서울대 수학과 교수가 펴낸 수학 교과서에서 출제된 문제가 너무 많다는 의혹이었다. "입시에서 절대적으로 요청되는 공정성을 상실하여 마치 동 대학교 모 교수의 교과서 판매 수단으로 타락한 감을 주고 있다"는 평가가 제기됐다.[8]

해방 직후 우후죽순처럼 생겨난 사립대학들은 만성적 재정난에 시달렸고, 재정이 부족한 사립대학은 대학교육의 질을 높이는 일에는 신경을 쓸 여유조차 없이 부정입학과 정원 외 입학으로 재정을 보충하고자 했다.[9] 대다수 사립대학은 사무비와 인건비는 물론 교사校舍 건설 비용 등 학교 경비의 거의 전부를 학생 등록금에 의존하고 있었다. 이런 상황에서 대학은 정원 외 입학을 일상화했고, 정실입학과 부정입학이 연례 행사가 되어 갔다. 결과적으로 빈곤한 가정 자녀들의 대학 진학을 막고 있다는 비판이 제기되었다.[10]

대학의 입시 부정이 거듭 사회문제가 되자 국가가 대학의 학생 선발에 나설 수밖에 없었다. 결국 대학이 국가의 통제를 자초한 셈이다.

≫ 나라에서 책임지는 대학입시

국가는 대학이 자체적으로 치르는 시험 외에 모든 대학이 공통으로 치르는 시험을 도입하여 입시 부정을 해결하고자 했다. 1954년에는 대학입학국가연합고사연합고사를 실시하였다. 연합고사 성적으로 대학별 입학 정원의 1.3배수를 선발하고, 연합고사를 통과한 사람에게만 본고사 응시 자격을 부여했다. 그런데 수험생 입장에서는 연합고사와 대학별 본고사를 모두 준비해야 하기 때문에 이중 부담을 지게 되며, 연합고사 관리과정에서 부정 행위가 발생하는 등 공정성 논란이 제기되어 한 해만에 사라지고 말았다.

이후에도 사립대학의 입시 부정과 학력이 떨어지는 학생들이 대학에 입학하는 문제가 제기되자, 국가가 다시 관여한다. 1962년에는 대학입학자격국가고사국가고사를 시행했다. 국가고사 성적과 대학별 고사 성적, 그리고 면접 등을 합산한 총점으로 합격자를 결정했다. 그런데 많은 학생이 국가고사에서 탈락하여 여러 대학에서 대량 미달 사태가 발생하기도 했고, 학과별 선발과정에서 학과 간 성적 차가 상당하여 우수 학생이 탈락하는 문제도 나타났다. 어떤 해에는 여학생 합격 커트라인을 낮추어 운영에 일관성을 지키지 못했고, 어떤 해에는 실업계 학생에게 과도한 진학 특혜를 부여하여 수학능력이 부족한 학생이 대학에 입학하기도 했다. 학과별로 성적을 사정하는 일로 문교부의 업무가 과중되었고, 모든 학생을 대상으로 일률적인 문제로 시험하는 방식이 대학 자율성을 저해한다는 비판도 제기됐다.[11]

이런 비판에 직면하여 1963년에는 국가고사를 통과하면 대학 입학자격을 부여하고 대학별 고사를 치르도록 한다. 이 방식 또한 학생들이 이중 부담을 지고, 고등학교가 자격고사 준비 기관으로 전락하며, 대학 자율성을 침해한다는 비판을 받았고, 결국 중단하였다. 그런데 시중에는 권력층 자녀들이 국가고사에서 대거 탈락하자 고위층들이 압력을 넣어 국가고사를 중단했다는 이야기가 나돌았다.[12] 사학의 입시 비리 탓에 국가가 관여하기 시작했으나 국가는 여전히 입시를 공정하게 관리할 역량을 갖추지 못했다. 더 적합한 인재를 선발해야 한다는 생각은 아직 충분히 성숙하지 않았다.

국가고사는 객관성을 갖춘다는 이유로 사지선다형 객관식 문제를 출제했다. 국가고사의 국어 문제는 30문항이었고, 모두 사지선다형 문제였다. 대학별 본고사에도 사지선다형 문제가 출제되었다. 그러나 본고사 문제 유형은 다양하였다. 1963학년도 서울대 본고사 국어 문제는 사지선다형 문제와 함께 작문 문제가 출제되기도 했다.[13]

≫ 예비고사와 본고사의 병행

대학입시제도가 어느 정도 안정성을 갖추기 시작한 것은 1960년대 말에 들어서부터다. 1969학년도부터 대학입학예비고사^{예비고사}와 대학별 본고사를 중심으로 학생을 선발하기 시작한다. 두 가지 시험성적의 활용 방식에는 변화가 있었지만, 제도의 골간은 신군부가 출범하는 1980년까지 10년 이상 유지되었다.

예비고사를 시행한 것도 사립대학의 입시 부정과 관련이 깊다. 1960년대에도 대학의 입시 부정은 여전했고, 대학수학능력을 갖추지 못한 학생들이 대학에 입학하자 대학교육의 질적 저하 문제가 제기되었다. 1969년부터 1972년까지는 예비고사를 통과한 사람에 한하여 대학별 고사를 치를 수 있도록 했고, 1973년부터는 예비고사와 대학별 고사 성적을 합산하여 학생을 선발했다. 일부 대학에서는 예비고사 성적만으로 학생을 선발하기도 했다. 국가가 주관하는 시험을 통하여 일정 수준의 학력을 갖춘 학생이 대학에

입학할 수 있도록 했고, 사학의 입시 비리를 사전에 예방하고자 한 것이었다.[14]

예비고사는 모두 사지선다형 시험이었다. 대학별 본고사는 사지선다형 시험도 있었고, 단답식 문항도 있었다. 여기서 서울대와 연세대 영어 본고사 문제를 소개한다.[15] 당시 서울대 영어시험 문제는 20~30개였으며, 연세대는 70년부터 72년까지 매년 38개 문항을 출제했다.

[1971 서울대]

밑줄 친 낱말과 가장 그 뜻이 가까운 것을 골라 그 기호를 쓰라.

No one ever made a more definite <u>assertion</u>.

a. calculation   b. declaration   c. debate   d. protestation

---

[1971 연세대]

A true Korean would not say such a thing.을 if를 포함하는 복문으로 고쳐라.

국가가 예비고사를 통하여 대입 전형에 관여하기 시작했으나, 여전히 대학은 자체적으로 대학별 고사를 시행하고 있었다. 시험 문제 형식에 관하여 논란이 제기됐다. 예비고사와 같은 객관식 시험은 공정하다는 주장, 반면 주관식 시험은 공정성에 문제가 있다

는 비판이 제기됐다. 한편, 객관식 시험으로는 고차원적 정신과정을 측정하기 어렵다는 문제를 제기하는 전문가도 나타났다.

1976년, 문교부는 각 대학에 입시 문제를 더 높은 수준으로, 그리고 논문형 등 주관식 문제를 더 많이 출제하도록 요구했다. 문교부가 모 교수의 연구팀에 전국 31개 대학의 국어, 영어, 수학 과목의 문제 분석을 의뢰했는데, 전반적으로 문제가 너무 쉬웠고 단답형이나 객관식 문항이 너무 많아서 고차원적 정신과정을 측정하는 문제가 부족하다는 연구 결과를 받아든 후에 취한 방침이었다. 대학별 본고사에서는 주관식 문제가 차츰 줄고 객관식 문제는 늘어났는데, 이것은 평가의 공정성 논란을 의식한 것이었다. 이런 상황에서 문교부가 대학에 주관식 문제를 더 늘리도록 요구하자, "학생들이 평가의 공정성 여부를 불안해한다"는 분위기를 고등학교 교사가 전하기도 했다.[16]

고교 평준화가 정착된 1970년대 말 이전까지는 지역별로 고등학교에 서열이 존재했다. 일류고 출신 학생들만 대학입시에 관심을 가지고 있었다. 그런데 서울과 부산을 시작으로 고교 평준화가 시행되면서 대학입시 경쟁에 뛰어드는 고등학교가 늘어났다. 당시 상당수 학교는 서울대반, 연고대반, 기타반^{학생들 사이에서는 '돌반'으로 부르기도 했다}으로 학급을 구분하고, 2학년 2학기 또는 3학년 1학기까지 고등학교 교육과정을 서둘러 이수하고, 남은 시간에는 대학입시 문제를 풀이하는 방식으로 수업을 진행했다. 학생들은 아침 일찍 등교하여 저녁 늦은 시간까지 보충수업과 자율학습을 계속했다.

이와 함께 과외도 성행했다. 재수생이 누적됐고 학원도 번창했다. 1967년 종로학원에는 이화여대 입시를 준비하는 학생만 350명이었고, 이들을 4개 학급으로 편성했다. 종로학원은 1년을 3기로 나누고, 3월부터 6월까지는 하루 4시간씩 국어, 영어, 수학을 정리하고, 7월부터 10월까지는 하루 6시간씩 국사, 일반사회, 물리, 화학 등을 정리하며, 11월부터는 총정리 단계로 복습, 입시 훈련, 모의고사를 치렀다. 정기시험은 10~11회, 모의고사는 7~8회 치렀다. 학과 선택을 위해서 적성검사를 1~2회 치르기까지 했다.[17]

≫ 학력고사의 등장과 그 폐단

정권은 대중들의 인기를 얻을 수 있는 '한 방'이 있는 정책을 추구한다. 정당성이 부족할수록 이런 경향이 강하다. 군사 반란으로 집권한 전두환은 시민들의 과외 고통을 일거에 해소할 수 있는 정책으로 인기를 얻고자 했다. 그는 1980년 7월, 일체의 과외를 금지하고 본고사를 폐지하며 대학입학학력고사학력고사와 고등학교 내신성적만으로 학생을 선발한다는 개혁 방침을 발표한다.

당시에는 서울대를 비롯한 유수 대학들이 본고사 위주로 학생을 선발했는데, 대체로 본고사 문제는 상당히 어려웠다. 학교에서는 중간 수준의 학생들에 맞추어 수업을 운영하는 경우가 많았고, 학교 수업만으로는 본고사에 대비하기가 쉽지 않았다. 본고사를 준비하는 학생들은 사교육에 의존할 수밖에 없었고, 학원은 호황을 누렸다. 그리고 학교 교사들과 대학 교수들까지도 과외 교습을 했다. 학부모들은 사교육비를 마련하느라 경제적 어려움을 겪는 경우가 많았고, 학원을 보낼 수 있는 가정과 그렇지 못한 가정 사이에 위화감도 상당했다.[18]

이런 상황에서 과외를 전면 금지하고, 학교 공부만으로 대학에 갈 수 있도록 하는 조치에 대해 여론은 긍정적이었다. 학부모와 시민, 교사까지 대체로 환영하였다. 기사는 당시 여론을 잘 보여준다.

'과외 멍에'를 벗어났다는 시원함과 본고사 준비에 쏟을 노력에 대한 아쉬움을 함께 느끼는 수험생도 있다. … 교사들은 과외에 빼앗겼던 학교교육의 제 위치를 되찾고 교권을 회복할 수 있는 절호의 기회라며 옷깃을 여미고 있다. 학부모들 역시 남이 과외를 시키니까 안심할 수 없어서 무리를 해 시켰던 점에 반성하기도 하는 등…[19]

이 시기에는 정부가 주관하는 시험과 고등학교 내신성적을 중심으로 학생을 선발했다. 내신성적을 20~50%까지 반영했지만, 이것은 명목에 그쳤을 뿐, 대학은 실질적으로 내신 반영을 최소화했다.

결과적으로 정부가 주관하는 시험, 즉 학력고사 성적이 결정적이었다.

정부가 관여하는 입학시험, 즉 예비고사나 학력고사는 여러 대학의 입시 부정에 대응하기 위하여 객관성과 공공성을 강조했다. 결과적으로 시험은 선다형 객관식 문제 위주로 치러졌다. 이에 따라 고등학교에서는 암기 위주 수업이 성행했다. 1980년대에는 점심과 저녁까지 도시락 두 개를 들고 오전 8시 전에 학교에 등교하여 저녁 10시를 전후하여 귀가하는 경우가 많았다. 일부 학교에서는 휴일 없이 일요일까지도 학생들을 등교하도록 했다.

또, 과거 본고사가 국어, 영어, 수학 등 몇 개 교과에서 문제를 출제했던 것과 달리 1980년대 학력고사는 고등학교에서 이수하는 거의 모든 교과를 시험 대상으로 삼았다. 대개 14~16과목의 시험을 치렀다. 학생들은 매우 많은 과목의 학습 내용을 단지 외우느라 장시간 공부하기만 할 뿐, 입시 준비에 모든 시간을 바쳐서 취미활동할 시간을 빼앗기고, 친구를 사귀기보다는 경쟁자로 여겨서 소원해지고, 자신의 인생이나 사상, 사회와 미래에 대하여 고민할 시간을 가져 보지 못했다.[20]

≫ 마침내 등장한 수능

학력고사는 학생의 수험 준비 부담을 줄이고 사교육을 억제하자는 취지에서 학교 수업을 충실히 받은 학생이라면 문제를 해결할 수 있도록 출제하는 것이 원칙이었다. 학교에서는 이른 아침부터 늦은 저녁 시간까지 반복적으로 암기 위주의 학습이 이루어졌다. 대개 고등학교에서는 2학년 말까지 고등학교 전체 교육과정을 학습하고, 3학년에는 입시과목에 대한 복습과 예상 문제 풀이를 중심으로 학교교육을 파행적으로 운영했다. 이런 학습 방식으로는 고차원적 사고력을 기르기 어렵다는 비판이 제기되었다. 이것은 학력고사에 대해 제기되는 강력한 비판 중 하나였다.

이런 비판에 대응하여 창안된 것이 대학수학능력시험수능이다. 수능은 대학에서의 수학능력, 고차원 사고력을 측정하는 것이 목적이었다. 따라서 반드시 교과서 내용에 얽매이지 않았다. 수능 초기에는 학생의 사고력을 평가하는 통합교과적 문제가 출제되어 신선하다는 평가를 받았다. 다음 쪽의 1995학년도 수리·탐구 영역(II) 25~26번 문항이 좋은 사례이다. 이 문제는 역사와 지리 교과 내용을 혼합하여 출제하여 고차원 사고력을 평가할 수 있는 문제로 호평받았다.

그러나 수능의 성격도 시간이 흐르면서 변화할 수밖에 없었다. 교사들은 아무리 좋은 시험이라도 학교 수업을 통해서 대비할 수

[25~26] 요즈음 국내외에서는 환동해(環東海) 경제권 개발 문제가 활발하게 논의되고 있다. 지도를 거꾸로 보면, 동해가 동아시아의 '지중해(地中海)'에 해당됨을 쉽게 알 수 있다. 다음 지도를 보고 물음에 답하시오.

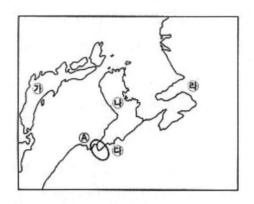

25. 8 세기부터 10 세기 초까지 동아시아 각국 사이에 전개된 국제 관계를 바르게 설명한 것은?
① ㉯와 ㉰는 ㉮를 공격하기 위하여 협력하였다.
② ㉮와 ㉯는 ㉰를 견제하기 위하여 친선을 유지하였다.
③ ㉮와 ㉰는 ㉯를 견제하기 위하여 교류하였다.
④ ㉮와 ㉭는 ㉯를 공격하기 위하여 동맹을 맺었다.
⑤ ㉯와 ㉭는 ㉮를 고립시키기 위하여 연합하였다.

26. 우리 나라가 ④ 지역 개발 계획에 적극적으로 참여하려는 목적과 가장 관련이 적은 것은?
① 민족 경제 공동체의 추구
② 일본 경제력의 대륙 진출 봉쇄
③ 북한의 노동력과 공업 용지 이용
④ 시베리아를 통한 유럽 교역로 개척
⑤ 목재, 석유 등 러시아의 천연 자원 확보

없다면, 학생들이 사교육에 의존할 수밖에 없다고 주장했다. 결국 이 주장이 받아들여지면서 수능의 성격은 달라졌다. 초기에는 언어, 수리, 탐구, 외국어 영역 등 교과와 무관한 명칭을 사용했지만, 2014학년도부터는 국어, 수학, 영어 영역 등 교과목의 명칭을 그대로 활용했다. 또 교과서 지식을 그대로 묻는 문제도 출제되고 있다. 결과적으로 지난 30여 년 동안 수능은 학력고사에 가깝게 변화해 왔다.

≫ 과외 금지는 위헌

국영기업체 임직원을 포함한 모든 공직자와 기업인, 의사, 변호사 등 사회 지도층 인사들은 솔선수범해 자녀에 대한 어떤 형태의 과외 공부도 금해 주시기 바랍니다. 이를 위반하는 공직자는 사회 정화의 차원에서 공직에서 물러나게 할 것이며, 기타 지도급 인사에 대해서도 적절한 조치를 취할 것입니다. … 앞으로 이를 위반하는 경우에는 중과세, 형사입건 등 강경 조치도 불사할 것…

1980년 7월 30일 발표된 「교육개혁안」을 준비하는 과정에서 전두환은 "과외 문제를 발본색원하라"는 지시를 내렸고, 발표문은 위와 같이 과외 전면 금지를 강력하게 선언했다. 과외 전면 금지는 이렇게 시작되었다.

그런데 정부의 강력한 경고에도 불구하고, 시간이 흐르면서 비밀 불법 과외가 성행하기 시작했다. 남의 눈을 피해 과외 교사를 집에 들여 수업을 하다가 적발되는 일이 종종 일어났고 학생과 과외 교사가 승용차를 같이 타고 가면서 과외 수업을 하는 '차 안 과외', 자정부터 새벽까지 진행하는 '올빼미 과외', 과외 교사가 학생의 형이나 오빠를 가장한 '입주 과외' 등과 같은 변칙 과외까지 등장했다.[21]

이런 상황에서 과외를 다시 허용해야 한다는 입장까지 나오기 시작했다. 특히 과외 교습이 금지된 후에 가정 형편이 어려운 대학생들이 학업을 지속하기 어려워졌다는 호소가 계속되었고, 동정 여론이 강화되자 노태우 정부 들어 대학생의 과외 교습을 허용하고 고교 재학생의 학원 수강도 허용하였다.

그러나 당시 법률은 과외에 대하여 여전히 원칙적으로 금지하되, 예외적으로 허용하는 형식을 취하고 있었다. 그런데 1995년 한 업체가 회원들에게 PC 통신을 이용해서 문제를 내고 회원 가정을 방문하여 질문과 답변을 주고받는 서비스를 시작하였다. 검찰은 이런 행위를 위법한 것으로 판단해서 기소했는데, 법원이 근거 법률이 헌법에 위반된다는 의심이 있다고 판단하여 헌법재판소에 법률의 위헌 여부를 가려달라는 심판을 제청했다. 1998년에는 음악인들이 음악에 재능이 있는 어린이에 대한 과외 교습을 금지하는

법률에 대해 헌법소원을 청구했다.[22]

2000년 4월 17일, 헌법재판소는 학교 밖에서 이루어지는 교육에 대해서 부모의 권리를 존중할 필요가 있다는 사실을 선언하면서 과외 교습을 일반적으로 금지하고 예외적으로 허용하는 것은 국민의 기본권을 침해한다고 판단하였다.

자녀의 양육과 교육에 있어서 부모의 교육권은 교육의 모든 영역에서 존중되어야 하며, 다만, 학교교육에 관한 한, 국가는 「헌법」 제31조에 의하여 부모의 교육권으로부터 원칙적으로 독립된 독자적인 교육권한을 부여받음으로써 부모의 교육권과 함께 자녀의 교육을 담당하지만, 학교 밖의 교육영역에서는 원칙적으로 부모의 교육권이 우위를 차지한다. … 법 제3조와 같은 형태의 사교육에 대한 규율은, 사적인 교육의 영역에서 부모와 자녀의 기본권에 대한 중대한 침해라는 개인적인 차원을 넘어서 국가를 문화적으로 빈곤하게 만들며, 국가 간의 경쟁에서 살아남기 힘든 오늘날의 무한경쟁시대에서 문화의 빈곤은 궁극적으로 사회적·경제적인 후진성으로 이어질 수밖에 없다.[23]

당시 헌재의 과외 금지 위헌 결정을 전망한 사람은 거의 없었고, 교육부 역시 위헌 결정을 예상하여 대비책을 세워 두지 않았다. 무방비 상태에서 역사적인 과외 금지 위헌 결정으로 사교육의 둑이 갑자기 터져 버렸다.[24]

과외 금지 위헌 결정 후에는 개인 과외는 물론, 다양한 형태의 사교육이 등장했다. 정부가 대학입학제도를 바꿀 때마다 사교육 업체들은 학교보다 일찍 대응 방안을 마련하고 학생들을 불러 모았다. 1960년대나 70년대와 마찬가지로 사교육을 받지 않고는 대학진학이 어렵다고 생각하는 사람들이 대다수이며 학생들은 학교를 마치자마자 학원으로 직행한다. 학원에서 밤늦은 시간까지 공부하고 학교에서는 휴식을 취하는 학생들을 찾아보는 일도 어렵지 않다. 학원 서비스가 고도화하면서 사교육 비용은 계속 올라가고 이는 가계에 상당한 부담이 되고 있다.

≫ 입학사정관제를 앞세운 학생부 시대의 개막

1980년, 본고사를 폐지하는 대신 학력고사와 함께 고등학교 내신성적을 중심으로 학생을 선발하기로 했다. 당시 신군부는 지역 간, 학교 간 학력 격차를 인정하지 않는 상대평가 방식으로 학교 성적을 내신서에 기재하도록 하고, 내신성적을 40% 이상 반영하도록 했다. 이것은 1970년대 후반부터 실시된 고교 평준화의 토대를 강화하고 중학생들의 고교 입시 경쟁을 완화하고자 하는 취지였다.

대학에서 고교 학력 격차가 존재한다고 믿는 상황에서 내신성적을 40% 이상 반영하면 우수 학생을 선발하는 데 불리할 수 있었다.

대학은 명목상으로는 내신성적을 40% 이상 반영하면서도, 기본 점수를 높게 책정하여 실질적으로는 반영률을 미미한 수준에서 관리하고자 했다. 이후 고등학교 내신성적을 평가하는 방식을 둘러싸고 정부와 대학 간에는 지루한 줄다리기가 이어졌다. 김대중 정부에서는 절대평가 방식으로 평가한 학업성취도와 상대평가 방식으로 기술한 석차백분율 모두를 대학에 제공하고, 대학이 자율적으로 선택하여 활용하도록 했다.

정부의 기대와 달리 상당수 유수 대학은 절대평가를 적용한 학업성취도를 활용했는데, 상대평가 방식에서 불리한 특목고 학생을 더 확보하려는 의도였다. 이에 여러 고등학교는 시험 문제를 쉽게 출제하여 학업성취도 성적을 부풀리기 시작했다.[25] 사실상 대학의 학생 선발에서 고등학교 성적이나 활동은 크게 중요하지 않았다. 처음에는 대학이 출제하는 시험이, 그 후에는 정부가 주관하는 시험의 결과가 중요할 뿐이었다.

노무현 정부 들어 고등학교 성적과 활동을 중요한 전형 요소로 삼고자 하는 시도가 시작됐다. 노무현 대통령은 공교육을 정상화하고 사교육비를 절감하는 방향으로 입시제도를 개혁하고자 했는데, 당시 정부 고위 관계자 중에는 전국의 모든 학생을 단일한 시험 성적으로 서열을 매기는 폐단을 없애기 위하여 전국 단위 시험, 즉 수능을 폐지하거나 영향력을 최소화하고 내신 위주로 신입생을 선발하는 편이 바람직하다는 생각을 가지고 있는 사람들이 있었다.

이들은 고등학교에서의 모든 교육활동을 기록한 '교육이력철'을 중심으로 대학입학 전형을 치르되, 수능을 등급제로 전환하여 둘을 결합하는 방안을 구상했다. 논의과정에서 교육이력철은 학교생활기록부^{학생부}로 명칭을 바꾸었고, 학생부는 평균과 표준편차를 함께 제공하되, 9등급으로 표기하고, 교과 영역, 즉 학습활동 및 성적, 특기, 성과, 태도 등 교과활동과 비교과 영역, 즉 봉사활동과 특별활동, 독서활동 등을 충실히 기록하여 대학입시의 주요 전형자료로 활용하도록 했다. 2008학년도부터는 학생부의 실질 반영률을 50%까지 높인다는 방침을 발표했다.

2004년에 발표된 2008년 이후 대학입시방안에는 '입학사정관제 도입'도 포함되어 있었다. 이 제도는 입학사정관들이 학생들이 학교 안팎에서 수행한 교육활동을 주의 깊게 살펴보고 학생활동이 학과의 특성에 부합하는지를 평가하여 학생 선발의 타당성을 높이고자 하는 취지였다. 교육 전문가들은 시험 '점수'만으로 학생을 선발하는 것보다 진전된 평가 방식이라고 보았다.

노무현 정부에서 입학사정관 제도를 제안했지만, 이 제도가 본격적으로 확대된 시기는 이명박 정부 들어서였다. 대통령은 학생들이 시험에 시달리지 않고 대학에 진학할 수 있도록 입학사정관제를 확대하라는 지시를 내렸고, 교육부는 입학사정관 제도를 도입하는 대학에 재정을 지원하는 방식으로 제도를 확대했다. 고등학교 교사들은 학생들이 학원 사교육에 의존하기보다 학교 교육활동에 참여하기 시작했다며 제도를 반겼다.

고등학교 교사들 못지않게 학생부 전형을 반긴 것은 대학이었다. 대학은 표면적으로는 한 차례의 시험성적보다는 고등학교 생활 전체를 살펴보는 것이 수학능력 적격자 선발에 부합한다는 점, 그리고 고교교육을 정상화하는데 기여하는 방식이라는 점을 앞세웠다. 그러나 대학에서 선호하는 고교 학생들을 대거 입학시키는 방식으로 제도를 활용하고자 하는 의도를 가진 경우도 적지 않았다. 고등학교 교사들과 대학이 모두 박수를 치는 상황에서 학생부 전형은 꾸준히 확대되었다.

학교 밖에서 경시대회 등 다양한 활동이 이루어지고, 여기에 참여하는 학생들이 학생부에 많은 활동을 기록하는 '스펙 쌓기 경쟁'이 심화했다. 부모의 경제력이나 사회적 지위가 이 경쟁을 좌우하는 변수가 되었다. 대학 교수와 공동으로 소논문을 작성했다는 고등학생이 출현하기도 했고, 고등학생 신분으로 책을 펴내는 학생도 나타났다. 학생부 중심 전형에 대한 공정성 문제가 제기되기 시작했다.

이른바 조국 사태는 학생부 중심 수시전형의 문제를 공론화하는 결정적 계기가 되었다. 문재인 정부에서 법무부장관에 임명된 서울대 조국 교수에 대하여 그의 딸이 고등학교 2학년 당시 모 대학 의학연구소에서 2주 동안 인턴십을 한 경력을 배경으로 학술지에 게재된 논문의 제1저자로 등재되고, 이 사실을 대학입학 당시 자기소개서에 기재하였다는 사실, 그리고 모 대학 의학전문대학원 입학 서류로 제출한 자신의 어머니가 재직 중인 대학의 표창장이 위조된 것이라는 의문은 공정한 입시를 기대한 청년들과 그들의 부모 세대인 50대들에게서 강한 비판을 불러일으켰다.

문재인 대통령은 조국 사태 후에 불공정한 입시에 대하여 다음과 같이 사과했다.

> 국민들께서 가장 가슴 아파하는 것이 교육에서의 불공정입니다. 최근 시작한 학생부 종합전형 전면 실태 조사를 엄정하게 추진하고, 고교 서열화 해소를 위한 방안도 강구할 것입니다. 정시 비중 상향을 포함한 입시제도 개편안도 마련하겠습니다.[26]

학생부 전형의 공정성에 대한 논란이 심화하자 앞서 박근혜 정부에서는 학교 밖에서 수상한 실적은 학생부에 기재하지 않도록 했고, 문재인 정부에서는 대필 논란이 일었던 자기소개서를 폐지하고, 소논문이나 진로 희망 분야의 교사추천서도 없앴다. 교내 수상경력, 개인봉사활동 실적, 자율동아리, 독서활동 등만을 포함하도록 했다. 결국 한때 80%까지 치솟았던 학생부 위주 전형을 줄이고, 수능 중심의 정시전형을 40% 이상으로 확대하는 방향으로 결말을 맺었다. 자세한 내용은 5장 참조 미국의 고등교육 연구자 트로우는 대학 진학률을 기준으로 고등교육의 성격을 구분하였다.[27] 그는 대학 진학률이 15% 미만인 경우는 엘리트고등교육이, 15%에서 50% 사이인 경우는 대중고등교육이, 진학률이 50%를 초과하면 보편고등교육이 전개된다고 보았다. 우리나라는 1980년을 전후하여 대학 진학률이 15%를 넘어섰고, 1995년을 기점으로 50%를 넘었다. 즉, 1980년 즈음 엘리트고등교육에서 대중고등교육으로 바뀌었고, 1995년을 즈음하여 대중고등교육에서 보편고등교육으로 변화했다고 할 수 있다. 1980년은 신군부가 과외를 금지하고 본고사를 폐지하고 학력고사 중심으로 대학입학제도를 개혁한 해이며, 1995년은 대학의 입시 자율권을 강화하고 전형방식을 다양화하자는 주장이 제기되기 시작한 시점이다.

트로우는 엘리트고등교육 단계에서는 중등교육에서의 성적 또는 시험에 의한 선발, 즉 능력주의 선발이 이루어지며, 대중고등교육 단계에서는 능력주의적 선발에 더하여 교육기회의 균등화 원리에 따라 선발이 이루어진다고 본다. 즉, 능력주의 선발 정책만으로는 입학 기회에서 체계적으로 불평등을 겪는 집단이 존재하기 때문에, 이들을 위한 보상적 입학 프로그램을 운영한다. 예컨대, 특수교육 대상자의 대학교육 기회를 확대하기 위한 선발이나 미국의 적극적 우대 조치affirmative action와 같은 것이다. 그리고 고등교육이 보편화하면 모든 사람에게 고등교육 기회를 보장하여 일정 수준의 학력을 갖추기만 하면 누구나 입학할 수 있도록 하고, 한 사회를 이루는 다양한 집단, 예를 들어 성, 인종, 사회 계층, 민족 등 다양한 측면에서 인구에 비례하여 대학교육 기회를 누릴 수 있도록 집단으로서의 달성 수준을 균등화하기 위한 방향에서 학생을 선발한다.

엘리트고등교육 단계에 있던 1970년대 말까지 우리나라의 대학입시정책은 부정과 비리에 대항하기 위한 노력의 연속이었다. 학생 등록금에 전적으로 의존하는 사립대학은 부정입학 시도를 멈추지 않았고, 시민들의 지탄이 이어졌다. 결과적으로 정부가 대학입시에 관여할 수밖에 없었다. 보편고등교육 단계로 접어든 1980년대에도 여전히 공정성이 대학입학정책의 최우선 과제가 되었다. 이런 요구에 따라 선다형 객관식 문제를 출제했고, 입학 전형방식의 교육적 타당성은 늘 공정성 뒤로 밀리고 말았다. 그러나 공정성을 의식한 대학입학 방식은 고등학교 교육을 황폐화하고 학생들을 의미 없는 시험 전쟁으로 내몰았다. 또 대학은 학생 선발 면에서 일말의 자율성도 누리지 못한다는 비판이 높아 갔다.

1990년대 중반, 한국의 고등교육이 보편 단계에 접어든 이후 이런 비판의 강도는 더욱 거세졌다. 이런 상황에서 고등학교의 학교생활기록이 여러 주체들의 이해를 통일하는 핵심 장치로 등장했다. 고등학교 교사들은 학생부 중심의 대학입학 전형이 고등학교 교육을 살릴 것이라고 믿었고, 대학은 정부가 주관하는 시험에 의존하기보다 자신들이 학생부를 평가하는 편이 대학 자율을 높일 것이라고 생각했다. 한 차례의 시험성적보다 교육적 타당성이 높다는 주장 위에서 학생부 전형은 급속히 확장했다.

이미 사교육이 전면적으로 합법화한 상황에서 고등학교의 기록에도 부모의 사회·경제적 지위의 영향을 배제할 수는 없었다. 오히려 부모의 영향은 훨씬 직접적으로 노골화했다. 교육적 타당성을 높이고자 한 시도가 다시 한번 공정성 논란에 휩싸인 셈이다.

우리나라의 대학 진학률은 이미 30여 년 전에 50%를 넘어, 이제는 대학에 갈 의사만 있으면 누구나 대학에 갈 수 있는 만민고등교육시대에 진입하였다. 모두가 대학에 입학할 수 있는 대학전입시대大學全入時代에도 공정성과 교육적 타당성은 여전히 화두가 되어 있다.

제3장

일제고사보다 내신,
적합한 선발을 위한
첫 도전

≫ 묻혀 있던 내신의 화려한 부활

　지난 몇 해 동안 대학이 학생을 선발할 때 고등학교에서의 학업과 생활기록을 어느 정도 인정할 것인가라는 문제를 둘러싼 논의가 뜨겁다. 이 기록을 많이 인정할수록 고등학교 교육을 정상화하고 대학에서 공부할 적격자를 선발할 수 있다고 주장하는 사람이 있는 반면, 이 기록을 많이 인정하면 공정한 결과를 기대할 수도, 학생 선발의 신뢰성을 높일 수도 없으니 고교 기록은 제한적으로 활용하고, 수능과 같은 공통 시험 결과를 더 반영하는 편이 바람직하다고 생각하는 사람들도 있다. 학교생활기록부^{학생부}라고 하는 고등학교의 학생생활기록이 논란의 중심에 있다.

　해방 이후 한국의 현대 교육사를 돌아보면 대학이 학생을 선발할 때 고등학교에서의 학업과 생활기록을 중요한 요소로 삼기 시작한 것은 이제 갓 10년이 넘었을 뿐이다. 1970년대 말까지는 고등학교에서의 학생기록을 대학의 학생 선발에 거의 반영하지 않았다. 1980년대 들어 '내신'이라는 이름으로 대학의 학생 선발에 활용하기 시작했지만, 그때에도 이 기록의 실질적 영향력은 상당히 제한적이었다. 고등학교 기록보다는 전국 단위 공통 시험 결과가 훨씬 중요했다.

그러던 차에 2010년대 들어 입학사정관 제도니 학생부 종합전형이니 하는 이름으로 고등학교의 학업과 생활기록을 중시하는 선발 방식이 확대되고, 근래에는 그 선발 규모나 실질적 영향력 면에서 수능을 압도하는 상황에 이르렀다. 40여 년 가까이 묻혀 있던 존재가 화려하게 부활한 셈이다.

≫ 내신에 대한 오래된 기대와 어김 없는 배반

한 차례의 시험성적만을 활용하기보다는, 고등학교 3년 동안의 학업뿐만 아니라 생활 전반을 찬찬히 살펴서 학생을 선발하는 편이 바람직하다는 주장에 반대하는 사람보다는 동감하는 사람이 더 많을 것이다. 시험은 어느 한 시점에서 학생이 가지고 있는 능력을 측정할 수 있지만, 시험 결과가 곧 인간의 학습 능력이나 역량을 온전히 보여주는 것은 아니다. 따라서 단 한 번의 시험으로만 학생을 선발하는 방식이 올바른 것인가라는 의문을 제기할 수 있다. 반면, 고등학교 3년간의 학업과 생활기록을 평가하여 학생 선발에 활용한다면, 학생이 어떤 변화과정을 겪어 왔는지, 성장과정을 확인할 수 있기 때문에 대학에서 공부할 자격이 있는 사람을 선발하는 데 더 적합할 수 있다. 아울러, 학교교육을 정상화하는 데에도 더욱 바람직하다.[1] 이런 점에서 학교의 기록을 상급학교 학생 선발에 활용하는 방안에 대해서는 일찍부터 큰 기대가 있었다.

시험이 아니라 고등학교의 생활과 기록을 중시하여 대학에서 학생을 선발하자는 생각은 매우 일찍부터 싹텄다. 대학별 시험을 치르고 학생을 선발하던 1950년대에도 벌써 시험의 폐해에 대한 논의가 활발했고, 근본적 대안으로 시험을 치르지 않고 고교 기록만으로 학생을 선발하자는 제안이 있었다. 실제로 1950년대 중반부터 고려대와 연세대 등 일부 사립대학은 고등학교 내신서를 활용하여 무시험 전형을 실시했다. 고려대는 1957학년도에 모집정원의 10% 정도인 80명을 내신성적을 근거로 무시험 전형으로 선발했다. 문교부 역시 이런 흐름에 찬동하여 전체 모집정원의 10% 정도는 무시험 전형으로 선발하고, 모집정원의 90%를 시험 전형으로 선발하되 고교 내신을 30% 반영할 것을 대학에 요구하기도 했다. 고등학교 기록에 대한 기대가 높았던 셈이다. 이 때 연세대 부총장을 지낸 최현배 선생의 말 속에서 그 취지를 확인할 수 있다.

… 그러면 입학시험 개선의 방도는 과연 무엇일가? 나는 가로되 입학시험제도 그것을 폐지하라. 범이 무섭고 해롭거든 그 무서움과 해악을 없이하는 방도는 그 범을 길들이는데 있지 아니하고 숫제 그 놈의 범을 잡아 없애버리는 것이 상책이다. 입학시험을 없이하고 그 대신에 그 출신학교에서의 재학 시적*과 행실로써 입학자를 전형하면 위에 벌려 적은 바와 같은 폐해가 일소되고 각급의 학교 교사와 학생은 그 학교의 본래의 목적에 따라 열심히 공부하게 될 것이다.[2]

이런 시도는 금세 좌절되었다. 고등학교에서 내신서를 부정하게 기록한 일이 드러났기 때문이다. 1957학년도 연세대 입시에서 고등학교 내신서 내용에 상당한 부정이 있다는 첩보가 문교부로 접수되어, 문교부가 부정합격한 723명의 내신서 원본을 압수하고 사실 관계를 조사하는 일이 있었다.[3] 고교 기록이 불신을 받으니, 이 기록에 근거한 무시험 전형을 주장할 수 없게 된 것이다.

내신, 즉 학교의 학생 학업과 생활기록에 대한 기대와 배반의 뿌리가 깊다는 사실이 흥미롭다. '내신內申'이라는 말은 내밀하게 말씀드리는 일 또는 그 내용을 기록한 문서를 의미하는 일본어이다. 학생의 학업이나 생활에 관하여 학교가 기록하고, 학생이 수험하

---

* 중국 진나라와 한나라 때에 특정 지역 내에서 영업하던 상인의 호적을 의미하는 시적(市籍)인 것 같다. 원문에는 한자를 병기하지 않아서 이 한자어라고 단정하여 말할 수는 없다.

는 상급학교에 제출하는 문서를 내신서라고 한다.

우리나라에서 입시에 내신서를 사용하기 시작한 것은 1927년이다.[4] 당시 중등학교 입시에 〈소학교 교장의 소견所見〉이라는 이름으로 소학교의 학생기록을 활용하기 시작했다. 이때만 해도 중등학교는 학교 자체적으로 시험을 치러 학생을 선발했는데, 이 때문에 소학교에서는 중등학교 입시 준비에 여념이 없었다. 방과 후 '특별' 보충수업과 입시 지도는 상당수 소학교에서 보편적으로 이루어지고 있었는데, 중등학교 입시 대상 과목에 치중하여 학생을 교육하고, 입시 준비를 위한 참고서와 문제집을 풀이하는 방식으로 수업하는 경우가 많았다. 일요일에 학생을 소집하여 공부시키는 학교도 있었다.[5]

이처럼 소학교 교육이 본질에서 벗어나 심각하게 왜곡되어 있으니 이를 바로잡기 위하여 시험이 아니라 소학교의 기록을 중심으로 학생을 선발하도록 한 것이다. 1927년 당시에는 이런 방침이 〈준칙〉으로 학교에 전달되었는데, 〈소학교 교장의 소견〉을 불신하는 중등학교가 적지 않았다. 상당수 중등학교는 학교가 주관하는 인물고사를 어렵게 실시하여 '소견'을 사실상 무력화했다.[6]

이런 방침은 1939년에 전면적으로 실현된다. 1930년대 중반, "입시 지옥에서 자녀들의 고통을 덜어주자!"[7] 이런 외침이 강력했다. 이 땅이 '입시 지옥'이 된 역사는 거의 한 세기 전까지 거슬러 올라가는 셈이다. 이런 상황에서 조선총독부는 모든 중등학교가 학업성적, 성행, 신체조건 등에 관한 학생기록을 내신이라는 이름으로 학생 선발에 활용하도록 의무화한다. 1939년은 내신이 한국 교육의 전면에 등장한 해가 된다.

이런 변화에는 두 가지 배경이 있었다. 소학교 교육이 중등학교 입시 준비에 맞추어지면서, 소학교가 입시 준비 기관이 되어 버린 일에 대한 문제의식이 널리 확산했다. 이와 관련된 일이지만, 소학교가 입시 준비에 몰두하면서 아동들의 심신 발달이 저해되었는데, 이렇게 되자 황국신민을 기르고자 하는 일본 제국주의 정부의 목적을 달성하기도, 전쟁을 앞두고 신체 건강한 병사 자원을 확보하고자 하는 내밀한 의도도 충족할 수 없었다. 당시 내신서는 명랑성, 순종성, 면강성勉強性 등 총독부가 기르고자 하는 성향을 제시하고, 그 성향별로 학생을 몇 단계로 평가하고 그 결과를 기록하였다. 이처럼 학생들의 정의적 측면을 기록하고, 학생 간 비교가 가능해지자, 학생들은 학교와 교사에 예속되었다. 이것은 교육목적에 맹목적으로 순응하는 결과를 초래하였는데, 결과적으로 모든 아동을 양순한 황국신민으로 기를 수 있었다.[8]

총독부의 이 방침이 금방 적용되지는 않았다. 오히려 갈등이 심각했다. 가장 중요한 원인은 한 세기가 흐른 오늘날과 마찬가지로, 소학교 교장이 작성한 소견표를 믿을 수 없다는 사실이었다. 중등학교에서는 소학교 교사들이 학생을 주관적으로 관찰한 기록은 객관성을 담보할 수 없다고 보았다. 또, 소견서를 작성하는 과정에서의 부정 비리가 종종 수면으로 부각되기도 했다. 소학교 교장이 부유한 가정 자녀의 소견서를 잘 작성하여 중등학교에 입학시키는 일은 큰 사건이라 할 것도 없었다. 또 하나의 원인은 당시 소학교 교육에서 학교 간, 그리고 학급 간 차이가 상당했다는 사실과 관련이 있다. 학교 차이에 대한 문제제기가 끊이지 않았고, 이것은 중등학교가 내신제 수용을 망설이는 중요한 원인이었다.[9] 모두가 오늘날의 대학입시 풍경과 비슷하다.

2장에서, 1950년대 중반 고교 기록을 중시하는 무시험 전형이 금방 좌절한 배경을 소개했는데 사실 내신서 부정 사건 이후에도 무시험 전형은 조금씩 명맥을 유지해 오고 있었고, 정부는 입시 위주 교육의 대안으로 고교 내신을 활용한 입시를 제안하곤 했다. 박정희 정부에서도 1972년 유신 체제를 전후하여 입시 위주 고교교육을 바꾸기 위하여 대학에 고교 내신 반영을 권장했고, 1977학년도부터는 대학입시 원서를 제출할 때 학교생활기록부 제출을 의무화했다. 그러나 대학은 고교 기록을 불신하여 정부 방침을 쉽게 수용하지 않았다.[10]

학생 선발에 학교 기록을 활용하는 방안에 대한 기대는 일찍부터 존재했지만, 그 기대는 늘 여지없이 배반당했다.

>> 본고사 폐지와 내신의 본격적인 등장

고교 내신이 대학입시에서 중요한 요소로 등장한 것은 신군부가 출범한 1980년부터이다. 70년대 말까지 대학은 대학입학예비고사예비고사와 대학별 본고사 성적으로 학생을 선발하였다. 명문대일수록 본고사 성적이 중요했고, 고등학교에서는 학생들을 성적에 따라 구분하여 상위권 대학에 지원할 수 있는 학생에 관심을 집중하였다. 본고사는 고등학교에서 배우는 모든 교과를 대상으로 하지 않고, 국어, 영어, 수학 등 몇 개 교과만을 평가했다. 시험을 대비하여 몇몇 과목 수업 시간을 늘리고, 다른 교과목 수업은 등한시하는 등 학교교육의 파행이 심각했다. 또, 이때만 해도 과외가 합법이어서 많은 학생이 과외를 받았고, 과외 교사로 활동하는 교수나 교사도 적지 않았다. 과외비를 마련하느라 어려움을 겪는 가정이 많았다. 한마디로 교육은 당시에도 심각한 사회문제였다.

전두환은 군사 반란으로 정권을 잡은 후 민심을 달랠 소재를 찾고 있었는데, 교육은 좋은 대상이 되었다. 그는 집권 후 곧바로 「교육정상화 및 과열과외 해소 방안」을 발표한다. 입시 위주의 고교교육을 개혁하고, 무엇보다 과외를 전면 금지하는 일은 모두에게 높은 지지를 얻을 수 있는 정책이었다.

이 방안은 유례를 찾을 수 없을 만큼 전격적이었고 혁신적이었다. 우선 과열과외의 주범으로 여겨진 대학별 본고사를 폐지하였다. 당시 치르고 있던 예비고사 성적은 계속 활용하되, 고교교육을 정상화하기 위해서 내신성적을 대입에 반영하기로 했다. 고교 내신성적은 지역 간, 학교 간 학력 격차를 인정하지 않고 전국 모든 고등학교를 동일 수준으로 보아 산정했다. 고등학교 성적과 출석을 요소로 계열별 또는 학과별로 등급을 나누어 내신을 정하였다. 1981학년도에는 모든 대학이 입학 요소로 내신성적을 의무적으로 반영하고 내신 반영 비율은 20%에서부터 시작하되, 그 비율을 점차 높여 가며 궁극적으로는 내신성적만으로 대학에 입학할 수 있도록 제도를 정비한다는 것이 방안의 골자였다. 실제로, 1982학년도부터 86학년도까지는 고교 내신성적을 30~50%까지 반영했고, 87학년도에는 40% 이상으로 반영 비율을 높였다. 1981학년도에는 학교 내의 모든 학생 내신을 10등급으로 나누어 평가하였으나, 나중에는 15등급으로 세분화했다.

　이런 방안에 대한 평가는 나쁘지 않았다. 과외비를 지출하지 않아도 된 부모들이 반겼고 본고사 과목이 아닌 교과목을 가르치는 교사들도 환영했다. 내신을 반영하면서 서울로 전학을 가지 않아도 되는 학생도 있었다. 당시 신문은 방안 시행 한 달 후의 변화를 다음과 같이 소개하고 있다.

　「7·30 교육정상화방안」이 발표된 이후 그동안 국어, 영어, 수학 등 「대학입시 위주」의 고교교육을 「인간 위주」의 전인교육으로 탈바꿈. 학교의 수업 분위기가 정상화되는 방향으로 크게 좋아졌다. 또 과외 철폐로 인해 입시 학원가에는 재학생들의 발길이 뚝 끊긴 반면 도서관은 몰려드는 학생들로 연일 초만원을 이뤄 새로운 면학 풍속도를 나타내고 있다. 과외 뒷바라지에 경제적 어려움은 물론 심신까지 시달렸던 학부모들은 과외 노이로제에서 해방됐고 학생들은 과외 대신 도서관 출입과 TV 학습을 통해 실력 향상에 열중하고 있다. 이와 함께 대학 본고사 평가 대신 출신 고교 내신 반영률이 높아지면서 최근 농촌 학생들의 도시 집중이 둔화되는 반면, 오히려 도시 학생들의 농촌 역류 경향이 두드러지는 등 과외 폐지 이후 색다른 현상이 나타나고 있다.[11]

신군부의 방안이 고교교육을 정상화한 것은 아니었다. 대학입학학력고사학력고사가 대학별 본고사를 대신하고, 고등학교 전 과정이 내신에 포함되면서 고등학교에 입학하는 순간부터 학생은 말할 것도 없고, 교사와 학부모까지 고통 속에서 3년을 동행하게 되었다. 아침 7시 반에 두 개의 도시락을 들고 등교하여 저녁 10시까지 시험 준비를 하는 풍경은 변함이 없었다. 본고사가 폐지된 후에도 학력고사에서 점수 비중이 높은 국어, 영어, 수학 같은 교과목을 많이 공부하고, 어떤 과목은 건성으로 배우는 일도 달라지지 않았다. 1990년대 초 고등학교 교사와 학생, 그리고 학부모를 면담하여 입시교육의 실태를 드러내고 대안을 모색한 책은 당시 학교를 다음과 같이 묘사하고 있다.

새벽부터 시작해서 밤이 이슥해야 끝나는 학교, 하루 종일 입시 과목만 공부하는 학교, 일년 내내 음악도 미술도 체육도 없는 학교, 자습과 보충수업과 시험만 있는 학교, 그러면서도 학급일지에는 "정상수업을 했음"이라고 기입하는 학교, 그리고 이런 숨막히는 기준에 물샐틈없이 철저한 학교가 곧 名門高校(명문고교)라는 거다. 무서운 학교로다. 그리고 무서운 아이들이로다.[12]

>>> 일제고사의 대항마, 학생부

해방 이후 학생들의 학교생활을 기록한 문서로 처음 등장한 것은 '생활기록부'이다. '생기부'라고도 불렸던 이 문서는 1955년 초등학교에 처음 도입되고, 이듬해에는 고등학교에도 도입되었다. 이 문서는 학교 내에서 치르는 시험성적 외에도, 출결, 행동발달상황 등을 기록했지만, 대학입시에서는 학교 시험성적과 출결 정도가 활용되었을 뿐이다. 생기부는 학력고사 성적을 보조하여 활용되는 수준에 지나지 않았다. 1980년대 중·후반 고교 내신성적을 40%까지 반영하라는 문교부의 요구에도 불구하고, 대학은 내신 기본 점수를 높이는 방식으로 내신이 대학입시에서 작용하는 영향을 최소화하고자 했다. 고등학교 내신을 불신했기 때문이다.

그런데 김영삼 정부 들어 고등학교의 기록은 명칭은 물론 그 중요성이 질적으로 달라진다. 교과 내용을 암기하고, 그것을 시험으로 평가하는 방식으로는 세계화와 정보화 시대에 활약할 인재를 기르기 어렵다는 문제제기가 사회적으로 널리 확산되었다. 시험 기계가 아니라 진짜 능력이 있는 인재를 기르기 위해서는 학교교육을 통해서 종합적 능력을 기르고 평가해야 하며, 대학이 학생을 선발할 때 그 자료를 활용해야 한다는 주장이 넘쳐났다.

고등학교 3년간에 쌓은 학력을 단 하루에 걸쳐 평가하려는 시도의 무모함을 이제는 깨달아야 한다. 중·고등학교라는 국가 보통 교육 체제를 통해서 가르쳐지는 교육과정상의 교육 내용은 하루 동안의 객관식이거나 주관식의 짧은 지필 테스트를 통해서 확인될 수 있는 것이 아니다. 중·고등학생들의 긴 발달과정을 옆에서 지켜보면서 그들의 성숙과정을 확인하는 중·고교 선생님들의 평가를 존중하고 신뢰하여 그들의 판단을 대학에서는 활용만 하는 것이 중요하다.[13]

"고등학생들의 긴 발달과정을 지켜보면서 그들의 성숙과정을 교사들이 기록한 문서", 그것이 종합생활기록부^{종생부}라는 이름으로 탄생하였다. '종생부'라는 줄임말의 어감이 좋지 않다고 하여, 곧 '학교생활기록부^{학생부}'로 이름을 바꾸었다. 정부는 1997학년도부터 모든 국공립대학에서 학생을 선발할 때, 학생부를 필수 전형 자료로 채택하도록 요구했다. 반면, 대학수학능력시험^{수능}이나 논술, 면접, 실기 등은 선택 전형자료로 삼아도 좋다고 했다. 학생부는 종합적 능력을 확인하기 위한 자료인 만큼 교과목별 성취도 외에 교과별 세부능력과 특기사항을 기록하고, 수상경력과 특별활동, 봉사활동과 자격증 취득에 관한 내용도 기록하도록 했다.

당시 "시험에서 전형銓衡으로!", "한 줄 세우기 평가가 아닌 여러 줄 세우기 평가!", "시험 선수가 아닌 다양한 능력을 갖춘 인재를!" 같은 구호가 요란하였는데, 이 모든 극적 변화의 핵심에 학생부가 존재했다. 시험을 대체할 대항마로 학생부가 등장한 것이다.

학생부의 첫걸음이 가벼웠던 것은 아니다. 기존에는 고교 내신을 15등급으로 상대평가했지만, "다양한 능력으로 여러 줄을 세우는 교육"을 하기 위하여 절대평가를 도입하였다. 그러자 고등학교에서는 수업 중에 시험 문제를 암시하는 방법 등으로 많은 학생의 내신성적을 부풀렸다. 대학은 학생부에 기록된 성적을 고등학교에서 '부풀린 내신'으로 간주하여, 학생부의 실질적 영향력을 축소했다. 1997년에는 과학고와 외국어고 등 특목고 학생 527명이 자퇴하거나 전학하는 파동이 일어났다. 특목고 학생에 대한 비교내신제를 폐지하는 방침에 반발한 것이었다. 특목고와 일반고에 입학하는 학생들의 능력에 차이가 있는데, 모두 획일적으로 내신을 평가하는 것은 공정하지 않다는 것이 이들의 주장이었다.[14]

고등학교 내신을 얼마나, 어떤 방식으로 반영하는가는 고교 서열에 엄청난 영향을 미친다. 대입에 내신을 많이 반영하고, 특히 상대평가 방식으로 내신을 평가하는 경우, 특목고나 자사고에 진학하는 학생이 급감한다. 반면, 절대평가 방식으로 내신을 산정하면 특목고나 자사고에 학생들이 몰린다. 흥미로운 사실은 보수와 진보를 막론하고 모두 내신을 절대평가해야 한다는 데 의견을 같이한다는 점이다. 보수적 교육계는 내신을 절대평가하면 특목고나 자사고 등을 중심으로 고교 서열 체제를 확고하게 만들 수 있다는 점을 기대한다. 반면, 진보적 교육계는 내신 상대평가는 옆 친구를 경쟁자로 만드는 비인간적인 제도라는 문제를 지적한다.

이런 우여곡절에도 불구하고 "한 줄 세우기에서 여러 줄 세우기로!"는 김대중 정부에서도 교육정책의 중요한 방향이 된다. 당시 정부는 무시험 전형을 확대하겠다고 발표하였고, 언론은 이를 "성적 순에서 개성 시대로!"라는 제목으로 보도하였다.

시험 점수보다 학생부 기록을 활용하여 학생을 선발하고자 하는 정책은 정권 교체와 무관하게 계속되고 점차 강화되었다. 노무현 대통령은 취임 후 "공교육을 정상화하고 사교육비를 절감할 수 있는 대입제도를 마련하라"는 지시를 내린다. 종래의 학생부를 '고교 이력철'로 변경하고, 이 기록을 중심으로 대학 지원이 가능하도록 하며, 수능은 자격고사로 전환하는 등 혁신적 내용이 대안으로 논의되었으나, 결국은 수능의 보조적 역할에 지나지 않았던 학생부의 실질 반영률을 50%까지 높여서 확실하게 학생부 중심의 전형을 이루는 정도로 결말을 맺었다. 다만, 고교 내신 부풀리기를 시정하기 위하여 내신 9등급제를 실시하는 선에서 타협을 이룬다.

대학의 반발은 상당히 거셌다. 학생부 기록을 여전히 불신했기 때문이다. 고려대는 1,000점 만점에 내신 최고 등급과 최저 등급 간 차이를 2.4점으로 설정했다. 사실상 내신에서의 차이를 인정하지 않았던 셈이다. 서울대는 변별력을 확보하기 위하여 논술 비중을 크게 늘리겠다는 방침을 밝혔다. 주요 사립대학도 보조를 맞추었다. 학생들이 논술 사교육 시장으로 몰렸다. 이런 상황에서 2005년 고등학생들이 거리로 나섰다. 수능 9등급제에 이어 학생부 표기 방식을 절대평가에서 9등급 상대평가로 바꾸면 친구들 간에 잔혹한 경쟁을 해야 하고, 나아가 논술까지 준비하여 대학에 가라는 것은 "죽음의 트라이앵글"로 자신들을 내모는 것이라며 비판했다.

이처럼 정권 교체와 무관하게 "시험에서 전형으로!"라는 정책은 계속된다. 그리고 그 정책의 핵심에 학생부가 있었다. 그러나 노무현 정부 때까지도 대학은 학생부를 줄곧 불신했다. 결과적으로 정부의 정책의지는 실제로 구현되지 못했다.

>>> 입학사정관제와 학생부

이처럼 대학이 학생부 중심 전형에 소극적이자 정부는 학생부 활용을 확대하기 위한 방안을 도입하는데, 입학사정관제가 바로 그것이다. 입학사정관제는 노무현 정부에서 제안한 것이다. 대학이 지원자의 지적 잠재력과 인성을 입체적으로 평가할 수 있는 역량을 갖추면 시험 점수 위주로 학생을 선발하는 방식에서 벗어날 수 있다고 보고, 입학사정관을 투입하여 이런 변화를 실현하고자 한 것이다. 노무현 정부 말기에 아주 미미한 수준에서 시범 사업을 시작했는데, 이명박 정부 들어 입학사정관을 대대적으로 확대하기 시작한다. 당시 정부는 이 제도를 다음과 같이 설명하였다.

참된 인재 발굴을 위한 새로운 대입제도, 입학사정관제
입학사정관제는 대입 전형의 선진화를 위한 제도입니다. 입학사정관을 통하여 내신성적과 수능 점수만으로 평가할 수 없었던 잠재능력과 소질, 가능성 등을 다각적으로 평가하고 판단하여 각 대학의 인재상이나 모집 단위 특성에 맞는 신입생 선발 제도입니다.[15]

대학의 수시 입학이 빠르게 확대되면서 입학사정관제가 정착하기 시작했다. 그만큼 고등학교 학생부가 중요해지고, 학생부 기록만 좋으면 대학에 갈 수 있는 길이 열렸다. 학교에서는 다양한 동아리를 조직하여 학생들의 학생부 관리를 도왔고, 학생들은 학생부에 좋은 기록을 남기기 위하여 다양한 책을 읽고 봉사활동을 하는 등 학교의 일상이 바뀌기 시작했다. 그러나 다른 한편에서는 학교가 몇몇 학생의 명문대 입학을 돕기 위하여 다양한 대회를 만들어서 상장을 수여하고 이 내역을 학생부에 기재하거나, 봉사활동에 참여하지 않은 학생에게도 봉사활동을 기록해 주고, 학교폭력 관련 사항은 삭제하여 학생이 불이익을 입지 않도록 하는 등 다양한 학생부 부정 기재 현상이 나타나기도 했다.[16]

처음에는 국가가 대학에 재정을 지원하면서까지 입학사정관을 채용하도록 했다. 입학사정관제는 국가가 주도한 정책이었지만, 대학은 곧 입학사정관제의 효용을 알아차렸다. 대학이 원하는 인재를 선발할 수 있는 장치로 입학사정관제를 활용할 수 있었기 때문이다. 입학사정관제는 미국에서 수입한 제도이다. 미국에서도 오래전에는 학업 성적을 활용하여 대학이 학생을 선발했다. 그런데 1920년대 들어서면서 동유럽 출신 유대계 학생들의 입학이 과다해졌고, 이들의 입학을 제한할 목적으로 입학사정관제를 시행하였다. "공부를 잘 해도 헌혈 경험이 없으면 의과대학에 입학할 수 없다"는 식의 이야기는 아름답게 들리지만, 다른 측면에서 보면 입시의 공정성을 훼손할 수도 있는 말이다. 그럴 듯한 설명으로 유대계 학생들의 입학은 차단하고, 백인 학생WASP들에게는 대학 문을 열어 주는 문지기가 바로 입학사정관이었다. 자세한 내용은 8장 참조 이들은 자유재량discretion과 불투명성opacity을 활용하여 어떤 일이든 자유롭게 할 수 있었고, 공적인 간섭에서 벗어날 수 있었다.[17]

학생부와 결합한 입학사정관제의 공정성에 대한 의문은 이런 특성에서 비롯한 것이다.

≫ 수행 지옥, 예상했던 학생부의 부작용

"가장 가까운 친구들을 가장 치열한 경쟁자로 만든다". 내신에 대한 오래된 비판이다. 학력고사나 수능의 경우에는 같은 반 친구를 경쟁자로 의식하지 않아도 된다. 그러나 내신은 바로 옆 친구와의 싸움이다. 노무현 정부에서 내신을 절대평가에서 상대평가로 바꾸자 거리로 나온 고등학생들이 "친구들과 잔혹한 경쟁을 하라는 것"이라며 항의했던 것도 이런 맥락에서였다. 학교에서의 학업과 생활을 근거로 학생을 선발하는 일이 과연 선발의 타당성을 높일 수 있는가라는 질문과 무관하게, 대학입학에 학생부를 주되게 활용하면서 고등학생들의 생활에도 변화가 나타난다.

학생부에는 학교에서 이루어진 평가 결과를 기록하는데, 평가 방식이 바뀌면서 학생들의 학교생활에 큰 변화가 일어났다. 그 변화를 초래한 것이 수행평가다. 수행평가는 과거 지필평가의 대안으로 제안되어, 매우 빠르게 확산하였다. 특히 학생부 중심의 수시입학이 활성화하면서 수행평가는 학교의 중요한 일상이 되었다. 다지선다형 시험과 달리 수행평가는 학생부에 기록할 내용을 더 풍부하게 제공했다. 교사들은 수행평가를 적극적으로 활용했고, 학생들은 최선을 다해서 수행평가에 임했다. 교육청은 수행평가의 바람직함을 강조하면서 지속적으로 확대할 것을 요구해 왔다.

수행평가가 급속히 확대되면서 예상 못한 부작용이 나타났다.

학생들이 '수행 지옥'에 빠져버린 것이다. 한 학기 수행평가 과제가 20개가 넘고, 대부분 기말고사 시기에 몰려 있어서 '수행 지옥'에 빠져 버린 것 같다고 말하는 학생들이 나타났다. 유명 클래식 20곡의 원어 제목 외우기, 학습 내용을 애니메이션으로 제작하기, 소설 창작하기 등 부모들이 도와주어도 어려운 과제를 제시하는 경우도 많았다. 수행평가 시즌이면 아이들이 하루에 서너 시간 자는 둥 마는 둥 하고 유달리 병원을 찾는 경우가 많다는 이야기도 돌았다.[18] 2019년에는 20년차 고교 교사가 수행평가를 줄여야 한다는 내용의 국민청원을 올려 많은 사람들의 호응을 얻기도 했다.

현재 고등학교에서는 교육청 지침대로 수행평가를 실시하고 있다. 거의 모든 과목이 수행평가를 실시하며, 한 과목을 몇 차에 걸쳐 실시하기도 한다. 문제는 학생들이 과다한 수행평가 준비로 6월은 거의 반 혼수상태로 학교생활을 한다. 장기간 잠을 자지 못해 건강에도 이상 신호가 오는 학생들이 많으며, 수업 시간 집중은 요구하기도 어렵다.[19]

수행평가가 강화되면서 학생과 교사 관계에도 변화가 나타났다. 교사들의 평가권을 강화하는 일은 바람직하지만, 교사 평가의 주관성이나 교사와 학생 간에 권력 관계가 형성되기도 한다. 한 고등학교 교사는 자신의 경험을 고백하면서 수행평가를 축소해야 아이들이 행복하다고 말한다.

수행평가 점수가 교사 재량권이라 아이들이 교사들에게 잘 보여야 점수가 제대로 나온다. 자칫 밉보이기라도 하면 수행점수를 형편없이 낮게 준다. 필자도 수행평가를 채점했었지만 학생의 평소 행실에 따라 점수가 좌지우지되지 않고 100% 객관적 채점은 불가능하다. 이런 수행평가의 불공정성을 이유로 축소를 청원하는데 교육청은 학생과 학부모, 교사의 의견은 무시하고 확대 정책을 고수하고 있다. 수행평가 확대는 곧 수시, 학종의 부작용과 연결돼 금수저에게 유리하고 사교육 업체의 배만 불리는 정책이다.[20]

이처럼 수행평가에 대한 문제제기가 계속되자, 근래에는 교과 수업 시간에 학습자들이 과제를 수행하고, 교과 담당 교사가 수행 과정과 그 결과를 직접 관찰하여 평가하도록 방침을 변경했다. '엄마 숙제'라고도 불렸던 수행평가를 학교 내에서 마칠 수 있도록 해서 수행평가의 불만 요인을 줄이고자 한 것이다.

요즘 고등학생들은 학생부를 '신생아'에 비유하기도 한다. 마치 24시간 내내 돌보아야 하는 신생아처럼 학생부는 3년 내내 '관리' 해야 한다. 그런데 학생부를 관리하는 데는 자신을 돋보이게 하고 때로는 포장하기도 하는 일이 중요하다. 멋쩍게 자신에 관한 기록을 남긴 학생들은 자신의 학생부를 '소설'이라고 부른다. 학생부 전형이 확대되면서 교과서가 아닌 책을 읽는 학생이 늘었고, 학교의 동아리활동이 활성화되었다. 다양한 대회에 출전하는 학생이 나타났고, 봉사활동에 참여하는 학생도 늘었다. 학교 시험성적과 출석만을 내신에 반영하던 시절과는 학교 풍경이 사뭇 달라졌다.

다른 한편으로, 교사와 학생들의 관계가 변했고, 학생들은 자기 주도적 학습자를 넘어 자기를 계발하고, 통치하는 존재로 변화하고 있다.[21] 마치 1930년대 말 내신이 처음 도입될 때, 그 숨은 이유 중 하나가 유순한 황국신민을 만드는 것이었던 것처럼,[22] 대학입학 전형에서 학생부가 더 많이 활용될수록 학생을 고분고분한 사람으로 만드는 것은 아닌지 들여다볼 필요가 있다.

> 대학 본고사의 폐지와 내신성적에 의한 신입생 선발 방법은 과열 과외를 없애고 교육을 학교로 돌려주기 위한 가장 근본적인 방법이다. 그러나 이 방안은 학교별, 지역별로 학력 차로 인한 공정성 결여와 새로운 치맛바람 등으로 시행에 다소 문제점이 있어 보이는데…[23]

1980년, 대학 본고사를 폐지하는 대신 내신성적 위주로 대학 입학생을 선발하는 내용의 교육개혁안이 발표된 직후에 언론 보도 내용이다. 시간이 흘러 내신의 영향력은 엄청나게 강화되었다. 그런데 수십 년 전부터 예상했던 문제 역시 심각하게 나타나고 있다.

제4장

수능, 화려한 등장 그리고
끝없는 퇴락

>> 오랜 준비를 거쳐 화려하게 등장한 수능

1993년 8월 20일, 최초의 대학수학능력시험수능이 시행되었다. 1986년 교육개혁심의회에서 대학입시제도 개선방안을 의결한 후 7년 동안 수많은 공청회와 전문가회의 등을 거쳐서 수능이 탄생한 것이다. 이런 점에서 수능의 도입은 대입제도와 관련된 이전과 이후의 어떤 개선안과 비교해도 가장 신중하고 오랫동안 검토를 거쳤다고 할 수 있다. 특히 수능은 최초 시행 이전에 새로운 시험의 완성도를 높이고 학교 현장에서 적응할 수 있는 시간을 확보하기 위해, 1990년부터 만 2년간 전국 고등학생 약 160만 명을 대상으로 하는 7차에 걸친 실험 평가를 거쳐서 준비되었다. 당시 한국교육과정평가원은 수능의 성격을 다음과 같이 정리했다.[1]

첫째, 선천적 능력 혹은 적성을 측정하는 적성검사가 아니다.[*]

둘째, 학교교육을 통하여 학습된 능력을 측정하는 시험이며, 고등학
교 교육과정의 내용과 수준에 따라 출제한다.

셋째, 특정 교과목 시험이 아니고 통합교과적 소재를 활용하여 출제
한다.

넷째, 사고력 중심의 발전된 학력고사다.

특히 '통합교과적 출제방침'과 '사고력 중심의 발전된 학력고사' 개념은 이전까지의 대학입학학력고사_{학력고사}와 대비되었다. 학력고사는 모든 교과목을 대상으로 단편적 지식을 측정함으로써 암기 위주의 획일화된 입시교육을 강화시킨 주범으로 지목되어 왔었는데, 수능은 학력고사의 한계와 병폐를 뛰어넘는 대안으로 주목받았다.

첫 수능에 대한 언론의 평가도 긍정적이었다. 우선 "독해력과 고도의 논리적 사고를 요하는 문제"가 출제되었다는 점에서 좋은 평가를 받았고, 이러한 수능 출제 경향은 "단답 형식의 객관적 문제

---

[*] 대학수학능력시험은 초기에 대학교육적성시험이라는 이름으로 불렸다. 여기에는 새로운 시험에 대한 연구와 문제의식에서 미국의 SAT를 참고하는 경향이 반영되어 있었다. 그러나 이후 '적성'의 개념을 둘러싼 혼란이 문제가 되고, 고등학교 교육과정과의 연계 등이 강조되면서 1991년도부터는 '대학수학능력시험'으로 명칭이 확정된다.

풀이 수업의 대전환"을 가져올 것으로 기대되었다.[2]

또한 수능에 출제된 문제들이 여러 교과의 이론과 개념을 모두 동원해야 하는 "탈교과적이고 통합교과적인 문제"를 통해 "종합적인 사고능력을 측정"하고 있으며, 이러한 수능 문항은 "암기·주입식 교육을 실생활에 필요한 산교육으로 전환시키게 될 것"으로 평가되었다.[3]

수능이 가져온 신선한 충격과 그에 따른 학교 현장의 변화 가능성은 한국교육개발원의 설문조사에서도 확인된다. 예를 들면, "수능 이후 수업의 방향이 어떻게 변화되었느냐"는 질문에 교사들은 독자적인 탐구능력 배양90.3%, 고차적인 사고력 배양87.9%에 역점을 둔다고 응답했다. 또한, 교사들은 첫 수능 이후에 사실이나 공식의 암기를 덜 강조75.9%하고 과목에 대한 내재적 흥미 고취에 더욱 역점56.7%을 두고 있다고 응답해 학교교육이 전체적으로 탐구력과 사고력을 강조하는 방향으로 바뀌고 있음을 보여주었다.[4]

그러나 처음 시행된 수능의 문제점도 드러났다. 우선 연 2회 치르는 시험 횟수 문제였다. 1994학년도 수능은 8월에 1차, 11월에 2차 시험이 시행되었고, 학생들은 두 개의 시험성적 중에서 높은 성적을 대입자료로 제출할 수 있도록 하였다. "시험 당일에 컨디션이 안 좋거나 실수를 할 수도 있는데 단 하루에 치루는 시험으로 12년 동안 노력한 성과를 평가하는 것은 온당하지 않다."는 주장이 수능 2회 시행의 배경이었다.

문제는 두 차례 시험의 난이도를 동일하게 하는 것이 불가능하다는 것에 있다. 실제로 1차 수능에 비해 2차 수능은 어렵게 출제되었고, 이에 따라 2차 수능은 대부분의 학생에게 쓸모없는 일이되어 버렸다.* 일부 언론은 "수능시험 2회 실시는 교육을 잘 모르는 통치권자의 알량한 자비심"이 부른 무리수였으며, "시험 당일실수하는 수험생을 생각하는 자비심은 70만이 넘는 수험생 모두에게 실익이 있을 리도 없다."고 비판하기도 했다.[5] 결국, 수능은 시행 1년만에 95학년도부터 1회 시행으로 바뀐다.

또 다른 문제는 계열 구분이 없는 공통출제로 인한 문제였다. 94학년도 수능은 인문계와 자연계의 구별 없이 공통으로 출제되었고, 심지어는 예체능 계열까지 동일한 문제로 시험을 보았다. 이렇게 되니 수학과 과학의 경우 심화과정까지 공부한 자연계 학생에게 유리할 수밖에 없었다. 이러한 문제가 제기되면서 마찬가지로 1년만에 95학년도부터는 인문·자연·예체능으로 구분된 시험지로수능을 치르게 된다.

---

* 1차 평균은 49.2점, 2차 평균은 44.5점으로 전체 평균이 4.7점 낮아졌고, 상위 50%의 경우 평균이 6.9점이나 하락했다.

>> 쉬운 수능의 시작

수능은 어려워야 할까, 쉬워야 할까. 다섯 번째 수능이었던 98학년도부터 지난 25년간 수능의 난이도에 대한 정부의 입장은 정권을 막론하고 '쉬운' 수능이었다.* 물론 수능이 일관되게 쉽지만은 않았다.* 같은 해에 치러진 시험이라 해도 특정 과목은 어렵게 출제된 경우도 있었다. 이는 정부 방침만으로 출제위원의 경향을 완벽히 통제하기란 어렵기 때문에 나타나는 현상이다. 그러나 이와 같은 부분적인 예외가 있었음에도 정부의 쉬운 수능 정책 기조는 일관되게 유지되었다.

정부에서 쉬운 수능을 추진한 이유는 수능이 쉬워야 '수험생 부담'이 줄고, '사교육비도 경감'되며, '학교교육이 정상화'될 수 있다고 보았기 때문이다.** 쉬운 수능의 직접적 계기는 97학년도 수능이었다.*** 97학년도 수능이 어렵게 출제되어 '역대 최악의 불수능'이라고 평가된 것을 계기로 98학년도 수능부터 응시자의 평균

---

* 2001학년도 수능이 너무 쉬웠다는 비판에 따라 2002학년도 수능은 매우 어렵게 출제되었고, 11, 19, 20학년도 수능도 어려웠다는 평가를 받았다.
** 그러나 이것은 표면적인 이유였고, 실제로는 쉬운 수능을 통해 수능의 영향력과 변별력을 약화시키는 것이 숨은 의도였다. 자세한 내용은 이 책에서 계속 다룬다.
*** 97학년도 수능이 이전에 비해 어려웠던 것은 사실이나, 평균점수를 보면 96학년도에 비해 전체 평균은 3점, 상위 50% 평균은 3.6점 낮은 수준이었다.

1994~2001학년도 수능 평균점수 변화

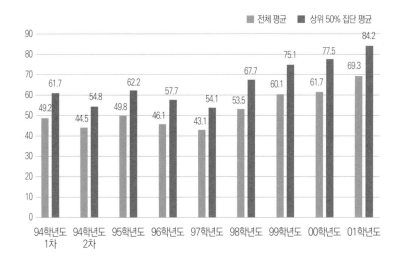

점수 목표를 상향하는 방식으로 수능을 쉽게 출제하기 시작했다.[6]

 정부의 쉬운 수능 정책 방향에 따라 수능 평균점수가 극적으로 높아졌다. 94학년도 1차 수능부터 97학년도 5차 수능까지의 상위 50% 평균점수는 58.1점이었다. 그런데 쉬운 수능 방침이 적용된 이후 98학년도에는 평균점수가 67.7점으로 높아졌고, 99학년도는 75.1점, 2000학년도는 77점, 2001학년도는 무려 84.2점까지 상승 했다.[7] 김영삼 정부 말기에 시작되어 김대중 정부에서 본격적으로 추진된 쉬운 수능은 이후 정권이 바뀌는 과정에서도 정책 수단을 변경해 가면서 지속되었다.

* 2002학년도부터 총점 제도가 폐지되어 총점 기준 평균점수가 공개되지 않았다.

노무현 정부는 수능 등급제를 도입했는데, 성적표에 원점수나 표준점수, 백분위점수를 모두 기재하지 않고, 등급만 기재하는 방식이었다. 이렇게 되면, 원점수가 100점이든 94점이든 상위 4%에만 해당하면 모두 1등급으로만 표시된다. 다르게 보면 과목별 만점자가 4%가 되는 셈이다. 또한 노무현 정부에서 시작해 이명박 정부 때 대대적으로 강조한 "EBS 교재 연계 수능 출제 70%" 정책은 EBS 교재만 풀어도 70점은 맞을 수 있는 수능을 의미했다. 한 걸음 더 나아가서 이명박 정부는 "수능 영역별 만점자가 1%가 되도록 출제하는 것"을 수능 출제방침으로 제시했다.

박근혜 정부에서는 영어와 한국사에 9등급 절대평가를 도입했다. 9등급 절대평가의 핵심은 90점 이상이면 모두 1등급을 부여하는 것이다. 즉, 90점 이상이면 모두 만점을 받게 해 주는 것으로 쉬운 수능 정책을 계승한 것이다. 문재인 정부는 박근혜 정부의 절대평가 정책을 전 과목으로 확대하는 정책을 추진했다.*

요컨대, 김영삼 정부에서 시작해서 문재인 정부에 이르기까지 보수와 진보를 불문하고 모두가 일치하여 추진한 정책 가운데 하나가 쉬운 수능이었던 것이다.

---

* 문재인 정부 초대 교육부장관인 김상곤은 전 과목 수능 절대평가 방침을 제시했지만, 심각한 사회적 논란과 대입제도 공론화를 거치면서 결국 좌초되었다. 이 책의 5장과 9장 참조.

》》 쉬운 수능의 부작용

수능이 쉬워지면 수험생 부담은 물론 사교육비도 줄어들며, 학교교육은 정상화될까?

수능을 쉽게 출제하더라도 누구나 만점을 받을 정도로 쉽지 않다면 수험생 부담은 줄어들지 않는다. 쉬우면 쉬운 대로 다른 학생보다 높은 성적을 받기 위한 노력은 계속되어야 하기 때문이다. 특히나 전반적으로 문제가 쉽게 출제되면 깊이 있는 이해나 심화된 실력 쌓기보다 '실수하지 않는 것'이 중요해지고, 결국 실수를 줄이기 위한 반복적 연습을 계속해야 하는 부담에서 벗어날 수 없다. 정부가 내세운 목표대로 쉬운 수능이 수험생의 부담을 매년 줄여왔다면 정책이 25년이나 지속된 지금쯤 우리나라 대입 수험생들의 부담은 없어졌을 것이다.

사교육비는 줄었을까? 객관적인 자료가 보여주듯이 지난 25년간 사교육비는 전혀 감소하지 않았고 오히려 지속적으로 증가했다. 수능을 쉽게 낸다거나, 대입 전형을 다양화한다고 해서 사교육비는 줄지 않는다.

사교육 문제가 극심한 근본 원인은 '대입 경쟁의 절박성'에 있다. 우리나라에서 대학에 진학하는 것, 특히 명문대에 진학하는 것은 인생 전체에 영향을 미친다. 대학에 진학하지 못하면 사람 대접도 제대로 못 받는다고 여겨지고, 명문대에 진학하지 못했을 때의 불이익은 평생에 걸쳐서 작용한다. 이런 사회적 환경이 대입 경쟁을 극단화한다. 그리고 그 밑바탕에는 우리 사회의 심각한 계층 불평등, 학력과 학벌에 따른 불평등이라는 현실이 똬리를 틀고 있다.

대입 경쟁의 절박성이라는 토양에 '욕망'과 '불안'과 '의무감'이라는 사교육의 뿌리가 내리게 된다. 자녀가 높은 학벌을 성취해서 더 높은 계층적 지위에 올라서야 한다는 욕망, 자녀가 행여나 남들에게 뒤처지는 것은 아닐까 하는 불안, 부모로서 할 수 있는 한 최대한 뒷받침해 주어야 한다는 의무감, 이것이 사교육의 근원이다. 따라서 사교육의 토양과 뿌리가 건재한 상황에서 수능 난이도를 조절하거나, 대입 전형을 이리저리 바꾼다고 하더라도 사교육을 없애는 것은 불가능하다.

수능이 쉬우면 쉬운 대로 어려우면 어려운 대로 남들보다 높은 점수를 받아야 하는 것이 현실이고, 이를 위한 사교육은 줄어들 수 없다. 수능이 사교육의 원흉이라고 주장하고 수능 대신 수시 선발을 늘린다고 해도 마찬가지다. 내신의 비중이 커지면 내신 사교육이, 학생부 종합이 중시되면 학생부에 대한 종합적 컨설팅이, 논술 비중이 커지면 논술 사교육이, 구술면접이 중시되면 구술면접 사교육이 증가한다.

그러면 쉬운 수능으로 학교교육은 정상화되었을까? 수능이 쉬워지니 고교교육이 정상화되더라는 이야기에 동의할 사람은 없을 것이다. 쉬운 수능 정책을 펼쳤지만 학교교육이 정상화되지 않았다는 것을 명확하게 확인해 주는 곳이 교육부다. 김영삼 정부 이래 지금까지 모든 정부는 대입 개선안을 내놓을 때마다 한 번도 빼놓지 않고 '학교교육의 정상화'를 정책목표로 내세웠다. 교육부가 25년간 계속해서 '학교교육의 정상화'라는 정책목표를 제시해 왔다는 것 자체가 학교교육은 여전히 정상화되지 않았다는 자기 고백이다.

사실 '쉬운' 수능 정책은 그것이 추구했던 정책목표는 아무것도 성취하지 못하고 오히려 여러 가지 부작용만 가져왔다. 우선 수능에서 통합적 사고력 문항이 사라졌다. 이전의 학력고사와 달리 수능이 높은 평가를 받았던 것은 단순 암기에 치중하는 단답식 문제를 뛰어넘어서 교과서와 교육과정에 바탕을 두되, 통합적인 사고력을 측정할 수 있는 문항이 제시되었기 때문이었다. 그러나 통합적 사고력을 평가하기 위한 문항은 대체로 어려운 문제로 인식되었고, 결국 쉬운 수능을 추구하는 정책에 따라서 더 이상 출제되지 못했다. 쉬운 수능은 수능의 본래적 성격이나 취지를 훼손하기 시작한 것이다.

또한 쉬운 수능은 수능성적으로 합격자를 선발하기 어렵게 만들었다. 쉬운 수능으로 전체 평균성적이 올라가면 필연적으로 높은 점수에 많은 학생들이 몰리게 된다. 따라서 상위권에 동점자가 많아지고, 이렇게 되면 수능성적으로만 선발하기 어렵게 된다.* 수능

---

* 우리나라에는 변별력만 이야기하면 반교육적이라고 흥분하는 사람들이 적지

의 변별력이 약화되는 것이다.

'킬러 문항'의 등장도 쉬운 수능의 부작용 가운데 하나다. 수능에 본래부터 킬러 문항이 있었던 것은 아니다. 실제로 킬러 문항이 문제되기 시작한 것은 2011학년도부터다. 쉬운 수능으로 인해서 수능의 변별력은 약해졌는데, 또 한편으로는 수능성적을 가지고 선발을 해야 하니 킬러 문항이 등장한 것이다. 그래서 과목별로 1~2개 문제는 아예 틀리게 하기 위한 문제, 즉 정상적 평가를 위한 문제가 아니라 변별력 자체를 위해 억지로 배배 꼰 문제를 만들게 된 것이다. (킬러 문항에 대해서는 6장에서 다시 다룬다.)

마지막으로 쉬운 수능은 학생들이 깊이 있는 이해를 위해 노력하기보다는 쉬운 문제만을 반복적으로 훈련하도록 만들었다. 수능이 쉽게 출제되면 교과서에서 다루는 여러 가지 주제와 개념에 대해 깊이 있는 이해나 확장적 이해를 위한 노력은 불필요한 일이 되어 버린다. 결국 쉬운 수능은 학생들의 지적 성장을 촉진하는 것이 아니라 쉬운 문제만 반복적으로 연습시키며, 실수하지 않는 훈련에 가두어 버렸다.

않다. 그러나 합격자 선발에서 변별력이라는 것은 합격과 불합격을 구분해 내는 정도를 말한다. 동점자가 많아지면 변별력은 상실된다.

>> 수능은 어떻게 상대평가로 바뀌었나

절대평가란 학생이 주어진 교육목표에 어느 정도 도달했느냐를 평가하는 것을 말한다. 이때에는 다른 학생과 비교한 순위는 중요하지 않다. 예를 들면 100점 만점 시험에서 학생이 얻은 원점수는 절대평가 점수가 된다. 90점 이상은 1등급, 80점 이상은 2등급을 주는 방식으로 정해진 기준에 의한 등급으로 표시하는 것도 절대평가 점수다.

반면에 상대평가는 한 학생의 성적을 다른 학생들의 성적과 비교해서 어떤 위치에 있느냐를 평가하는 방법이다. 가장 일반적인 방식이 1등, 2등, 3등…으로 등수로 성적을 표시하는 것이다. 표준점수나 백분위도 상대평가 점수고, 상위 4%까지는 1등급, 상위 11%까지는 2등급…으로 비율에 따른 등급을 표시하는 것도 상대평가 점수다.

수능은 본래 절대평가였다. 1994~96학년도까지는 200점, 97~2004학년도까지는 400점 만점의 절대평가로 치러졌다. 지금과 같은 상대평가로 바뀐 것은 노무현 정부 시기인 2005학년도부터다.*

---

* 수능에 상대평가 점수가 처음 등장한 것은 1999학년도 수능부터였다. 6차 교육과정에서 사회탐구와 과학탐구에서 1과목을 추가로 선택하도록 했는데, 학생마다 선택과목이 다르므로 1과목에 대해서 상대평가 점수(표준점수)를 표기한 것이다. 그러나 차지한 비중이 적었기 때문에 문제가 되지 않았다.

노무현 정부가 수능에 상대평가를 도입한 것은 특별한 정책적 의도가 있어서가 아니라 교육과정의 변화로 불가피했기 때문이었다.

7차 교육과정이 시행되면서 사회·과학탐구에서 선택하는 과목이 학생마다 달라졌다. 그런데 학생들이 서로 다른 과목에 응시하면 각각의 과목에서 받은 원점수를 그대로 비교할 수 없다는 문제가 생긴 것이다. 예를 들어 한 학생은 지리, 다른 학생은 경제를 선택했는데 원점수는 44점으로 같다고 가정해 보자. 그런데 그해 시험에 지리는 쉽게, 경제는 어렵게 출제되었다면 원점수가 똑같은 44점이라고 하더라도 어려운 시험에서 받은 성적을 더 높게 인정해야 하는 것 아니냐는 문제제기가 나오게 된다. 결국 학생마다 선택과목이 다르게 되면서 어떤 과목을 선택했느냐에 따라서 유불리가 발생하는데, 이 문제를 해결하기 위해서 과목별로 상대적인 점수, 즉 표준점수나 백분위점수와 같은 상대평가로 이루어진 점수로 성적을 산출하게 된 것이다.

그런데 2005학년도에 상대평가로 전환된 이후 지난 10여 년간 수능성적을 절대평가로 전환해야 한다는 주장이 강력하게 대두되면서 상대평가냐 절대평가냐의 논란이 뜨거운 감자로 떠올랐다. 절대평가를 주장하는 쪽_{절대평가론자}에서는 상대평가는 학생 스스로 얼마나 성취했느냐보다 남보다 잘하는 것이 중요하기 때문에, 1점이라도 더 받기 위한 무한경쟁이 발생하는 비교육적 방식이라고 주장한다. 그러나 수능성적을 상대평가로 산출하기 때문에 경쟁이 치열해지는 것일까? 결론부터 말하면 그렇지 않다. 1980년대 학력고사는 절대평가였고, 수능도 2004학년도까지 11년간 절대평가였다. 그런데 학력고사나 절대평가로 치러진 수능 초기 10년 동안에도 역시 성적 경쟁은 치열했다.

그 이유는 학력고사나 수능성적을 절대평가로 산출한다고 하더라도 그 성적이 상대적인 등수로 바뀌어야 하는 선발 경쟁 고유의 특성 때문이다. 예를 들어 어떤 학생이 수능에서 원점수^{절대평가} 325점을 받고 이 점수로 특정 대학에 지원했다고 가정해 보자. 다른 학생들도 자신의 원점수로 지원할 것이다. 그런데 대학에서는 합격자를 선발하기 위해 학생들의 점수에 따라서 등수를 매길 수밖에 없다. 정원이 30명이라면 30등까지만 합격시킬 수 있기 때문이다. 결국 절대평가로 매긴 원점수라고 하더라도 합격을 결정하기 위해서는 등수, 즉 상대평가 점수로 바뀔 수밖에 없고, 등수에 따라서 합격자가 결정된다. 이런 이유로 절대평가였던 학력고사나 수능 초기에도 1점이라도 높은 성적을 얻기 위한 노력과 경쟁은 치열할 수밖에 없었던 것이다.

따라서 수능을 절대평가로 바꾸더라도 절대평가 그 자체로는 경쟁이 완화되지 않는다. 이 점을 잘 아는 절대평가론자들은 절대평가로 바꾸되 원점수로 하지 말고, 9등급 절대평가로 전환하자고 주장한다. 90점 이상은 1등급, 80점 이상은 2등급, 이런 식으로 9등급으로만 성적을 산출하자는 것이다. 이렇게 하면 1점을 더 따기 위한 치열한 경쟁은 완화된다는 것이다. 그런데 9등급 점수 체계가 되면, 수능은 과목별로 최고 9점1등급에서 최저 1점9등급이 되는 시험이 된다. 수능 응시과목이 6과목이라면 총점은 최고 54점이고, 최저점은 모든 과목에서 1점씩 받은 6점이다. 따라서 수능 총점 성적 분포는 6점부터 54점까지 49개 구간으로 나누어지게 된다.

문제는 이렇게 되면 필연적으로 수능성적 동점자가 엄청나게 늘어난다는 데 있다. 예를 들어, 수능 응시생이 50만이라면 점수 구간이 모두 49개이므로 평균적으로 각 점수마다 평균 1만 명 이상의 동점자가 발생할 것이다. 동점자가 1만 명이면 어떻게 될까? 당연히 수능성적으로 합격자를 가릴 수 없다. 이것이 문제의 핵심이다. 절대평가론자들이 주장하고 싶은 것은 수능성적의 변별력을 약화시켜서 대입에서 수능성적으로 선발하지 못하도록 하려는 것이다. 이런 점에서 수능 절대평가 9등급을 주장하는 것은 수능의 변별과 영향력을 약화시키는 '쉬운 수능' 정책의 새로운 접근법인 셈이다.

반면에 상대평가를 주장하는 사람들상대평가론자이 주장하는 것은 수능성적이 변별력이 있어야 한다는 것이다. 이를 위해서 9등급 절대평가를 해서는 안 되며, 표준점수와 백분위점수 등 상대평가 점수를 유지해야 한다고 주장하는 것이다. 그리고 이렇게 수능이 변별력을 갖추어야 수능성적으로 선발하는 것이 가능하다는 것이다.

결국 수능 절대평가냐 상대평가냐를 둘러싼 논쟁의 본질은 수능성적의 변별력을 유지할 것이냐 약화시킬 것이냐의 문제이고, 이것은 대입에서 수능성적 중심의 선발을 유지할 것이냐 수능성적으로는 선발하지 않도록 할 것이냐의 논쟁인 것이다.

>>> 수능 등급제와 죽음의 트라이앵글

노무현 정부가 도입해서 2008학년도에 딱 한 차례 시행되고 폐지된 수능 제도가 '수능 등급제'다.[8] 수능 등급제란 성적표에 원점수나 표준점수, 백분위점수는 기재하지 않고 등급만을 기재하는 것을 말한다. 그러니까 100점을 받았든 92점을 받았든 상위 4% 안에 들면 성적표에는 1등급으로만 표시된다. 별도로 수능성적을 제시하지 않기 때문에, 1등급이 곧 만점으로 성적이 표시된다.

정책 발표 직후부터 등급만 표기하면 동점자가 양산되어 결국 수능으로는 합격자를 선발할 수 없다는 문제제기가 쏟아졌다. 그러나 이러한 비판에 맞서 노무현 정부는 등급제를 옹호하면서 결국 2008학년도 수능을 등급제로 밀어붙였다.[9] 등급제를 실시하면 수능성적 경쟁과 사교육비 부담이 완화되고, 재수생이 줄어들며, 대학입시의 중심을 사교육에서 학교교육으로 가져오는 효과를 불러온다는 것이 노무현 정부의 주장이었다.

그러나 수능 등급제는 우선 수험생이 납득할 수 없는 불합리한 성적 체계를 만들어 냈다. 수능 등급제가 시행되었던 해인 2007년도 3월에 실시된 모의고사에서 수리 나형문과형 수학의 1등급 커트라인은 67점이었다. 상위 4%에 해당하는 원점수가 67점이니까 시험이 상당히 어려웠던 셈이다. 그런데 이 어려운 시험에서도 100점 혹은 96점을 받은 학생이 있었다. 그리고 67점을 받은 학생과 100점을 받은 학생 간에 수학 실력이 큰 차이가 있다는 것을 교사나 학생 모두 다 안다. 하지만 수능 등급제하에서는 100점을 받은 학생이나 67점을 받은 학생이 모두 1등급으로 동일한 성적으로 인정된다. 노무현 정부의 주장에 따르면 '그 정도면 같은 실력'이라는 것이다.

반면에 이 시험에서 66점을 받은 학생은 2등급을 받았다. 그런데 9등급 점수체계에서 1등급과 2등급의 차이는 '하늘과 땅 차이'라고 할 만큼 큰 격차다. 지원할 수 있는 대학의 수준 자체가 크게 달라지기 때문이다. 결국, 수능 1~2점 차이로 학생을 변별해서는 안 된다고 주장한 노무현 정부는 100점과 67점은 같은 실력이고, 67점과 66점은 하늘과 땅 만큼의 실력 차이가 있다고 주장하는 괴상한 제도를 만들어 낸 것이다.

수능 등급제가 가져온 두 번째 문제는 변별력 약화였다. 상위 4%까지 1등급, 즉 만점자가 되는데 2008학년도 수능 언어영역 응시자가 약 55만 명이었으니, 만점자는 대략 13,750명인 셈이다. 그런데 이렇게 수능성적의 동점자가 많아지면 수능성적으로는 합격자를 선발할 수 없는 문제가 발생한다. 결국 합격자를 가리기 위해서는 수능성적 이외에 선발을 위한 또 다른 변별자료가 필요해지는 것이다.

그러면 어떤 추가적 변별자료를 써야 할까? 이에 대한 노무현 정부의 대안은 내신을 전면 상대평가로 전환하고 반영비율을 확대하는 것이었다.* 이를 위해 노무현 정부는 기존에 논란이 되었던 내신 부풀리기를 해결하고, 내신성적의 신뢰도를 높이기 위해 '내신성적 9등급 상대평가'를 도입했다. 그리고 대학에 정시모집에서 내신성적을 50% 이상 반영할 것을 요구했다.

그러나 내신성적을 50% 이상 반영하라는 것은 대학입시의 실제를 아는 사람의 입장에서 보면 사실 무모하다고 말할 수준의 정책이다. 내신성적과 수능을 합산해서 선발하는 경우에 내신성적은 실질 반영 비율이 5%만 되어도 당락에 큰 영향을 미친다. 그 이유는 특정 대학의 특정 학과에 지원하는 학생들의 수능성적은 대체로 비슷한 반면에, 내신성적은 지역과 학교 유형에 따라서 편차가 크기 때문이다. 그런데 노무현 정부는 내신성적을 50% 반영하라고 대학을 압박한 것이다.

당연히 심각한 파장이 일어났다. 학생과 학부모 사이에 내신성적이 대학입학의 모든 것을 결정짓는다는 인식이 팽배해졌고, 내

---

* 수능 변별력 약화에 대한 또 다른 대안으로 입학사정관제를 도입했는데, 이 당시에는 아직 입학사정관제의 개념 자체가 생소한 상황이었고, 모집비율도 미미했다.

신성적에 대한 부담도 극대화되었다. 급기야 이 방침이 발표된 이듬해인 2005년 1학기 중간고사를 전후에서 전국에서 열 명 이상의 학생들이 자살하는 사태까지 발생했다.[10] 주요 대학도 거세게 반발했다. 학교 간 학력 격차가 존재하는 상황에서 내신성적이 절대적인 변수가 되는 제도는 합리적이지 않다는 것이다. 실제로 어떤 학교에서 전교 1등인 학생이 다른 학교의 전교 50등에도 미치지 못하는 것이 현실인 상황에서 대학이 주장하는 논리에는 나름대로 설득력이 있었다.*

결국, 정부의 내신 50% 반영 요구는 대학의 반발 속에서 30% 선까지 반영하는 것으로 타협점을 찾아가는 모양새를 취했다. 그러나 주요 대학들은 표면적으로 내세운 반영 비율형식 반영률과 달리 실제 활용되는 실질 반영률을 줄이는 방식의 꼼수로 대응하면서 노무현 정부의 정책 방향을 비틀었다. 게다가 주요 대학을 포함해 50곳에 육박하는 대학이 수능과 내신만으로는 변별력이 없으니 논술 시험 형태의 대학별 고사를 실시하겠다고 나섰다.** 결국 수능 등급

---

* 2004년 9월 국회에서 2001년도 학업성취도 평가 결과가 공개되었는데 전국 175개 고교 중에서 성적 상위 10%에 속한 학생이 절반이 넘는 학교가 11개교이고, 한 명도 없는 학교는 69개였다.(《세계일보》, 2004. 9. 11.) 이것은 학력 수준이 낮은 69개 고교에서 전교 1등을 하는 학생의 학력 수준이 앞의 11개교에서는 중간 등수도 되지 않는다는 것을 의미한다.
** 2007학년도 정시에서 논술고사를 실시한 대학은 21곳에 불과했으나 수능 등급제가 시행된 2008학년도에는 49개 대학으로 두 배 이상 늘어났다.

제는 '수능＋내신＋논술'로 선발하는 체제를 만들어 낸 셈이다.

당연히 이런 입시체제에서는 수능, 내신, 논술이 모두 중요해진다. 우선 수능 등급제로 변별력이 약화되었다고 해도 수능은 수험생에게 여전히 중요할 수밖에 없었다. 특히 소위 최상위권 대학들은 수능성적 최상위 등급자를 유치하기 위해 수능성적만으로 선발하는 전형까지 만들었기 때문에 수능 준비는 수험생에게 최우선 과제였다. 또한, 대학들이 내신성적의 실질적인 영향력을 낮추었다고 해도, 공식적으로 내신의 반영 비중이 높아진 상황에서 수험생 입장에서는 내신도 소홀히 할 수 없었다. 여기에 더해 50곳에 가까운 대학에서 논술을 시행하겠다고 나서면서 결국 주요 대학에 진학하기 위해서는 논술도 필수가 되었다. 이른바 '죽음의 트라이앵글'이 시작된 것이다.

이에 따라 수험생의 부담도 증가했을 뿐 아니라, 수능 사교육에 더해 내신 전문 학원이 우후죽순 들어섰고, 논술 시장은 역사적으로 최대의 호황기를 맞았다. 결과적으로 수능 등급제로 수능의 영향력을 약화시키고, 사교육비 부담을 줄이며, 대입 전형의 중심을 학교 안으로 가져오겠다던 노무현 정부의 대입정책은 수능에 대한 부담도 줄이지 못하고, 내신 사교육 시장을 팽창시켰을 뿐 아니라 논술 사교육 시장까지 극대화한 것으로 귀결되었다. 결국 역대 최악의 대입 개선안이라는 오명을 안게 된 노무현 정부의 수능 등급제는 시행 1년 만에 역사에서 사라진다.

>>> 수능 영역별 만점자 1% 정책

10년만의 정권 교체로 출범한 이명박 정부는 곧바로 불합리한 성적 산출체계와 변별력 상실로 비판받은 노무현 정부의 수능 등급제를 폐지하고 수능성적표에 등급뿐만 아니라 표준점수와 백분위점수도 다시 기재하도록 했다. 이에 따라 수능성적의 변별력이 살아나면서 변별력 강화를 위해 논술고사를 실시했던 대학도 대폭 줄었다. 그러면 이명박 정부는 대입에서 수능의 변별력과 영향력을 복원하려는 것이었을까? 그렇지 않다. 사실 이명박 정부는 수능의 변별력과 영향력 약화라는 노무현 정부의 기조를 충실히 계승했다. 다만 노무현 정부와는 다른 방법과 전략을 취했을 뿐이다. 이명박 정부는 수능 등급제를 버리는 대신 '쉬운 수능 강화', '응시과목 축소', 'EBS 연계 강화'를 통해서 수능의 영향력과 변별력을 약화시키는 방향으로 나아갔다.

우선 쉬운 수능 강화 방안으로 등장한 것이 2012학년도부터 적용된 수능 영역별 만점자 1% 정책이다. 2011학년도 수능에서 만점자 비율이 언어 0.06%, 수리 가형 0.02%였다는 점을 고려하면, 영역별 만점자가 1%가 되도록 하겠다는 것은 언어영역은 만점자가 전년도에 비해 16.7배, 수리 가형은 50배 더 많이 배출되도록 한다는 뜻이 된다. 이는 결국 수능을 본격적으로 쉽게 출제하겠다는 강력한 의지의 천명이었다. 게다가 만점자가 1%라면 한 문제 혹은 두 문제 틀린 학생은 그보다 훨씬 더 많아진다. 이렇게 되면 고득점 자 중에서 동점자가 많아지고, 수능성적으로 합격자를 변별하는 것이 어려워진다.*

수능의 영향력과 변별력을 약화하기 위한 두 번째 방안이 수능 응시과목 축소였다. 이명박 정부는 기존에 사회탐구와 과학탐구에 서 최대 4과목을 선택하던 것에서 최대 3과목까지 선택하도록 줄 였다. (이후 2014학년도부터는 최대 2과목 선택으로 더 축소되었다.) 수 능을 쉽게 출제해서 고득점자를 양산하고, 여기에 더해서 응시과 목 수마저 줄이면 동점자가 더 많아져 수능의 변별력이 떨어질 뿐 아니라, 몇 과목 되지 않는 시험이라는 점에서 수능의 영향력마저 약해지는 효과가 생긴다.

마지막 정책이 EBS 연계 강화였다. 이명박 정부는 EBS 강의와 수능 연계율을 70% 수준까지 끌어올렸다.** 사교육비를 경감하고 교육 격차를 해소한다는 명분을 내세웠지만, EBS 강의와 수능 연 계는 쉬운 수능을 실현하는 효과적인 방안이기도 했다. EBS 강의 와 수능이 70% 연계되어 출제된다는 것은 EBS 강의나 교재만 공 부해도 수능에서 최소한 70점 이상은 받을 수 있다는 것을 의미했 기 때문이다.

---

* 수능 영역별 만점자 1% 정책이 공식적으로 추진된 것은 2013학년도까지다.
** EBS 연계 정책을 처음 도입한 것은 노무현 정부였고 2004년 도입 이후 수능과 연계율은 30% 수준이었다.

종합하면 이명박 정부는 수능의 변별력과 영향력 약화라는 정책 방향에서는 노무현 정부와 같았지만, 그것을 실현하는 방법은 달리했던 것이다. 그런데 수능의 변별력과 영향력이 약해지면 무엇으로 선발할 것인가 하는 문제가 생긴다. 이에 대한 노무현 정부의 대답은 내신성적 반영 확대였다. 그러나 이명박 정부는 다른 대답을 제시했다.

우선 이명박 정부는 학생부 반영을 대학 자율에 맡김으로써 노무현 정부가 추진했던 내신성적 반영 확대 방안을 거부했다. 내신성적 반영을 대학 자율로 한다는 것은 대학이 학생을 선발할 때 내신성적 반영 비율을 신경 쓸 필요가 없다는 의미이기 때문이다.

그런데 수능의 변별력도 약해진 상태에서, 내신 반영 비율마저 약화되면 무엇으로 어떻게 선발하라는 것일까? 이에 대한 이명박 정부의 대답은 '대입의 대학 자율화'였다. 대학이 수능이나 내신성적이라는 객관적 성적자료에 구애받지 말고, 독자적인 방법으로 학생을 선발하라는 것이다. 그리고 대학 자율로 학생을 선발하는 구체적인 방안이 바로 입학사정관제다.

입학사정관제를 확대하기 위해 이명박 정부는 입학사정관제 선도 대학을 지정하고 입학사정관을 고용하는데 필요한 재원에 대해 정부 지원을 확대하기 시작했다. 이에 따라 2007년도 18억 9천만 원이었던 입학사정관제 지원 예산은 21배 가까이 급증하여 이명박 정부의 말기인 2013년에는 395억 원에 이른다.[11] 정부의 입학사정관제 지원정책에 따라 입학사정관제로 선발하는 인원도 증가하기 시작했는데, 2008학년도에 전체 모집인원의 0.1%254명 선발에 불과했던[12] 입학사정관제 선발인원은 13학년도에 12.6%43,138명, 14학년도에는 12.96%49,188명까지 확대되었다.[13]

>>> 수준별 수능, 역대급 난센스

2011년 이명박 정부는 2014학년도 수능부터 국어, 수학, 영어 과목에 수준별 시험을 도입하겠다고 발표했다. 수준별 수능이란 수학에 이과형어려운 수학과 문과형쉬운 수학이 있는 것처럼 국어도 '어려운 국어'와 '쉬운 국어', 영어도 '어려운 영어'와 '쉬운 영어'로 구분해서 수능에 응시하도록 하는 것을 말한다. 즉, 국어, 수학, 영어를 모두 A형쉬운 시험과 B형어려운 시험으로 구분하고 학생이 선택해서 응시하도록 한 것이다.

당시 이주호 교육부장관은 수준별 수능 정책의 취지가 "수험생의 부담을 덜어 주는 데 있다"고 강조했다. 교육부 관계자도 "문과생에게 어려운 수학시험을 치르게 하고, 이과생에게 어려운 국어문제를 낼 필요가 있느냐는 지적이 있었다"며 "수준에 맞게 난이도를 선택하도록 해 부담을 줄이려는 것"이라고 설명했다.[14]

그런데 학생도 A형과 B형 중에 선택할 수 있었지만, 대학도 국어, 수학, 영어에 대해 A형과 B형에서 지정할 수 있었던 상황에서 수준별 수능은 시험 결과를 극단적으로 왜곡시키는 결과를 가져왔다. 2014학년도 정시모집에서 194개 대학 중에서 68개 대학은 영어 B형을 지정했고, 나머지 126개 대학은 영어 A형과 B형을 자유롭게 선택할 수 있도록 했는데 A형과 B형에 관계없이 지원할 수 있는 대학이 전체 대학의 65%나 되면서 심각한 성적 왜곡 현상이 일어나게 된 것이다.

예를 들어 어떤 문과 학생이 모의고사에서 영어 B형에 응시해 5등급을 받았다고 생각해 보자. 영어 5등급이면 수도권 대학에 합격하기 어려운 수준이다. 그렇다면 이 학생이 반드시 어려운 B형에 응시할 필요가 있을까? 그럴 필요가 없다. 126개나 되는 대학 중에는 중위권에 있는 대학과 수도권에 있는 대학도 많이 포함되어 있고, 이들 대학은 A형_{쉬운 영어}을 선택해도 지원할 수 있기 때문이다.

그런데 이 학생이 B형_{어려운 영어}을 포기하고 A형에 응시하면 어떤 성적을 받게 될까? B형에서 5등급인 학생이어도 A형으로 응시하면 쉽게 2등급은 받을 수 있었다. 그렇게 되는 이유는 A형이 쉽기 때문이 아니라 A형에 응시하는 학생들의 영어 실력이 B형보다 낮기 때문이다. 당시 수능 영어시험은 상대평가였기 때문에 학력 수준이 낮은 학생들과 시험을 보면 응시생 본인의 실력에 상관없이 높은 성적_{백분위}을 받게 되고, 이에 따라 등급도 대폭 올라가게 되는 것이다. 따라서 이 학생이 조금 더 높은 수준의 대학에 진학하려면 당연히 A형으로 응시해야 한다.

5등급 학생의 결과가 그렇다면 6, 7등급 받던 학생도 어려운 B형을 고집할 필요가 없다. 이 학생들도 성적이 낮은 학생들이 응시하는 A형으로 바꾸면 등급이 훨씬 오를 가능성이 높기 때문이다. 그런데 이렇게 B형에서 5~9등급을 받던 학생들이 모두 A형에 응시한다면 전체 성적 결과에 엄청난 영향을 미치게 된다.

여기 모의고사에서 영어 B형에 응시해 성적이 상위 20%인 학생이 있다고 생각해 보자. 100명이 경주하는 달리기 시합이라고 한다면 선두로부터 20등에서 뛰고 있는 것이고 상위 20%는 3등급이다. 이 학생은 열심히 공부해서 2등급 이내의 성적을 얻으려고 노력하는 중이다. 그런데 뒤에 있던 5등급 이하의 학생들이 모두 A형에 응시하겠다고 떠나 버렸다. 5등급 이하에 있는 학생 수는 전체 학생의 60%이니 100명 중에서 60명이 달리는 도중에 다른 곳으로 이동한 것이다. 이 학생이 뒤를 돌아보니 이전에 자신의 뒤에 80명이 있었는데, 이제는 20명만 남은 황당한 사태가 벌어진 것이다. 이제 남은 학생은 40명이고, 여전히 20등인 이 학생의 백분위점수는 50%로 떨어지게 되는데 상위 50%라면 5등급이다. 학생이 열심히 노력하고 실제로 실력도 좋아지고 있다고 하더라도 응시자 분포가 달라지면서 성적에 심각한 왜곡이 발생한 것이다.

실제로 수준별 수능이 실시된 2014학년도 수능에서 이와 같이 극단적인 상황까지 발생하지는 않았지만, B형 응시생 비율이 17.7%나 줄어들면서 영어 B형에 응시했던 학생들의 등급 점수가 전체적으로 하락했다. 그나마 충격이 이 정도에 그친 것은 고교 진학지도 교사들과 수험생들이 수준별 수능의 약점을 충분히 간파하지 못했기 때문이다. 만일 이 제도가 지속됐다면 영어 B형 응시자 비율은 50%대로 떨어졌을 것이고, 이렇게 되면 어려운 B형으로 시험을 본 학생은 자신의 노력과 무관하게 이전보다 백분위와 등급이 두 배 가까이 하락하는 결과가 발생했을 것이다.

당연히 이런 난센스와 같은 제도가 계속 유지될 수는 없다. 결국 이명박 정부에서 이주호 장관이 호기롭게 수험생의 부담을 덜어주겠다며 도입한 수준별 수능은 1년 만에 영어 과목이, 상대적으로 부작용이 적었던 국어도 3년 만에 폐지되었다.

≫ 영어와 한국사, 절대평가 도입 배경

2014년, 박근혜 정부는 수능에서 영어와 한국사에 9등급 절대평가를 도입한다고 발표했다. 먼저 2017학년도부터 탐구 과목 가운데 국사의 명칭을 한국사로 바꾸며 9등급 절대평가를 도입했고, 그 다음 해인 18학년도부터 영어도 9등급 절대평가를 도입했다.

9등급 절대평가 등급을 산출하는 방법은 한국사의 경우, 원점수

영어·한국사 절대평가 등급별 원점수 한계선

등급	1	2	3	4	5	6	7	8	9
영어	90	80	70	60	50	40	30	20	20점 미만
한국사	40	35	30	25	20	15	10	5	5점 미만

50점을 기준으로 40점 이상은 1등급, 35점 이상은 2등급, 30점 이상은 3등급… 식으로 9등급까지 성적을 부여한다. 영어는 100점 만점을 기준으로 90점 이상은 1등급, 80점 이상은 2등급, 70점 이상은 3등급… 식이었다.

그런데 과목의 비중이 다른 것처럼 영어 절대평가의 도입 배경과 한국사 절대평가의 도입 배경은 서로 다르다. 한국사의 경우, 절대평가가 먼저 결정된 것이 아니라 선택과목이던 국사를 수능 필수과목으로 지정하는 논의과정에서 절대평가 도입이 결정되었다.

2005학년도 이후 선택과목 체제가 되면서 자연계는 국사를 포함해서 사회탐구에 응시할 필요가 사라졌고, 인문계도 사회탐구 과목 중에서 4과목만 선택하도록 했다. 이에 따라 수능에서 국사를 선택하는 응시자의 비율은 계속 줄어 2012학년도에는 그 비율이 6.7%까지 낮아졌다.

이런 현상에 대해 "대학에 진학하는 학생들이 우리 역사에 대한 공부도 하지 않는 대학입시"라는 비판 여론이 높아졌고, 국사를 수능 필수과목으로 지정해야 한다는 '100만 인 서명운동'까지 일어났다.[15] 여기에 더해 박근혜 정부의 국사 교과서 국정화 추진과 관련해 정부 차원에서 국사교육에 대한 관심도 높아졌다. 이런 배경에서 국사 과목을 수능에서 모든 수험생이 응시하는 필수과목으로 지정하는 논의가 급물살을 탔다.[16]

그런데 국사를 필수과목으로 지정하는 데에는 두 가지 문제가 있었다. 하나는 사회탐구에서 두 과목만 선택할 수 있는 상황에서 국사가 필수로 지정되면, 사실상 사회탐구 선택과목은 한 개로 줄어들어, 9개나 되는 나머지 과목이 고사될 수 있다는 점이었고, 또 하나는 국사가 수능성적의 변별 도구로서 필수과목이 되면, 역사 이해를 위한 공부가 아니라 수능 문제풀이식 국사 공부로 변질될 것이라는 문제제기였다. 이 두 가지 문제를 동시에 해결하는 방안이 국사를 필수과목으로 하되, 사회탐구와 분리해서 별도의 독립 과목으로 하고, 변별 도구로서의 성격을 완화시키기 위해 절대평가를 도입하는 것이었다.

반면, 영어 절대평가 도입은 상대평가 수능 자체에 대한 비판적 문제의식이 배경이었다. 상대평가 자체가 비교육적 평가 방식이라는 것이다. 수능시험 상대평가에 반대하고 절대평가로 전환해야 한다는 주장은 문재인 정부의 전면적인 수능 절대평가 추진으로 이어졌을 뿐 아니라 지금도 절대평가를 주장하는 사람들의 근거가 되기 때문에 자세히 살펴볼 필요가 있다. 우선, 박근혜 정부에서 영어 절대평가를 도입하면서 제시했던 주장의 핵심은 다음과 같다.

① 상대평가 방식에서는 자신의 실력 향상이 중요한 것이 아니라 다른 학생과 순위 경쟁이 중요하고, 성적 향상을 위한 무한경쟁을 초래하여 과잉학습을 유발한다.

② 학생들의 영어 능력을 실질적으로 향상시키기 위한 수업보다 문제풀이 위주의 수업이 이루어지기 때문에 균형 있는 영어 능력을 향상시키기 어렵다.

③ 학생을 변별하기 위해 난이도가 높은 문제를 출제하는 경향이 나타나, 불필요한 학습 부담과 사교육비 부담이 초래된다.[17]

그런데 수능 영어를 절대평가 방식으로 변경하면 무엇이 달라질까? 박근혜 정부의 설명에 따르면, 절대평가 방식으로 전환하면 "높은 수능 점수를 받기 위한 학생과 학교 현장의 무의미한 경쟁과 학습 부담을 경감"하고 "의사소통 중심의 수업 활성화 등 학생들의 실제 영어 능력을 향상시키는 방향으로 학교 영어교육이 정상화되는 계기"[18]를 마련할 수 있으며 "사교육 부담을 완화"할 수 있다는 것이다.[19]

그러나 정말 절대평가로 바꾸면 경쟁이 완화되고, 학교 수업이 활성화되며, 사교육비가 경감될까. 우선 절대평가 자체는 경쟁을 완화시킬 수 없다. 앞서 설명했듯이 학력고사나 2004학년도까지의 수능은 절대평가였지만, 그때도 성적 경쟁은 치열했다. 다만, 듬성듬성 절대평가를 하는 경우에는 그 과목에 한해 경쟁을 완화시킬 수

사교육 참여 학생 1인당 월평균 사교육비(고등학생)　　　　　　　(단위: 만 원)

연도	2013	2014	2015	2016	2017	2018	2019	2020	2021
사교육비	45.4	46.4	47.1	49.9	51.5	54.9	59.9	64.3	64.9

출처: 통계청, 〈사교육비조사결과〉, 2007~21; 교육통계서비스, 〈유초중등통계〉, 2007~21.

있다. 9등급 절대평가처럼 원점수 전체를 반영하는 것이 아니라 90점 이상은 모두 1등급을 주는 방식이 되면 선발 경쟁에서 변별력이 약해지고 따라서 그 과목에 대한 경쟁이나 부담이 줄어들 것이다.

그러나 9등급 절대평가를 하는 과목은 변별력이 없어지게 되고 그에 따라 부담과 경쟁도 줄어들지만, 상대평가를 유지하는 변별력 있는 다른 과목의 중요성은 더 커지게 된다. 영어가 변별력이 없어지면, 영어 성적 경쟁이나 부담은 줄지만, 그 대신 국어나 수학, 탐구 과목의 경쟁과 부담은 더 커지는 것이다. 이에 따라 사교육비도 영어 과목에서는 줄어들 수 있지만, 전체 사교육비는 줄지 않는다. 이것이 풍선효과다.

그러면 수능 전 영역을 듬성듬성한 9등급 절대평가로 바꾸면 어떨까. 이렇게 되면 수능시험 경쟁이나 학습 부담은 줄고 당연히 수능 사교육비도 줄 것이다. 그러면 대학은 무엇으로 선발하나? 대학은 수능성적으로는 선발할 수 없으니 다른 선발을 위한 변별 도구를 만들어야 한다. 만일 내신성적이나 본고사나 논술이나 서류나 구술면접으로 선발한다면, 수능 부담이 줄어드는 대신에 본고사나 논술이나 서류 스펙 만들기나 구술면접 경쟁에 대한 학습 부담과 사교육비가 늘어날 것이다.

애당초 대입 경쟁으로 인한 학습 부담과 사교육 문제는 수능이 절대평가냐 상대평가냐로 생겨나는 것이 아니라 더 평판이 높은 대학에 진학하고자 하는 열망에서 비롯되는 것이다. 실제로 2014년 수능 영어와 한국사 절대평가 도입이 발표되고, 2017학년도에 한국사, 18학년도에 영어 절대평가가 시행되었지만, 고등학생 사교육비는 줄지 않았고, 오히려 지속적으로 증가했다.

그러면 수능 영어를 절대평가로 바꿨더니 고등학교 영어 수업은 "의사소통 중심으로 수업이 활성화"되고, "학생들의 실제 영어 능력을 향상되었을까?" 이에 대해 자신 있게 "그렇다"고 대답할 수 있는 사람은 없을 것이다.

결국 이렇게 듬성듬성한 9등급 절대평가를 도입한 근거 자체도 설득력이 없고, 그로 인한 긍정적인 교육적 변화에 대해서도 말하기 어렵지만, 이것이 가져온 분명한 효과가 있었다. 그것은 영어와 한국사 과목의 영향력과 변별력이 약화된 것이다. 그리고 이것이 영어와 한국사에 절대평가를 도입했던 숨은 의도이기도 하다.

>>> 수능 절대평가가 가져온 결과와 숨겨진 의도

영어와 한국사 과목에 절대평가를 도입하면서 가져온 실제 효

영어 상대평가 시기와 절대평가 시기 1~3등급 한계선 점수와 비율(%) 비교

2015~17학년도 평균			2018~23학년도 평균		
등급	원점수	비율	등급	원점수	비율
1	95.3	4.3	1	90	8.3
2	89.3	7.3	2	80	17.8
1~2		11.6	1~2	80점 이상	26.1

출처: blog.naver.com/highclass-english701/220202621880; www.ebsi.co.kr/ebs/xip/xipa/
retrievePastGrdCutWrongAnswerRate.ebs?tab=1; www.megastudy.net/Entinfo/total_
rankCut/main.asp

과는 '성적 인플레'와 '변별력 약화'를 통해 두 과목을 사실상 '자격고사'로 만들어 버린 것이다. 영어가 상대평가였을 때 1등급 학생은 응시자의 평균 4.3%였다.[*] 그러나 절대평가 전환 이후 영어 1등급 비율은 평균 8.3%로 상대평가 때보다 약 2배 가까이 증가했다. 또한 상대평가 1등급은 상위 4%까지이므로 백분위점수로는 96~100점까지 포함된다. 그러니까 상대평가 1등급이 곧 만점을 의미하는 것은 아니었고 그 안에서도 성적의 차이와 변별이 있었다. 즉, 원점수의 100점과 96점은 모두 1등급일 수 있지만, 표준점수나 백분위성적에서는 차이가 나는 것이다. 그러나 절대평가에서 1등급은 그 자체로 만점이다. 이에 따라 영어가 상대평가였던 2017학년도에 만점자는 0.72%에 불과했지만, 절대평가로 전환된

---

[*] 2015~16학년도 평균이다. 1등급은 상위 4%까지지만 커트라인에 동점자가 있으면 4%보다 많아진다.

130

2020학년도 주요 대학 정시 수능 영어 성적 반영 방식(인문계열 기준)

대학	수능 총점	영어 반영 방법	실제 영어 반영 점수			1~2등급 비교	
			1등급	2등급	3등급	점수 차	전형 총점 대비 감점 비율
고려대	1,000	감산	0	-1	-3	1	0.1
서강대	1,000	가산	100	99	98	1	0.1
서울대	600	감산	0	-0.5	-1	0.5	0.1
성균관대	1,000	가산	100	97	92	3	0.3
연세대	1,010	가산	100	95	87.5	5	0.8
이화여대	1,010	25%	250	245	235	5	0.5
중앙대	1,000	가산	100	95	88	5	0.5
한양대	1,000	10%	100	96	90	4	0.4
평균							0.4

출처: 《내일신문》, 2019. 11. 28.에서 재인용(종로학원 · 하늘교육); 《2020 연세대 정시모집 요강》.

이후에 1등급 즉 만점자는 8.3%가 되었으니, 영어 만점자 비율로 보면, 11.5배가 증가한 셈이다.

한편, 상위권 주요 대학에 진학하는 학생들이 수능 응시생 상위 6% 이내라는 것을 고려하면, 영어 1등급^{만점} 비율이 8.3%라는 것은 지원자 거의 대부분이 만점이라는 뜻이며 따라서 영어 성적은 당락과 관련된 변별력이 없다는 것을 의미한다. 여기에 더해 상위권 주요 대학은 1등급과 2등급 사이에 성적 차이를 최소화하여 2등급을 받아도 수능성적에서 전혀 부담이 없게 만들었다. 예를 들어, 고려대의 경우 수능 총점을 1,000점으로 변환하여 전형하는데 영어 1등급과 2등급 간의 성적 차이가 1점이었다. 총점 1,000점 중 0.1%가 반영되는 셈인데, 이는 고려대 정시에서 영어 성적 1등급이나 2등급은 사실상 차이가 없다는 뜻이다.[20]

한국사 성적 인플레는 영어보다 훨씬 심했다. 절대평가 이전 3년간 국사 1등급 비율은 응시생 평균 6.7% 수준이었으나 절대평가로 변경된 이후 1등급 비율은 7년간 평균 27.4%로 이전에 비해 4배 이상 늘었다.

게다가 서울대를 포함해 고려대, 연세대, 서강대, 한양대, 이화여대 등 주요 대학은 인문계열 지원자에 대해 한국사 3등급까지는 만점으로 인정했으며, 심지어 성균관대와 중앙대는 4등급까지도 만점으로 인정했다.[21] 그런데 다음 표를 보면 알 수 있듯이, 절대평가 3등급은 50점 만점에 30점 이상이다. 주요 대학의 인문계열에 진학할 때 한국사는 원점수 30점 이상만 받으면 모두 만점으로 인정된다는 뜻이다. 그리고 그 비율은 수능 응시자의 58.7%에 달한다.

결국 영어와 한국사 시험을 절대평가로 전환한 이후 이 과목들은 수능 중심으로 선발하는 정시에서 사실상 변별력을 완전히 상실했으며, 자격고사화한 셈이다. 그리고 수능 응시과목 여섯 과목 국어, 수학, 영어, 한국사, 탐구 두 과목 중에서 두 과목이 자격고사화되었으니 결과적으로 수능에서 의미 있는 과목은 네 과목만 남게 된 것인데, 이로 인해 결과적으로 수능 전체의 영향력과 변별력도 줄어들게 된다.

한국사 상대평가 시기와 절대평가 시기 한계선 점수와 비율(%) 비교

등급	2014~16학년도 평균		2017~23학년도 평균	
	원점수	비율	원점수	비율
1	49	6.7	40	27.4
2	46	9.1	35	16.1
3	43	9.2	30	15.2
4	35	15.9	25	13.4
1~3등급	44점 이상	25.0	30점 이상	58.7
1~4등급	35점 이상	40.9	25점 이상	72.1

출처: www.megastudy.net/Entinfo/news/news_view.asp?idx=5984&page=1&caty=&ca
t1=5&cat2=&cat3=&m_searchSort=&m_searchString=&TabIx=1; blog.naver.com/
highclass-english701/220202621880; www.ebsi.co.kr/ebs/xip/xipa/retrievePastGrdC
utWrongAnswerRate.ebs?tab=1

이런 점에서 박근혜 정부의 영어, 한국사 절대평가 도입은 김대
중 정부 이래 지속되어 온 수능 영향력과 변별력 약화 정책의 연장
선에 있다. 김대중 정부의 평균성적을 높이는 방법에 의한 쉬운 수
능, 노무현 정부의 수능 등급제, 이명박 정부의 만점자 1% 정책의
기조를 이어받으면서 박근혜 정부는 영어와 한국사 절대평가 도입
을 통해 수능의 영향력과 변별력 약화를 위해 한 걸음 더 나아간 것
이다.

그런데 수능의 영향력과 변별력이 약해지면 대학에서는 무엇으
로 학생을 선발하냐라는 질문이 필연적으로 제기될 수밖에 없다.
이에 대한 김대중 정부의 대답은 추천제와 특별전형 확대였고, 노
무현 정부는 특기자 전형 확대와 내신 반영 확대였으며, 이명박 정

부는 입학사정관제 확대였다. 그리고 박근혜 정부의 대답은 학생부 종합전형이다.

이미 박근혜 정부는 수능 영어 절대평가 도입을 발표하면서 "고교교육 정상화 기여 대학 지원 사업과 연계하여 학생부 전형 중심의 대입 전형 체제가 확립되도록 지속적으로 노력할 계획"이며, 특히, "학생부 중심으로 전형을 운영하는 우수한 대학의 모델을 발굴하여 확산해 나가겠다"고 발표한 바 있다.[22] '고교교육 정상화 기여 대학 지원 사업'은 이명박 정부에서 입학사정관제를 지원하기 위해 확대했던 입학사정관제 지원 사업의 연장선에 있는 제도다. 결국 이러한 지원 사업과 연계된 학생부 전형이라는 것은 '입학사정관'이 개입하는 학생부 종합전형을 말하는 것이다.

제5장

수능 전면적 절대평가 추진과
조국 사태

>>> 수능 전 과목 절대평가 추진과 좌절

문재인 정부의 대입정책 추진과정은 이전의 정부와 다른 점이 있다. 청와대와 정부의 일관된 정책 방향이 설정되고 추진된 것이 아니라, 정부 내에서 서로 다른 입장이 지속적으로 충돌하면서 5년 내내 혼선을 빚었고, 결국 별다른 정책을 실현하지도 못하고, 현실을 미봉하는 차원에 머물렀다는 점에서 그렇다.

한 축에는 "수능 선발 반대, 학생부 종합전형^{학종} 확대"를 추진하는 세력이 있었다. 여기에는 김상곤 교육부장관을 필두로 진보 교육감들, 전교조, 사교육걱정없는세상, 좋은교사운동, 실천교사모임, 입학사정관, 고등학교 진로진학상담 교사, 그리고 교육부의 학종파 관료들이 가세했다.[*] 이들이 교육부와 국가교육회의, 청와대

교육비서진 등에 포진했고, 문재인 정부의 수능 절대평가와 학종 확대를 주도했다.[**] 다른 한편 청와대 정책실 일부와 국정상황실 그리고 민주당 내 일부 인사들은 '학종의 부작용과 불공정 및 부정 논란에 대한 사회적 비판'을 진지하게 고려하면서 대입의 단순화와 공정성 회복을 위해 수능 확대가 필요하다는 입장이었다.[***]

김상곤 장관은 장관 지명 이전부터 이미 "수능 전 과목에 대해 절대평가를 도입해야 한다"는 의견을 강력하게 제시해 왔고, 장관에 취임하자마자 수능 절대평가 확대 시행을 위한 〈2021학년도 수능 개편안〉 발표를 예고했다. 수능 절대평가는 박근혜 정부에서 영어와 한국사에 절대평가를 도입하면서 포문을 연 정책으로, 4장에서 보았듯이 성적 인플레를 통해 수능성적의 영향력과 변별력을 약화시키는 위한 장치였다. 따라서 영어와 한국사 과목에 더해 수능 절대평가를 확대하겠다는 것은 곧 수능시험 자체를 합격과 불합격을 결정하는 선발의 도구로 영향력을 더 약화시키겠다는 것을

---

[*] 입학사정관제를 확대한 것은 이명박 정부였고, 학생부 종합전형을 도입하고 확대한 것은 박근혜 정부였다. 그런데 보수 정부가 적극적으로 도입하거나 확대한 정책을, 진보 정부의 교육정책을 주도한 사람들이 그것을 마치 진보의 가치인 것처럼 주장했다는 점은 흥미로운 사실이다.

[**] 전교조의 경우 수능 반대 입장은 동일했으나, 학종에 대해서는 전교조가 조직적으로 동의한 것은 아니다. 전교조 내에도 학종에는 이견이 있었다.

[***] 정시모집은 대부분 수능 중심 선발이기 때문에 논쟁의 구도는 "학종파=정시 축소=수능 절대평가"와 "학종 반대파=정시 확대=수능 상대평가 유지"가 된다.

의미했다.

김상곤 장관이 수능 절대평가를 전 과목으로 확대해야 한다고 주장한 근거는 박근혜 정부에서 수능 영어 과목을 절대평가로 전환할 때 했던 주장과 동일하다. "현행 수능은 객관식 상대평가로 학생 간 무한경쟁, 획일적인 점수 위주 선발, 수능 대비 문제풀이 수업 유발 등 여러 한계와 문제점이 있다."는 것이다.

그러면 대학에서는 무엇으로 학생을 선발해야 하나? 이에 대한 대답도 박근혜 정부가 제시한 대답과 똑같다. '학생부 종합전형으로 선발하라는 것'이다.[1] 따라서 문재인 정부의 김상곤 장관은 스스로 진보로 자처했지만, 실제로 그가 주도한 대입정책은 길게는 이명박 정부, 가까이는 박근혜 정부의 대입정책을 완벽하고 충실하게 계승하고 있었던 셈이다.[*2]

그러나 김상곤 장관의 "수능 전 과목 절대평가＝정시 수능 선발 무력화＝수시 학생부 종합전형 확대" 방침은 곧바로 강력한 사회적 반발과 비판에 직면했다. 이미 학생부 종합전형의 부정과 불공정, 불투명성에 대한 사회적 비판이 심각하게 제기되고 있었고, 여

---

* 학생부 종합전형이 명분과 근거를 가지고 자리 잡기 위해서는 수능성적의 영향력과 변별력이 약해져야 하고, 더 나아가 내신성적의 의미와 영향력도 약해져야 한다. 이를 위해서 이명박 정부의 이주호 장관은 내신성적 절대평가 도입을 추진한 바 있다. 김상곤 장관도 내신성적 절대평가 정책도 추진해 나갈 것을 천명했고, 이는 이후 소위 교육계 진보 진영의 슬로건이 되었다.

론은 투명하고 객관적이며 공정한 대학입시제도의 정립을 요구하고 있었기 때문이다.(학생부 종합전형에 대해서는 이 책에서 계속 다룬다.)

결국, 사회적 비판 여론에 부담을 느낀 정부와 청와대 및 민주당 일각에서 김상곤 장관의 전 과목 수능 절대평가 추진에 제동을 걸었다. 특히 이낙연 총리는 "91점과 100점이 똑같이 1등급인데, 91점은 합격이고 100점은 불합격이면 받아들일 수 있겠느냐"며 "절대평가를 급히 확대하면 학생·학부모와 대학이 수용하고 승복하기 어렵다"고 지적하면서 수능 절대평가에 대한 우려를 제기하고 신중론과 속도 조절을 주문하고 나섰다.[3]

국무총리까지 나서 수능 절대평가 전면적 확대에 제동을 걸자 김상곤 장관은 우회하는 방법으로 수능 절대평가를 확대하는 방향으로 전략을 수정했다. 〈2021학년도 수능 개편안〉에 두 개의 안을 제시하고 20여 일간 새롭게 여론을 수렴한 후에 최종 개편안을 발표하겠다고 한발 물러선 것이다.[4]

1안은 부분적으로 절대평가를 확대하는 안이고 2안은 김상곤 장관이 처음 추진했던 전 과목 절대평가였다.* 아마도 김상곤 장관은

---

* 부분적 절대평가 확대란 국어, 수학, 탐구 과목(택 1)은 기존대로 상대평가를 유지하되, 영어와 한국사에 더해서 제2외국어/한문을 절대평가로 전환하고, 고1 교육과정에 해당하는 통합사회와 통합과학 과목을 수능에 신설하여 마찬가지로 절대평가로 시행하는 안이다.

이처럼 두 개의 안을 제시하면 여론의 지형상 당연히 수능 '전 과목 절대평가'보다는 '부분적 확대' 쪽으로 여론이 수렴될 것이라고 본 것으로 보인다. 그리고 여기에 김상곤 장관의 우회 의도가 담겨 있었다. 청와대 및 민주당 쪽에서의 반대와 여론의 반발을 의식해서 당장 전면적 절대평가 추진은 어렵다고 판단하고, 일단 영어와 한국사 절대평가에서는 한 걸음 더 나아가 절대평가 과목을 일부 더 확대하는 수준까지 일차적으로 진전시키겠다는 것이다.

그러나 부분적 절대평가 확대 방안 역시 본질적으로 수능을 무력화하고, 정시모집을 축소하며, 학생부 종합전형 확대를 위한 발판에 불과하다는 것을 간파한 여론은 싸늘했다. 또한 민주당 내부에서는 물론이고 청와대에서도 이런 개편안은 결국 "민심을 잃게 된다"고 판단하여 강력하게 반대했다.[5]

마침내 부분적 수능 절대평가 확대 전략도 제지당하게 되자 김상곤 장관이 2017년 8월 31일, 수능 개편안을 1년 연기하겠다고 발표하면서 2021학년도 대입 개편안은 원점으로 돌아갔다. 하지만 김상곤 장관이 수능 절대평가와 학종 확대를 포기한 것은 아니었다. 청와대의 의지와 여론의 향방이 확인되었음에도 불구하고 김상곤 장관은 수능 절대평가와 학종 확대를 위한 행보를 계속했다. 한편으로는 학생부 종합전형의 신뢰도를 높이는 방향으로 개선하겠다고 발표하고, 수능 절대평가와 학종 확대를 위한 여론 조성작업을 추진해 나간 것이다.[6]

상황이 이렇게 진전되자, 이번에는 문재인 대통령이 직접 나섰다. 문재인 대통령이 대입제도 개편안에 대해 "가장 중요한 것은 당사자인 학생들과 학부모 입장에서 볼 때 공정하고 누구나 쉽게 준비할 수 있도록 단순해야 한다"고 공개적으로 강조하였다.[7] 대입제도가 공정하고 단순해야 한다는 것은 곧 복잡하고 불공정 시비가 끊이지 않는 학종은 개선이 필요하며, 수능을 축소해서는 안 된다는 메시지를 명확하게 전달한 것이다.

그러나 대통령의 공정하고 단순한 대입제도 요구에도 불구하고 김상곤 장관은 모르쇠로 일관하면서 대입정책포럼을 2~4차에 걸쳐 잇달아 개최했고, 수능 절대평가와 학생부 종합전형 확대의 정당성을 확산하기 위한 노력을 이어 나갔다. 이런 상황에서 2018년 3월 말, 교육부차관이 장관을 '패싱'하고 서울의 주요 대학 총장에게 정시 확대를 요청했다는 보도가 나왔다.[8] 장관이 추진하는 정책 방향과는 정반대의 내용을 교육부차관이 주문한 것은 누가 보아도 청와대의 의지가 반영된 것으로 해석되었다.

결국 2018년 4월 11일, 김상곤 장관은 2022학년도 대입제도 개편방안을 국가교육회의가 주관하는 대입제도 공론화 과정을 통해서 결정하겠다고 발표하면서 교육부는 대입제도 개편에서 손을 떼게 된다. 그리고 이로써 대입정책을 공론화 과정을 통해 결정하는 초유의 상황이 전개되었다.

>> 대입제도 공론화와 어정쩡한 봉합 — 정시 30%

대입제도 공론화로 넘겨진 핵심 주제는 〈수능 전형과 학생부 종합 전형 간의 적정한 비율〉과 〈수능 전 과목 절대평가 전환이냐 상대평가 유지냐〉였다.[9] 이와 관련하여 대입제도 공론화에는 네 가지 안이 제안되고, 2018년 4월 말부터 약 3개월간의 공론화 과정이 진행된 끝에 공론화위원회는 8월 3일 공론화 결과를 발표했다. 공론화의 핵심 주제였던 위의 두 가지 사안과 관련된 발표 내용은 다음과 같다.[10]

1. "4가지 의제의 지지도 조사 결과, 1안(의제 1)이 1위, 2안(의제 2)이 2위를 했지만 통계적으로 유의미한 차이가 없었다." 참고로 1안은 "정시 비중 45% 이상 확대 / 수능시험 상대평가 유지"를 주장했고, 2안은 "수시와 정시 비율은 대학 자율 / 수능시험 전 과목 절대평가 전환"을 주장했다. 1안의 지지율은 52.5%(3.40점), 2안(의제 2)의 지지율은 48.1%(3.27점)였다.

2. "선발 방법 비율과 관련하여 수능 위주 전형 확대 의견이 우세한 것으로 나타났다." 참고로 수능 위주 전형이 20% 이상이어야 한다는 의견이 82.7%, 20% 미만이어야 한다는 의견은 9.1%로 나타났다. 2020학년도 수능 위주 전형 비율이 19.9%임을 고려할 때 이는 현행보다 수능 위주 전형이 확대되어야 한다는 의견이 우세하다는 것을 의미한다.

제안된 네 가지 의제와 이에 대한 시민참여단의 최종 지지도 결과는 다음과 같다.

공론화 의제 주요 내용(자세한 내용은 9장 참조)

구분	수능 전형과 학생부 종합전형 비율	수능 평가방법	최종 지지도
의제 1	정시 비중 45% 이상	상대평가 유지	52.5%
의제 2	수시·정시 비율 대학 자율	전 과목 절대평가 전환	48.1%
의제 3	수시·정시 비율 대학 자율	상대평가 유지	37.1%
의제 4	정시 확대, 수시 학생부 교과전형(내신성적)과 학생부 종합전형 비율의 균형 확보	상대평가 유지	44.4%

출처: 대입제도개편 공론화위원회 보도자료. 2018.

1안과 2안은 이 문제에 대한 양쪽 입장을 가장 강력하게 대표했는데, 1안으로 결정되면 "정시 45% 이상 확대, 수능 상대평가 유지"로, 2안으로 결정되면 "수시 / 정시 비율 대학 자율 결정사실상 정시 확대 반대, 수능 전 과목 절대평가 전환"으로 결정 날 것이었다. 그러나 1안이 최대 지지를 받았음에도 불구하고 공론화위원회는 공론화 과정이 진행되는 동안 한 번도 언급된 바 없던, 통계적 유의성을 내세워서 1안과 2안 사이에 유의미한 차이가 없다는 결론을 내렸다.[*]

---

[*] 이에 대해서는 이 책의 9장에서 자세히 이야기한다.

이로써 공론화위원회는 핵심 쟁점이었던 "수능 중심 정시와 학종의 비율 문제"와 "수능 전 과목 절대평가 전환이냐 상대평가 유지냐" 문제에 아무런 결론을 내리지 못한 결과를 가져왔고, 결국 2022학년도 대입 개편 문제는 사실상 원점으로 돌아갔다. 다만, 수능 위주 전형의 비율에 대한 선호가 현재 수능 전형의 비율에 비해서 높다고 발표했기 때문에 향후에 수능 전형 비율이 일정하게 높아질 여지는 남겨 두었다.

대입제도개편 공론화위원회의 결과 보고를 바탕으로 국가교육회의는 "수능 위주 전형의 비율은 정하지 않되, 현행보다 확대될 수 있도록 할 것"과 "수능 평가 방법의 경우, 일부 과목 상대평가 유지 원칙 적용"을 교육부에 권고했다.[11]

이러한 권고안에 기초해서 8월 17일 교육부는 〈2022학년도 대입 개편안〉을 발표했다. 주요 내용은 "공정하고 단순·투명한 대입제도에 대한 학생·학부모 등 국민의 의견을 반영하여 수능 위주 전형 비율을 30% 이상으로 확대하도록 권고"하고, "수능 평가 방법의 경우 국어, 수학, 탐구 과목은 현행대로 상대평가를 유지하되, 영어, 한국사에 더해서 '제2외국어/한문'은 절대평가로 변경"하며, 추가로 학종의 신뢰도를 높이기 위한 조치를 취한다는 것이었다.[12]

결과적으로 1년 이상 지속된 대입 개편안에 대한 논란과 공론화 과정까지 거치면서도 문재인 정부는 학종의 부정과 불공정에 대한 근본적 대책도 세우지 못하고, 수능을 확대해서 공정한 대입제도를 만들어야 한다는 여론에도 부응하지 못하는 어정쩡한 결론에 머물렀다.

다만 김상곤 장관 취임 이후 수능 전면적 절대평가 확대와 학생부 종합전형 확대를 밀어붙이는 것에 대해 사회적 비판 여론을 반영해서 일정한 제동을 걸었다는 점, 대입제도의 단순화와 공정성 회복을 위해서는 정시 확대가 필요하다는 것을 인정했다는 점에서는 어느 정도 긍정적인 역할을 했다고 평가할 수 있을 것이다.

≫ 조국 사태와 드러나는 학생부 종합전형의 진실

2019년 8월, 이른바 조국 사태가 발생했다. 조국 법무부장관 후보자에 대한 각종 의혹과 비판이 제기되는 가운데, 특히 자녀 조○ 씨의 고려대학교 입학 관련 특혜, 불법, 부정 시비는 대입제도 전반을 뒤흔들 정도의 사회적 문제로까지 비화되었다.

조○ 씨가 고려대에 입학할 때 제출한 서류가 부모의 특권적 지위를 이용한 특혜일 뿐 아니라, 조작된 서류를 통해 합격자로 선발된 부정입학이라는 문제제기였다. 조○ 씨의 대입 서류에 기재된 내용 중에서 가장 크게 문제가 된 것은 단국대 의과학연구실에서의 인턴활동과 대한병리학회에 제출된 학술논문의 제1저자로 등재된 기록이었다.

특히, 교수가 연구 책임자로 참여하고 대한병리학회에 제출된 전문적인 의학논문에 자연계도 아닌 외국어계열 고등학생이 단 보름만의 인턴활동으로 공저자가 되고, 더욱이 제1저자로 등재되었다는 사실은 사회적으로 냉소를 동반한 거센 비난의 대상이 되었다. 조○ 씨가 부모의 사회적 지위와 네트워크, 그리고 상위권 특목고에서 만들어진 네트워크를 활용해서 "잘 포장된 서류"를 쉽게 만들 수 있었고, 그러한 서류를 통해서 명문대학에 합격할 수 있었다는 사실 자체가 일반 국민에게 커다란 박탈감과 상실감을 주기에 충분했다.

합법이냐 불법이냐를 떠나서 그리고 소위 부모의 능력이 되는 일부 집단에서는 그것이 "관행이었다"는 변명을 떠나서, "대한민국 고등학생 중에서 대학의 의과학연구실에서 인턴활동의 경험을 해 볼 수 있는 학생이 얼마나 되겠는가?", "대학 교수가 연구 책임자인 논문에 공저자로 이름을 올릴 수 있는 고등학생이 얼마나 되겠는가?", "과장과 조작과 거짓으로 얼룩진, 그런 서류를 통해서 명문대에 입학한다면 도대체 대한민국에 공정과 정의는 어디에 있는가?"라는 비판이 쏟아졌다.

특히 조국 전 장관은 그동안 우리 사회 기득권층이 누리는 각종 특권과 특혜와 비리 그리고 불평등에 대해 날카롭게 비판해 온 대표적인 진보 인사였기 때문에 그에 대한 비난의 강도는 훨씬 더 컸다. 그런 진보적 인사조차도 자녀를 위해서는 특권과 특혜를 활용하는 데 주저함이 없다는 것에 대해 일종의 배신감까지 더해졌기 때문이다.

그런데 조○ 씨의 고려대 입학 문제는 단순히 조국 전 장관과 그의 부인, 그리고 본인만의 문제였을까? 조○ 씨와 같은 방식으로 대학에 입학한 학생 숫자는 얼마나 될까? 같은 방식이라는 것은 '별도의 시험을 보지 않고^{무시험 전형}', '학생이 제출한 서류에 대한 평가와 면접'으로 대학에 진학한 경우를 말한다. 여기에 해당하는 전형이 특기자 전형과 학생부 종합전형이다.[*] 조○ 씨가 고려대에 입학한 2010학년도부터 조국 전 장관 사태가 터진 19학년도까지 10년간 이런 방식으로 입학한 학생 수는 서울대 약 1만 7천 명, 고려대 약 1만 1천 명, 연세대 약 1만 3천 명으로 상위 3개 대학에만 한정해도 최소한 4만 1천 명이 넘는다. 서울대와 고려대, 연세대 합격자 중에서 평균 3명 중 한 명은 조○ 씨와 동일한 방법으로 입학한 것이다.^{**}

3개 대학만 계산해도 같은 유형의 합격자가 4만 1천 명이 넘는다

---

* 여기서 말하는 특기자 전형은 전통적인 예체능 특기자가 아니라, 어학, 과학, 수학 특기자를 말한다. 조민 씨는 어학 특기자에 해당한다.
** 특기자와 학종 합격자 중에서 음대와 미대, 체육학과의 모집인원은 모두 제외한 수치다. 서울대 학종의 경우 지역균형과 기회균형은 제외하고 수시 일반전형만 포함했다. 2019학년도 이후에도 현재까지 서울대, 고려대, 연세대는 매년 약 4천 명의 학생을 이런 방법으로 선발하고 있다.

서울대·고려대·연세대 특기자 전형과 학생부 종합전형 합격자 수와 비율
(2010~19학년도)

	총 모집인원	특기자 + 학종 합격자	비율(%)
서울대	33,379	17,283	51.8
고려대	40,812	11,397	27.9
연세대	36,751	12,924	35.2
합계	110,942	41,604	32.7

출처: 서울대, 고려대, 연세대 각 학년도 수시모집 요강.

면 이것은 단순히 조○ 씨 개인의 문제가 아니라 제도와 시스템 자체가 문제라는 것을 의미한다. 서류로 합격한 그 많은 학생 가운데 논문을 제출한 학생, 인턴기록을 제출한 학생, 부모의 배경과 네트워크를 이용한 다양한 활동기록을 제출한 학생이 조○ 씨 한 명뿐이라고 생각할 수는 없기 때문이다. 또한 조○ 씨를 제외하고 그런 서류로 합격한 다른 모든 학생은 과장과 거짓이 없이 온전히 학생 개인의 정직한 기록으로만 합격했다고 말할 수 없을 것이다.

조○ 씨의 고려대 입학 부정 논란은 학생부 종합전형의 불공정성 문제를 전면에 부각시키는 계기가 되었다. 조○ 씨가 합격한 전형은 입학사정관제를 바탕으로 하는 특기자 전형이었지만, '무시험 전형, 서류와 면접 중심 전형, 깜깜이 전형'이라는 점에서 본질적으로 학생부 종합전형과 동일한 방식이었기 때문에 조○ 씨의 입시 비리 문제가 학생부 종합전형의 부정과 불공정성 문제에 대한 사회적 불신에 불을 붙인 것이다.

조○ 씨의 부정입학 논란이 거세지자 문재인 대통령이 직접 나서 "입시제도가 공정하지 않다고 생각하는 국민이 많다"며 "이상론에 치우치지 말고 현실에 기초해 실행 가능한 방안을 강구하라"고 촉구하고 대학입시제도 전반에 대한 검토를 지시했다.[13] 문 대통령의 주문은 서류를 중시하는 학생부 종합전형을 재검토하고, 대입제도의 공정성을 강화하라는 의미로 해석되었고, 이에 따라 2019년 9월 26일부터 교육부는 주요 13개 대학*에 대한 학생부 종합전형학종 실태 조사를 실시하게 된다.

교육부의 실태 조사가 진행되는 와중에도 문재인 대통령은 재차 입시제도 개편안 마련을 강조했는데, 이번에는 아예 "정시 비중 확대"를 명시적으로 표현했다. "학생부 종합전형 전면 실태 조사를 엄정하게 추진하고, 고교 서열화 해소 방안도 강구할 것"이라며 "정시 비중 상향을 포함한 입시제도 개편안도 마련하겠다"고 밝힌 것이다.[14]

주요 상위권 대학이 포함된 학생부 종합전형 실태 조사 결과, 그동안 학종에 제기되어 왔던 문제들의 실상이 드러나고, 학생부 종합전형을 주장해 왔던 사람들이하 학종파이 학종의 장점이라고 내세웠던 내용은 사실상 거짓이었음이 드러났다.

---

* 건국대, 경희대, 고려대, 광운대, 동국대, 서강대, 서울대, 성균관대, 연세대, 춘천교대, 포항공대, 한국교원대, 홍익대.(가나다 순)

예를 들면, 그동안 학종파는 "학생부 종합전형이 일반고에 더 유리하다"고 주장해 왔지만 실태 조사 결과 일반고는 오히려 수능 전형에서 더 높은 비율로 합격하고 있었다. 또한 학종파는 "학생부 종합전형이 저소득층과 읍면 출신 학생들에게 유리하다"고 주장해 왔지만, 이 또한 사실이 아닌 것으로 확인되었다. 게다가 그동안 주요 대학에서 '은밀히 고교 등급제'를 적용하고 있다는 의혹도 일정하게 사실로 확인되었다. 학종 합격자 중에서 일반고는 아주 높은 내신성적인 경우에만 합격할 수 있었던 것에 비해서 자사고와 특목고 학생들은 그보다 훨씬 낮은 내신성적으로도 합격하고 있다는 것이 드러난 것이다.

가장 충격적이었던 것은 서류심사 시간이다. 그동안 학종파와 주요 대학은 학생이 제출한 서류를 학업능력, 전공 적합성, 발전 가능성, 인성 등의 평가 영역으로 나누고, 각각 세부적으로 16개 이상의 평가항목으로 구분하여 종합적으로 평가해서 합격자를 선발한다고 주장해 왔다. 그러나 실태 조사 결과 대학에서 학생의 서류를 평가하는데 소요되는 시간은 평균 14분도 되지 않는 것으로 드러났다. 사실상 '엉터리 전형'을 하고 있음이 폭로된 것이다.(실태 조사 결과에 대한 자세한 분석과 학종파 주장의 문제점에 대해서는 이 책의 8장 참조)

조국 사태로 대입제도의 불공정성에 대한 국민적 비판 여론이 높아지고, 13개 주요 대학의 학생부 종합전형 실태 조사에 의해 대학이 학종이라는 이름으로 얼마나 부실하게 학생을 선발해 왔는지가 드러나면서 교육부는 정시 확대와 학생부 종합전형 개선을 중심으로 하는 새로운 대입 공정성 강화 방안을 내놓게 된다.

≫ 문재인 정부의 마지막 대입 공정성 강화 방안

문재인 대통령의 정시 확대 언명과 13개 대학 학생부 종합전형 실태 조사에 이어서 2019년 11월 교육부는 새로운 〈대입제도 공정성 강화 방안〉을 발표했다. 개선안의 핵심은 크게 두 가지다.

첫째, 서울 소재 16개 대학에 대해 수능 위주 전형으로 40% 이상을 선발하도록 권고한다.[*15]

둘째, 학생부 종합전형의 투명성과 공정성을 강화하고, 학생부에 부모의 배경, 사교육 등 외부 요인을 차단하고 공정하게 기록될 수 있도록 하기 위해서 2024학년도부터는 자기소개서를 폐지하며 정규 교육과정 이외의 모든 비교과활동도 폐지한다.

---

* 16개 대학교는 건국대, 경희대, 고려대, 광운대, 동국대, 서강대, 서울시립대, 서울대, 서울여대, 성균관대, 숙명여대, 숭실대, 연세대, 중앙대, 한국외대, 한양대.(이상 가나다 순)

1년 전 문재인 정부는 대입 공론화 이후 대입의 공정성에 대한 사회적 여론에 떠밀려서 "정시 30%로 확대 권고"하겠다는 방침을 발표한 바 있었다. 그리고 이번에는 조○ 씨의 고려대 부정입학 의혹으로 강력하게 다시 촉발된 학종에 대한 불신 여론에 대응하는 방법으로, 학종에 대한 실태 조사를 실시하고 그 결과를 바탕으로 "대입 공정성을 강화"하기 위해서 정시모집 비율을 10% 더 늘리도록 하겠다는 것이다.

한편, 학생부 기록에서 자기소개서를 폐지하고 그동안 반영되던 주요한 활동기록도 모두 폐지하도록 결정하면서 학생부 종합전형에 제출되는 서류는 대단히 간략해졌다. 우선, 이전에는 학생부 + 자기소개서 + 교사추천서 등 3가지 서류를 제출했는데, 교사추천서는 이미 2022학년도부터 폐지했고, 2024학년도부터는 자기소개서마저 폐지됨으로써 제출서류는 학생부 하나만 남게 되었다.

또한 학생부 기록에서도 정규 교육과정 이외의 비교과활동을 폐지함으로써 학종에서 중요한 전형자료로 활용되던 거의 모든 항목이 반영되지 않게 되었다. 학종 관련 주요 항목들은 기재 내용에 대한 허위와 과장 문제가 언론에 의해서 제기될 때마다 마치 도마뱀 꼬리 자르듯이 해당 항목들을 지속적으로 축소해 왔다. 아래의 내용은 학종의 중요 항목이 폐지되어 온 사례다.

• 독서활동 → 도서명과 저자만 기재로 변경(2017학년도) → 미반영

(2024학년도 이후)

- 봉사활동 → 봉사활동 실적만 기재로 변경(2019학년도) → 미반영
(2024학년도 이후)

- 소논문 → 기재 금지(2022학년도부터)

- 진로 희망 분야 → 미반영(2022학년도부터)

- 자율동아리 → 연간 1개만 기재(2022학년도) → 미반영(2024학년도)

- 수상실적 → 학기당 1개만 반영(2022학년도) → 미반영(2024학년도
이후)[16]

이로써 학종에서 중요한 것으로 주장하던 거의 모든 비교과활동
이 더 이상 기재되지 않거나 대입에 반영되지 않게 되었다. 이 항목
들은 그동안 학종을 통해 "학교가 교육적으로 훌륭하게 변화하고
있다"고 학종파들이 주장해 온 중요한 근거들이었다. 그런데 바로
그 항목들이 "부모의 배경과 사교육 등 외부 요인이 개입하는 통로
였으며, 대입 공정성을 훼손해 왔다"는 것을 교육부 스스로 인정한
셈이다.

결국, 문재인 정부 5년의 대입정책은 대입제도의 공정성을 요구
하는 여론에 대응하는 것이 거의 전부였다 해도 과언이 아니다. 그
리고 그 대응 방법은 수능 위주의 정시 선발 비율을 조금씩 더 늘리
고, 학생부 종합전형의 주요 항목을 폐지하는 것이었다.

그러나 이 정도의 시도만 해도 의미가 없는 것은 아니다. 김대중

정부 이후 무시험 전형을 맹목적으로 확대해 왔으며, 그것을 위해 수시모집의 비율을 80%에 육박할 정도로 높이고, 정시 수능 선발의 비중을 대폭 축소해 온 경향에 최초로 제동을 걸었기 때문이다. 또한 학종에서 과장과 거짓으로 포장되어 온 항목들이 공정성을 훼손해 왔다는 점을 드러낸 것도 의미 있는 일이라고 할 수 있다.

물론 이러한 대응만으로 대입 공정성 문제가 충분히 해결했다고는 볼 수 없다. 수능 비중이 40%로 확대되었다고는 하지만 그것으로 나머지 60%에 해당하는 대입 전형의 문제, 특히 학생부 종합전형의 불공정성 문제가 해결되는 것은 아니기 때문이다.

학종에 대한 불신은 학생과 교사가 주관적으로 작성한 서류의 신뢰성 문제와 대학에서 평가하는 과정의 불투명성 때문에 생겨난다. 그런데 주관적 서류를 여전히 중요한 전형자료로 삼고, 대학에서의 평가과정에 대한 투명성이 명확하게 보장되지 않는 상황에서 학종으로 학생을 계속 선발하는 한 학종의 공정성은 계속 문제가 될 것이다.

게다가 학종파 교육 관료들을 포함해서 그동안 줄기차게 수능의 영향력과 변별력 약화와 학종 확대를 주장해 왔던 세력들이 여전히 학종을 유지하고 나아가 더 확대하려는 계획을 포기한 것도 아니다.

이미 교육부는 〈대입 공정성 강화 방안〉이 발표된 직후에도 공식 블로그를 통해 "수능 비중을 늘리는 것은 논술 전형과 특기자 전형을 조정하는 방식으로 접근할 것이기 때문에 학종의 비중은 크게 축소되지 않을 것"이라고 강조하고 있다. 또한, 비록 학종의 여러 항목이 폐지되기는 했으나, "여전히 교사들이 수업 시간에 학생에 대해 관찰한 것을 바탕으로 기록하는 '교과세특' 항목과 정규 교육과정 내의 동아리활동, 학교봉사, 진로활동, 자율활동 등이 반영될 것이므로 학종의 근본 취지를 충분히 살릴 수 있다"고 주장했다.[17]

또한 여전히 학종파는 사회적 비판 여론에 떠밀려 학종을 대수술하고, 수능 중심 정시 40%를 권고한 문재인 정부의 결정이 '교육적으로 잘못된 정책'이라고 비판하고 있다. 그리고 그들은 다시 수능의 영향력과 변별력을 더 약화시키고, 나아가 내신성적의 변별력마저 약화해서 객관적 성적으로 학생을 선발하는 것을 원천 봉쇄하려는 계획을 가지고 있다.

이를 위한 중요한 지렛대가 고교학점제를 구현한 〈2022 개정 교육과정〉이다. 교육과정이 고교학점제를 중심으로 개정되었기 때문에 이에 따라 2028학년도 대입 개정안이 새로 나와야 할텐데, 학종파는 이 시점에서 본격적으로 반격을 시작할 것이다.

제6장

킬러 문항 논란과
2028년 대입 개편안

≫ 정시 확대 백지화와 수능 킬러 문항 논란

'공정과 상식'이라는 이슈를 전면에 내걸고 윤석열 대통령이 등장했다. 윤석열 대통령은 후보 시절 "부모 찬스 없는 공정한 대입 제도를 만들기 위해서 입시제도를 단순화하고 정시 비율을 확대하겠다"면서 대선 공약으로 '정시 확대'를 내세웠다.

그러나 정작 2022년 5월, 대통령직인수위원회가 발표한 윤석열 정부 110대 국정과제에서는 대입 정시 확대 내용이 빠졌다. 그리고 같은 달 장상윤 교육부차관이 국회에서 "정시 확대는 대입 공정성의 문제였는데 교육 현장에서 사교육을 심화시키고 고교 내실화를 저해한다는 우려도 있어 지금으로서는 정시 비율을 현행 수준으로 유지할 필요가 있다"는 요지의 발언을 하면서 윤석열 대통령

의 정시 확대 공약은 공수표가 되는 것 아니냐는 의혹을 낳았다.[1]

2022년 12월, 이주호 전 장관이 10년 만에 다시 교육부 수장으로 복귀한 것은 윤석열 정부의 대입정책이 '정시 확대'가 아니라 정반대인 '학종 확대'로 전면적으로 방향을 선회할 것임을 보여주는 신호탄이었다. 이주호 장관은 이명박 정부의 교육정책을 처음부터 끝까지 설계하고 추진한 인물이다. 그리고 그가 주도한 대입 관련 정책은 '영역별 만점자 1%를 통한 쉬운 수능', '입학사정관제 확대', '고교 다양한 300 프로젝트를 통한 고교 서열화', '내신 절대평가 추진', 그리고 '대입 대학 자율화'로 요약된다.

그런데 2023년 6월 15일, 윤석열 대통령의 수능 관련 발언이 보도되면서 커다란 파장이 일어났다. 윤석열 대통령이 사교육비 경감 대책을 지시하면서 "교과과정에서 다루지 않는 문제를 수능에서 출제하면 사교육에 의존하라는 것 아니냐"며 "교육 당국과 사교육 산업이 한편 카르텔이라는 말이냐"고 직격했다는 것이다.[2]

보도 직후 정부 당국은 사교육 카르텔 의혹에 대한 감사에 착수했고, 교육부는 대입 담당 국장을 경질했으며, 나아가 수능과 6월 모의고사 출제기관인 한국교육과정평가원에 대한 감사에도 들어갔다.

이 과정에서 수능 킬러 문항에 대한 문제가 본격적으로 제기되었다. 이주호 장관은 "그간 논란이 돼 온, 공교육에서 다루지 않은 소위 '킬러 문항'은 시험의 변별성을 높이는 쉬운 방법이지만,

이는 학생들을 사교육으로 내모는 근본 원인이었다"고 주장하고, "앞으로 공정한 수능이 되도록 공교육과정 내에서 다루지 않은 내용은 출제를 배제하겠다"고 강조했다.[3]

교육과정에서 다루는 범위를 넘어서는 문제를 출제해서는 안 된다는 대통령의 지적은 그 자체로는 지극히 온당하다. 정상적인 평가를 위한 문항이 아니라 변별 자체를 목적으로, 교육과정의 범위와 수준을 벗어나는 초고난도의 문제를 출제하는 것은 반교육적이며, 이러한 행태는 반드시 지양되어야 한다.

그러나 이 논란의 본질을 이해하는 데 중요한 문제는 2024년에 발표될 〈2028학년도 대입 개편안〉을 앞두고 이주호 장관이 '수능 킬러 문항 제거' 주장을 들고 나온 진짜 이유가 무엇이냐 하는 점에 있다. 이번 논란은 이주호 장관의 대입제도 개편 방향을 실현시키는 일종의 디딤돌로서의 의미를 가지고 있기 때문이다.

우선 이른바 킬러 문항은 수능 처음부터 있었던 것이 아니다. 실제 언론에 수능 '킬러 문항'이라는 용어가 등장한 것은 2011년부터다. 수능이 1993년(1994학년도 입학)에 시작되었으니까 수능 시작 이후 18년 동안은 '킬러 문항'이라는 말 자체가 존재하지 않았던 것이다.

왜 2011년 이전 18년 동안은 '킬러 문항'이라는 말이 없었을까? 그리고 2011년도에 킬러 문항이라는 말이 등장한 이유는 무엇일까? 킬러 문항의 등장 배경은 정부가 인위적으로 추진해 온 쉬운

수능 킬러 문항 관련 기사 수

연도	2011	2012	2013	2014	2015	2016
기사 수	1	0	1	1	1	3
연도	2017	2018	2019	2020	2021	2022
기사 수	2	25	36	22	35	22

출처: 전국 10대 일간지(경향, 국민, 동아, 문화, 서울, 세계, 조선, 중앙, 한겨레, 한국) 빅카인즈 검색
(1993~2022).

수능에 있다. 그리고 쉬운 수능 정책의 정점을 찍은 것이 이명박 정부가 2011년도에 발표한 영역별로 만점자가 1%가 나오도록 쉽게 출제하겠다는 방침이었다. 만일 정부의 방침대로 수능을 출제한다면 그 전년도에 비해서 영어는 만점자가 5배, 수리 가형은 만점자가 50배나 늘어날 것이었다.[*4]

이렇게 만점자가 많아지는 쉬운 수능이 되면 상위권의 경우 수능 성적의 변별력이 약해질 수밖에 없다. 문제는 여전히 수능성적으로 선발하는 전형이 있다는 점이다. 따라서 이 전형에서 선발을 가능하게 하려면 수능에 일정한 변별력이 요구된다. 결국 한편으로는 만점자를 양산하는 쉬운 시험을 만들면서도 다른 한편으로는 일정

---

[*] 실제로 2012학년도 수능에서 모든 영역에 만점자 1%가 나오지는 않았지만 수리 나형은 두 문제만 틀려도 2등급을 받았고, 영어와 국사, 세계사, 한국지리, 세계지리의 경우 3점짜리 문항 1개만 틀려도 2등급으로 밀릴 정도로 쉽게 출제되었다. 지구과학 1은 동점자가 많아서 1등급 비율이 8.11%가 되었고, 지구과학 2는 만점자 비율이 무려 5.68%가 나와 50점 만점자만 1등급 성적을 받을 수 있었다.

한 변별력을 갖추기 위해서 변별 자체를 위한 초고난도 문항을 만들어 낼 필요가 생기는데, 이것이 바로 킬러 문항의 등장 배경이다.

그리고 영역별 만점자 1% 정책을 주도한 사람이 바로 이명박 정부의 이주호 장관이었다. 그런 점에서 10년 만에 윤석열 정부의 교육부장관으로 복귀한 그가 수능 킬러 문항 제거를 강조하고, 한국교육과정평가원에 대한 감사를 주도한 것은 역설적이다. 사태를 만들어 낸 원인 제공자가 이런 사태를 일으키는 게 누구냐고 소리치는 모양이기 때문이다.

그런데 이주호 장관은 왜 갑자기 수능 킬러 문항 제거를 주장하고 나왔을까. 그 이유는 12년 전에 영역별 만점자 1%를 추진했던 것과 같다. 쉬운 수능으로 수능의 변별력과 영향력을 약화시키겠다는 것이다. 수능의 변별력이 더 약해지면 무엇으로 학생을 선발해야 할까? 이 질문에 대한 이주호 장관의 대답도 이미 준비되어 있다. 그 답은 "대입 선발은 대학 자율에 맡긴다."는 것이다. 그리고 대입 대학 자율화의 구체적인 방안이 이주호 장관이 이명박 정부 시절 전면적 확대를 주도했던 입학사정관제, 현재의 학생부 종합전형이다.

결국, 윤석열 대통령은 이주호 장관을 교육부장관으로 복귀시킴으로써 "정시 확대" 공약은 없던 일로 만들고, 그와 반대로 대학 자율화의 이름으로 학생부 종합전형을 더 공고하게 하는 방향으로 선회하고 있는 셈이다.

≫ 2028년 대입 개편안에 담긴 수능 개편 방향

2023년 10월 10일, 이주호 장관이 주도하는 〈2028 대학입시제도 개편 시안〉이 발표됐다. 핵심 내용은 수능 체제 변화와 내신 산출방식 변화다. 개편안에 따르면, 수능은 국어와 수학의 경우 선택과목 없이 공통으로 응시하게 하여 특히 수학에서 문제되었던 선택과목에 따른 유불리를 해소했다. 그러나 〈2028 수능 개편안〉은 이전보다 더 많은 그리고 더 심각한 문제를 내포하고 있다.

우선, 〈2028 수능 개편안〉을 통해 교육부 스스로 고교학점제를 크게 의미 없는 정책으로 간주하고 있음이 드러났다. 수능 국어 과목으로 제시된 〈화법과 언어〉, 〈독서와 작문〉, 〈문학〉, 그리고 수학의 〈대수〉, 〈미적분 I〉, 〈확률과 통계〉는 모두 '일반 선택과목'이다. 그리고 고교학점제에 따르면 '일반 선택과목'들은 필수로 이수해야 하는 과목이 아니라 학생들의 적성과 진로에 따라 자유롭게 선택할 수도 있고 선택하지 않을 수도 있는 과목이다.

그런데 개편안은 이 과목들을 수능 응시과목에 포함시켜서 모든 학생이 필수적으로 이수해야 하는 과목으로 만들어 버렸다. 이는 지난 수년간 교육부가 학생의 과목 선택권을 강조하면서 추진해 온 고교학점제에 대해 내부적으로는 '실제로는 큰 의미가 없다'고 생각하고 있음을 보여준다.

또한, 수학 과목의 유불리와 고교 수학 교육과정의 파행적 운영

가능성이 제기된다. 개편안에 따르면 인문계와 자연계 구별 없이 모두 같은 수학시험을 보게 된다. 그리고 시험 범위는 과거의 인문계 수학이다. 누구에게 유리할까? 자연계 수학을 공부한 이공계 학생이 당연히 유리하다. 자연계 수학을 공부한 학생에게 인문계 수준의 수학시험은 학생들 표현을 빌리면 "껌값"이다.

물론 이공계를 지원하는 자연계 학생에게 특별히 유리하지 않을 수도 있다. 만일 이공계를 지원하는 학생이 자연계 수준의 수학을 공부하지 않고 새로운 수능 범위에만 맞춰서 인문계 수준의 수학 공부에만 집중한다면, 그들의 수학 실력이 인문계 지망 학생보다 월등하게 높지 않을 수도 있기 때문이다. 그러나 이런 경우가 발생한다면 그것은 고등학교의 자연계 수학 수업이 황폐화된다는 뜻이고, 이공계로 진학하는 학생들의 수학 실력이 인문계 학생과 별로 다를 게 없는 수준으로 하락했다는 것을 의미한다. 그리고 이공계에 진학하는 학생들이 인문계 수준의 수학만 공부하고 대학에 진학한다면, 이공계 대학 입장에서는 참담한 결과가 발생할 것이다.

이러한 사태는 이공계 대학뿐만 아니라 수학학회나 수학교육계에서도 받아들이기 어려운 일이다. 또한 4차 산업혁명과 디지털 대전환 사회를 내걸면서 이공계 대학 진학자에게 인문계 수준의 수학만 공부하라고 하는 것도 상식적으로 납득하기 어려운 일이다. 이러한 문제제기를 고려해서 개편안에서는 "첨단 분야 인재 양성을 위해 〈미적분 II + 기하〉를 절대평가 방식으로 평가하는 심화 수학 영역 신설"을 추가 검토하겠다고 발표했다.

만일 수능 응시과목으로 〈심화 수학〉이 신설된다면, 최소한 이공계에 진학하는 학생들의 수학 실력을 보완하는 데는 도움이 될 것이다. 그러나 〈미적분 II + 기하〉 과목은 교육과정과 고교학점제에서 '필수 공통과목'도 아니고, 심지어는 '일반 선택과목'도 아니고, 그보다 심화 단계인 '진로 선택과목'이다. 따라서 이 과목이 수능 응시과목이 된다는 것은, 가장 높은 수준의 선택과목인 진로 선택과목조차도 학생들이 자유롭게 선택할 수 있는 과목이 아니라 이공계로 진학하려는 학생에게는 필수과목이 되게 하는 셈이다. 결국 고교학점제는 또 한번 교육부에 의해 부정되는 셈이다.

≫ 고등학교 1학년 수준으로 평가하는 대학수학능력시험

이번 수능 개편안의 가장 심각한 문제는 사회탐구와 과학탐구 영역 시험 범위에 있다. 개편안에 따르면 인문계와 자연계 구별 없이 사회탐구와 과학탐구 시험을 〈통합사회〉와 〈통합과학〉으로 보게 된다. 겉으로는 '문·이과 융합'의 모양새이고, 과목 제목도 '통합'이니 그럴듯하다. 그러나 이면의 실상에는 심각한 문제가 들어 있다.

〈통합사회〉와 〈통합과학〉은 고1 공통과정으로 기초적인 사회와 과학에 해당한다. 과학 과목을 예로 들어서 조금 자세하게 들여다

보자. 과학 과목은 '통합과학^{공통} – 일반 선택 – 융합 선택 – 진로 선택과목'으로 구분된다. 이때 통합과학이란 인문사회, 예체능, 이공계열 등 진로와 관계없이 모든 학생이 필수적으로 이수해야 하는 공통 필수과목을 말한다. 그 내용과 목표는 중학교 수준을 조금 넘어서는 차원에서 과학 기초학력을 보장하는 데 있다.

한편, 일반 선택인 물리, 화학, 생명과학, 지구과학 과목은 인문사회 및 예체능계로 진로를 선택하는 학생들도 알아야 할 자연과학의 기본적이고 핵심적인 내용으로 구성되어 있고, 이공계 진로를 선택하기 위한 기초과학 개념을 이해하기 위한 과목이다. 그리고 진로 선택과목에는 물리, 화학, 생명과학, 지구과학의 심화 과목이 포함되는데, 이 과목들이 이공계 진로를 선택하는 학생을 위한 과목이다.

그런데 개편안에 따르면 이공계 진로를 선택하는 학생들이 진로 선택 수준의 과학 시험을 보는 것도 아니고, 심지어 기초과학 개념을 위한 일반 선택 수준의 시험을 보는 것도 아니며, 고1 수준의 통합과학만 수능에 응시하게 한다는 것이다. 〈통합사회〉도 〈통합과학〉과 마찬가지로 인문계뿐 아니라 예체능과 이공계 진로 학생도 필수적으로 이수하는 고1 공통과정이다, 정치, 경제, 지리, 사회문화, 세계사, 윤리 등의 과목은 모두 고2~3학년 과정에서 배우는 일반 선택 또는 진로 선택과목인데, 이들 과목은 모두 수능에서 배제된다. 결국 개편안은 고등학교 1학년 때 배우는 기초 수준의 교과인 〈통합사회〉와 〈통합과학〉만을 수능 응시과목으로 하겠다는 것이다.

이와 같은 수능 개편안은 첫째, 수능의 취지와 목적에 부합하지 않는다. 수능은 '대학수학능력'을 평가하는 시험인데, 고1 수준의 교과 지식 수준으로 '대학수학능력'을 평가할 수는 없을 것이기 때문이다. 만일 고1 수준의 지식으로 대학수학능력을 평가할 수 있다면, 인문계대학 진학계열 고등학교의 고2, 고3 교육과정이 왜 필요한가? 혹시 교육부는 고1 수준의 교과 지식 정도를 갖추면 대학에서 공부하는데 필요한 능력을 충분히 갖추었다고 말할 수 있다고 주장하는 것일까?

둘째, 고등학교 사회탐구와 과학탐구 과목 수업을 파행으로 이끌 것이다. 개편안에 따르면 고2~3학년 과정에서 수업하는 사회탐구와 과학탐구의 선택과목은 수능에서 완전히 배제되었다. 이렇게 되면 학교 현장에서 고2~3학년의 사회탐구와 과학탐구 수업은 어떻게 진행될까? 현실적으로 이 수업들은 학생들에게 의미 없는 형식적인 수업으로 전락할 가능성이 높다. 그리고 그 수업 시간은 국어와 수학 수능 준비를 위한 시간으로 활용될 가능성까지 열릴 것이다. 교육부에서는 고2~3학년 내신성적은 반영되기 때문에 사회탐구와 과학탐구의 선택과목 수업도 학생들이 소홀히 하지 않을 것이라고 주장하고 싶을지도 모른다. 만일 내신성적의 변별력이 충분하고 대입에서 실질적인 중요성이 크다면 그럴 수 있을지도 모른다. 그러나 앞으로 더 살펴보겠지만, 이번 개편안은 내신성적의 영향력과 변별력을 최소화시켜 놓았다.

셋째, 국어와 수학, 영어의 수능 응시과목과 형평성에도 맞지 않는 기형적인 시험 구조다. 개편안에 따르면 국어, 수학, 영어는 모두 고1 수준의 공통과목이 아니라 '고2~3학년 일반 선택과목'이 수능 과목이다. 반면에 사회탐구와 과학탐구 과목은 고2~3학년 과정은 배제하고 고1 수준으로만 수능에 응시하도록 하고 있기 때문이다.

결과적으로 2028학년도 수능 개편안에 의해 수능은 사실상 '국어와 수학 수능시험 체제'로 바뀌었다고 할 수 있다. 영어는 이미 2018학년도에 절대평가로 전환된 이후에 수능성적의 변별 도구로서의 의미를 상실했다. 그런데 여기에 더해서 사회탐구와 과학탐구는 고1 수준의 내용으로만 시험으로 보기 때문에 역시 수능성적의 변별 도구로서의 의미를 갖기 어려워졌다. 따라서 개편안에 따르면, 2028학년도 이후의 수능은 사실상 '국어와 수학 수능'이 되어 버린 것이다.

이처럼 수능이 개편되면 어떤 결과가 생길까. 대입에서 수능성적의 영향력과 변별력은 훨씬 약화될 것이다. 달랑 국어와 수학 성적만 의미 있는 변별이 되는 시험이라고 한다면, '대학수학능력평가'라는 취지에 턱없이 모자랄 뿐 아니라 수많은 동점자도 양산될 것이기 때문이다. 결국 이명박 정부 때 만점자 1% 정책을 추진했던 이주호 장관은 〈2028 대입 개편안〉을 통해 새로운 방식으로 수능 무력화를 추진하고 있는 것이다.

>>> 내신 5등급 상대평가 전환과 절대평가 도입의 의미

〈2028 대입 개편안〉에 따르면 고교 내신성적은 고1~3까지 모든 학년에 절대평가를 도입한다. 그리고 상대평가를 병기하되, 상대평가 9등급제는 5등급제로 바뀐다. 우선 상대평가를 9등급제에서 5등급제로 바꿈으로써 내신성적 1등급 비율이 크게 늘어난다. 9등급제에서 1등급은 상위 4%였지만, 이제 상위 10%까지 1등급을 받기 때문에 2.5배 확대된 것이다. 2등급도 이전에는 누적 상위 11%까지였는데, 개편안에 따라 누적 상위 34%까지 확대되어서 2등급까지의 비율도 3배 이상 늘어난다. 한 학교의 1/3 이상의 학생이 상대평가 내신성적을 2등급 이상 받게 되는 것이다.

이렇게 되면 필연적으로 내신성적의 동점자가 많아지는데, 동점자가 많다는 뜻은 변별력이 없다는 뜻이다. 즉 내신성적 상대평가를 유지한다고 하더라도 5등급으로 듬성듬성 평가하면 대입 선발을 위한 자료로서의 의미는 없어진다.

한편, 이번 개편안은 고1~3까지 모든 학년의 내신성적을 절대평가로도 산출해서 상대평가 5등급과 동시에 표기하도록 하게 했다. 절대평가는 90점 이상이면 A, 80점 이상은 B… 이런 방식으로 5단계로 성적을 표기한다.

이렇게 절대평가로 성적을 산출하면 대부분의 학교에서는 시험 문제를 쉽게 출제할 것이고, 따라서 A학점을 받는 학생이 대단히 많아질 것이다. 만일 어떤 교사가 문제를 어렵게 내서 90점 이상 성적을 얻은 학생이 적어진다면, 학부모로부터 "학생의 앞날을 가로막느냐"는 비난에 직면할 것이기 때문이다. 이것이 내신성적을 대입의 선발자료로 쓰면서 절대평가를 할 때 필연적으로 '내신 부풀리기'가 나타나는 이유다. 결국 내신성적 절대평가를 도입하고 듬성듬성한 5등급 상대평가 방식으로 전환한 첫 번째 이유는 대입에서 객관적인 내신성적의 영향력과 변별력을 약화시키는 데 있다.

우리나라에서는 내신성적 절대평가 문제를 둘러싸고 오랫동안 논란이 있었다. 절대평가 도입을 주장하는 사람들은 주로 상대평가의 폐해를 지적해 왔다. 상대평가는 친구들 간에 배타적인 경쟁심을 조장하여 협동학습을 저해한다는 것이 가장 큰 이유였다. 또 다른 이유는 과목 선택권의 왜곡과 관련되어 있다. 상대평가를 실시하면 학생이 적성이나 진로를 고려해서 과목을 선택하기보다는 성적을 받기 좋은 과목을 선택하는 경향을 초래한다는 것이다. 또한 상위 4%만 1등급이 나오는 9등급 상대평가에서는 수강생이 적은 과목의 경우 1등급이 한 명도 나오지 않을 수 있다는 점도 지적되었다. 최근에는 인구 감소 추세와 관련해서 규모가 작은 학교에서는 1등급이 거의 나오지 않거나 매우 적어진다는 점도 강조한다.

그러나 내신성적 산출을 상대평가로 할 것인가, 절대평가로 할 것인가의 논란의 핵심은 다른 곳에 있다. 그것은 내신성적을 대학입학전형의 중요한 자료로 사용할 것인가 말 것인가의 문제다. 만일 내신성적을 대입 선발을 위한 자료로 사용하지 않는다면, 절대평가로 산출하든 상대평가로 산출하든 전혀 논란이 될 이유가 없다. 심지어는 과정평가를 하든, 교사별로 평가하든 그것도 전혀 문제가 되지 않는다. 문제는 절대평가로 성적을 산출하면서 대입 전형자료, 즉 다른 학생과 우열을 가리는 비교자료로 사용하려고 할 때 발생한다.

'갑' 학교의 K 선생님이 절대평가 방식으로 어떤 학생에게 A 학점을 주고, '을' 학교의 L 선생님도 절대평가를 통해서 어떤 학생에게 A 학점을 주었다고 했을 때, 이 두 학생의 A 학점이 '동일한 학력 수준'을 의미한다고 말할 수 없다는 게 문제가 되는 것이다. 더구나 우리나라의 여건에서 '갑' 학교에서는 A 학점을 받은 학생이 15%가 되고, '을' 학교에서는 8%밖에 되지 않는다면 더더욱 서로 다른 학교에서 부여한 A 학점을 동등하게 비교하는 것은 공정하지도 않고 합리적이지도 못한 일이 될 것이다.

이와 관련하여 핀란드의 사례는 우리에게 시사하는 점이 많다. 핀란드에서는 내신성적을 절대평가로 산출한다. 그리고 과정평가도 적용되고, 교사별로 평가한다. 그런데 전혀 논란이 생기지 않는다. 이유는 간단하다. 핀란드에서는 대입 선발 경쟁에서 내신성적을 반영하지 않기 때문이다.(핀란드의 대입 경쟁률은 우리나라보다 더 높다.) 애당초 핀란드에서 내신성적 평가의 목적은 대입 선발 경쟁에 필요한 자료를 산출하는 것이 아니라 학업을 장려하고, 학생의 자기 평가의 전제 조건을 개발해서 학생의 학습을 촉진하는 것에 있다. 즉 핀란드에서 내신성적 산출은 고등학교 교육과정을 충실하게 수행하기 위한 도구로서의 의미만 있는 것이다.[5]

>> 입시에 내신을 반영해야 하는 이유와 고교 서열화

그런데 한국은 어떤가? 우리나라는 내신성적을 대입의 중요한 자료로 반영해야 할 필요가 있을까? 우리나라에서는 1980년대 학력고사 체제가 등장한 이후 40년 이상 내신성적을 대입에 반영해왔고, 또 그럴 필요가 있다는 사회적 공감이 형성되어 있다. 내신성적을 반영함으로써 학생들이 학교에서의 수업과 생활의 충실도를 높이는 데 도움이 되고, 이는 고교 운영의 정상화에 기여한다고 보기 때문이다.

또 다른 이유는 지역균형과 관련되어 있다. 지역불균형이 심하고 교육자원도 서울과 수도권 및 대도시에 집중되어 있는 조건에서 전국적인 수능성적 분포만을 따지면 지방의 일반고 학생들의 경쟁력은 취약하다. 따라서 전국적인 시험성적만으로 학생을 선발한다면 지역불균형이 더 심각해지는 결과를 가져올 것이다. 반면에 내신성적을 일정하게 반영하는 것은 지방에 있는 일반고 학생에게 기회를 준다는 점에서 지역균형에 기여한다. 전국 어디에나 내신성적이 탁월하게 우수한 학생은 있고, 이 학생들에게 명문대학에 진학할 수 있는 기회를 부여할 수 있기 때문이다. (당연히 지방 일반고뿐만 아니라 모든 일반고에 기회가 넓어진다.)

이런 취지를 살리기 위해서 내신성적을 대입에 반영하는 것이 타당하다고 판단한다면 앞서 말한 이유로 절대평가로 성적을 산출해서는 안 된다. 또한 듬성듬성한 상대평가를 통해 변별력 없는 내신성적을 산출해서도 안 된다.

그런데 내신성적을 상대평가로 산출한다고 해서 '갑' 학교의 1등급 학생의 학업능력과 '을' 학교의 1등급 학생의 학업능력이 동등하다고 말할 수 있을까? 학교 간에 학력 격차가 큰 상황에서 '갑' 학교의 전교 1등 학생이 '을' 학교에 간다면 전교 50등도 안 될 수도 있는 것이 현실 아닌가?

당연히 서로 다른 학교의 두 학생의 학력 수준은 동등하지 않을 수 있다. 그러나 내신성적 상대평가 점수는 학력 수준을 비교하는 것 자체에 의미가 있지 않다. 그보다는 학생이 어느 정도 충실하게 학교생활을 했으며, 함께 공부한 친구들과 비교할 때 어떤 위치에 있느냐를 평가하는 것이기 때문이다. 즉 상대평가로 산출된 내신성적은 '기본적인 학업능력'을 갖춘 정도와 '학교생활의 충실도' 그리고 그와 관련하여 '함께 공부한 학생들과 비교한 상대적 위치'를 보여준다.

따라서 '갑' 학교의 1등급 학생과 '을' 학교의 1등급 학생의 학력 차이는 있을 수 있지만, 두 학생 모두 해당 학교에서 1등급의 위치에 있다는 점에서는 동등한 성적을 거둔 것으로 인정할 수 있는 것이다. 물론 여전히 학교 간의 학력 격차 문제는 남는다. 이런 이유로 내신성적이 모든 대학의 전체 정원을 선발하는 데 결정적인 요소로 작용하는 대입제도를 만든다면 이것은 또 다른 공정성 논란을 낳을 수밖에 없고 사회적 합의를 형성할 수도 없을 것이다.

그러나 주요 대학을 포함해서 모든 대학이 전체 모집인원의 일정 비율을 의무적으로 내신성적을 우선으로 선발하는 제도라면 고교 운영의 정상화에 기여하고, 지역균형을 도모하는 의의에 비추어 볼 때 충분히 사회적 가치도 있고, 사회적 합의도 형성할 수 있을 것이다.

이미 우리나라에서 학생부 교과 중심 전형^{내신성적 중심}의 모집비율은 전국 평균 44%가 넘는다. 다만 현재의 내신성적 중심 전형은 두 가지 문제가 있는데, 첫째는 주요 대학의 경우 그 모집비율이 대단히 낮거나 아예 모집인원이 없다는 것이고, 두 번째는 이들 소위 주요 대학은 내신성적 중심 전형을 시행할 때조차 다른 서류나 면접 등으로 혼합해서 시행하여 결국 내신성적이 최우선 자료가 되지 못하게 하고 있다는 점이다.

요컨대 우리나라에서 내신성적 산출과 관련된 문제를 해결하기 위한 출발점은 고등학교에서 학생을 평가하는 목적이 무엇이냐를 명확히 하는 것이다. 그런데 이번 개편안은 내신성적을 대입 전형

자료로 사용하는 것을 전제로 하면서도 듬성듬성한 상대평가와 변별력 없는 절대평가 5단계 방안을 내놓았다. 그 목적은 표면적으로 내신성적을 대입 전형자료로 사용하되, 실질적으로는 영향력이나 변별력은 의미 없는 것으로 만드는 것에 있다.

이번 개편안이 이렇게 내신성적의 영향력과 변별력을 약화시키는 것의 두 번째 의도는 고교 서열 체제를 유지·강화하는 것이다. 이미 윤석열 정부와 이주호 장관은 외고와 국제고 및 자사고를 존치하는 것으로 결정해서 기존의 고교 서열 체제를 유지하겠다는 방침을 확정했다. 그런데 내신성적의 절대평가 전환과 듬성듬성한 5등급 상대평가는 내신성적의 영향력을 약화하여 고교 서열 체제를 유지하는 중요한 수단이 된다.

고교 서열 체제는 자사고와 특목고 등 '일반고와 수준이 다른 명문고'가 존재하는 것을 의미하는데, 이러한 명문고가 유지되려면 우수한 학생이 명문고에 진학하는 것이 필수적이다. '우수하지 않은 학생'들이 진학하는 명문고는 존재할 수 없기 때문이다. 그런데 우수한 학생이 명문고에 진학하도록 유도하기 위해서는 명문고 진학이 명문대 진학에 유리하다는 것을 보여주어야 한다. 이때 우선 해결해야 하는 것이 내신 9등급 상대평가 문제였다.

기존의 방식대로 내신 상대평가를 9등급으로 유지하면 우수한 학생이 많이 모인 명문고에서는 좋은 내신성적을 얻기 어렵고, 이것은 명문고로 진학하는 수요를 가로막는 장애물이 된다. 한 걸음 더 나아가서 만일 9등급 상대평가로 성적을 산출하면서 대입에서 내신 반영 비율까지 높아진다면 특목고와 자사고는 오히려 '기피 대상'이 될 것이다.

따라서 명문고 체제를 유지하고 강화하기 위해서는 내신성적의 영향력을 약화시키는 것이 절대적으로 필요하다. 여기에 더해서 명문고를 나왔다는 이유만으로 명문대에 쉽게 입학할 수 있는 제도까지 있다면 금상첨화다. 이명박 정부 때 고교 다양화 300프로젝트를 통해서 고교 서열 체제를 만들어 낸 이주호 장관이 그 당시에도 이미 내신성적 절대평가를 추진하고 입학사정관제를 확대했던 것은 우연이 아니다. 결국 이 개편안의 내신성적 전환 방식은 고교 서열 체제를 유지하고, 강화하는 데 기여할 것이다.

종합하면 2028 대입 개편안은 수능의 영향력과 변별력 약화 그리고 내신성적의 변별력 약화를 목표로 하고 있다. 그리고 이것의 결론은 "대입에서 수능이나 내신성적으로 선발하지 말라"는 것이다.

≫ 2028 대입 개편안의 목표 — 대입 대학 자율화

이주호 장관은 이명박 정부 5년의 교육정책을 주도했다. 그 당시의 대입정책은 영역별 만점자가 1% 나오도록 쉬운 수능 출제, 고교 다양화 300으로 고교 서열 체제 강화, 고교 내신 절대평가 도입,

입학사정관제 확대로 요약된다. 그리고 이러한 방향을 종합한 것이 대입의 3단계 대학 자율화 정책이었다. 지금 이주호 장관이 주도하는 대입정책의 방향과 목표도 결국 대입 대학 자율화다.

수능성적도 참고하고, 내신성적도 참고하고, 교사가 써 주는 주관적 서술기록도 참고하고, 면접도 참고하고, 필요하면 구술면접이나 논술시험도 참고해서 대학이 독자적인 기준과 방법으로 학생을 종합적으로 평가해서, 다양한 전형 방법으로 자율적으로 학생을 선발하도록 하는 것이다.

그리고 대학 자율로 학생을 선발하는 핵심은 정성적 자료를 포함한 여러 가지 자료를 가지고 대학이 정성평가를 통해 뽑는 것이다. 그래서 대입 대학 자율화의 결론은 학생부 종합전형이고, 입학사정관제의 변형된 부활이다. 그리고 대입 대학 자율화를 위한 정지 작업이 수능과 내신성적의 영향력과 변별력 최소화이다. 그래야 대학이 객관적인 성적에 구애받지 않고 대학의 입맛대로 학생을 선발하는 것이 가능하기 때문이다.

그런데 이렇게 대입 대학 자율화가 제도화되면 더 이상 조○ 씨 사태 같은 상황은 발생하지 않을 것이다. 조○ 씨와 같은 방식으로 10년간 대학에 입학한 학생이 서울대, 고려대, 연세대 3개 대학만 따져도 4만 명이 넘는다. 그리고 지금도 매년 약 4천 명이 이런 방식으로 서울대, 고려대, 연세대에 입학하고 있다.^{어학, 과학, 수학 특기} ^{자 전형과 학생부 종합전형} 이렇게 합격한 학생 중에 과장과 거짓 그리고 부모의 네트워크를 활용한 케이스가 과연 조○ 씨 한 명뿐이었을까? 그러나 앞으로는 이런 사안에 대해 불공정하다거나 입시 부정이라는 문제제기도 하기 어렵게 될 것이다.

마찬가지로 박순애 전 교육부장관이나 이동관 방송통신위원장 자녀의 학생부 문제에 대한 의혹과 같은 사안도 더 이상 문제되지 않을 것이다. 대학이 어떤 내용을 반영했는지, 얼마나 반영했는지를 공개할 이유도 없고 외부에서는 알 수도 없을 뿐만 아니라, 학생 선발은 대학 자율이기 때문이다.

결국 우리나라 현실에서 대입 대학 자율화는 수험생과 학부모의 입장에서 '깜깜이 대학입시의 전면화'를 의미하며, 이것은 '불공정과 부정을 제도적으로 보장하는 것'으로 귀착될 것이다.

≫ 시험성적 혐오론자들이 주도한 25년간의 대입 실험

1998년 이해찬 전 장관이 시험성적 위주의 대입제도 개혁과 무시험 전형을 천명하고 "한 가지만 잘해도 대학 간다"는 슬로건이 대입정책의 방향처럼 인식된 이후, 지난 25년간 우리나라에서는 객관적인 시험성적으로 학생을 선발하는 것에 혐오감을 가진 사람들이 교육정책을 주도해 왔다. 그리고 이들은 수능성적의 영향력과 변별력 약화, 다양한 무시험 전형 실험과 확대, 이를 위한 정시 축소와 수시 확대 정책을 지속적으로 펼쳐왔다.

이들이 볼 때, 시험성적으로 학생을 선발하는 것은 '창의성을 저해'하고 '인성'을 반영할 수도 없으며, '미래 역량'을 키울 수도 없고, 따라서 미래 인재를 양성할 수 없다는 것이다. 나아가 시험성적 중심 입시는 '학습 부담과 사교육비도 증가'시키며, '공교육의 정상화를 훼손'한다는 것이 이들이 논리였다.

이런 시험성적 혐오론자는 보수와 진보를 가리지 않고 각 진영에 다수 포진해 있다. 그리고 실제로 진보 정부와 보수 정부 모두 일관되게 이들이 주도하는 방향에서 대입정책을 펼쳐왔다. 다음의 표는 김대중 정부 이래 역대 정부의 수능정책과 강조한 대입 전형, 그리고 그에 따른 정시 축소 과정을 요약한 것이다.

역대 정부별 수능정책과 추진한 대입 전형 (단위 : %)

정부	수능정책	강조한 대입 전형	정시	수시
김대중 정부	쉬운 수능	무시험 전형, 추천제, 특별전형	71.2	28.8
노무현 정부	수능 등급제	특기자 전형, 내신 반영 확대	46.9	53.1
이명박 정부	영역별 만점자 1%	입학사정관제	37.9	62.1
박근혜 정부	영어, 한국사 절대평가	학생부 종합전형	30.1	69.9
문재인 정부	전면적 절대평가 추진 좌절, 정시 40% 권고	학생부 종합전형, 공정성 강화	24.5	75.5
윤석열 정부	탐구 과목 고1 수준 출제	대입 대학 자율화	-	-

이번 개편안 역시 이러한 시험성적 혐오론자의 주장을 등에 업고 있다. 그러나 이들이 주도한 대입정책의 성과에 대해 진지한 질문도, 근거 있는 대답도 제시된 적이 없다.

그러나 객관적 성적 중심 선발 약화와 무시험 전형 확대 정책을 올바르게 평가하고 향후 우리나라 대입제도가 정상으로 돌아오도록 하기 위해 이제는 다음과 같은 질문을 던져야 한다.

시험성적이 아니라 학생이 제출한 서류와 면접으로 대입 선발을 확대해 온 지난 25년간 우리나라 고등학교 현장은 교육적으로 훌륭하게 변화했나? 창의력이 뛰어나고 인성이 좋은 학생을 양성해 왔나? 미래 역량이 길러지고, 미래 인재가 대학에 입학해 왔나? 수험생의 학습 부담은 경감되었나? 사교육비는 줄어들었나? 공교육은 정상화되었나?

이 질문들에 "그렇다"고 대답할 수 없다면, 낭만적 발상으로 대한민국 교육을 황폐화하고, 대학입시를 끊임없는 불공정과 부정의 시비에 휘말리게 해 온 무책임한 시도가 더 이상 계속되어서는 안 된다. 낭만적 발상에 의한 교육정책은 낭만에 그치는 것이 아니라 대한민국 교육 전체에 참담한 결과를 가져오기 때문이다. 이번 개편안의 뒤에 있는 의도, 곧 대입 대학 자율화는 결과적으로 고등학교 수준에서부터 서열화를 고착화하고, 대입에서의 불의와 불공정을 제도화하는 것으로 귀결될 것이다.

제7장

수시모집의 등장
― 성적 중심 선발에서
벗어나자

>> 5·31 교육개혁안과 수시모집의 탄생

　전통적으로 대입은 고등학교 3학년 2학기가 끝나갈 무렵 수능시험을 치루고, 수능성적을 중심으로 내신이나 논술, 면접 등을 반영해서 학생을 선발해 왔다. 이것이 바로 정시모집이다. 반면에 수시모집은 수능시험을 보기 전에 수능이 아닌 다른 전형자료를 사용해서 학생을 선발하는 것을 말한다. 수시모집에서는 수능성적을 사용하는 경우에도 최저학력 기준 정도로만 적용한다.

　정시모집에서는 주로 수능성적을 중심으로 선발하고, 수시모집에서는 학생부 내신성적 또는 학생부 종합전형, 논술 전형, 어학, 수학, 과학 특기자를 포함한 특기자 전형 등의 방식으로 선발한다. 이런 수시모집은 언제, 왜 생겼을까. 그리고 한때 이상적으로 받아들였던 이 제도가 만들어 낸 문제는 무엇일까.

수시모집은 1995년 김영삼 정부의 〈5·31 교육개혁안〉에 의해서 도입됐고, 1997학년도 대입에서 최초로 시행되었다. 〈5·31 교육개혁안〉은 "원칙적으로 모든 대학은 정원 및 학사 운영의 자율화와 연계하여 학생을 연중 어느 때나 모집할 수 있다."[1]고 규정했다.

당시 김영삼 정부가 수시모집을 도입한 이유는 시험성적 중심의 대학입시에서 벗어나기 위해서였다. 5·31 개혁안은 암기 위주의 입시교육이 우리나라 교육의 가장 큰 병폐라고 보았다. 그리고 이를 해결하기 위해서는 대학입시제도가 '성적 중심에서 벗어나 학생들의 다양한 특성을 반영해서 선발'할 필요가 있다고 보았다.

그런데 시험성적이 아닌 다양한 특성을 반영한 선발을 하기 위해서는 그러한 특성을 보여주는 자료가 필요하다. 이를 위해 도입된 것이 종합생활기록부다.* 또한 다양한 전형을 개발하기 위해서 김영삼 정부는 특별전형을 확대하고, 대학의 학생 선발권 보장을 강조했다.

5·31 개혁안이 최초로 도입한 종합생활기록부는 말 그대로 학생의 활동 전반을 모두 기록하도록 했다. 교과목 내신성적뿐 아니라 교과별 세부능력 및 특기사항, 출결, 특별활동, 단체활동, 봉사

---

* 약칭인 '종생부'의 어감이 좋지 않다는 이유로 1997년부터 학생생활기록부라는 명칭을 사용하고 있다.

활동, 자격증 획득, 각종 대회 참가 및 입상 실적, 성격 및 품성 등을 상세히 기록하도록 했다.[2]

종합생활기록부^{학생부}만으로도 학생을 선발할 수 있도록 하는 제도도 이때부터 시작되었는데 반영 비율과 방법은 대학이 자율적으로 정하고, 다양한 비교과활동도 반영할 수 있도록 했다.[3] 이러한 방침은 당시에는 대학에서 크게 활용하지 않았으나, 향후 입학사정관제와 학생부 종합전형을 가능하게 하는 토대가 되었다.

또한 5·31 교육개혁안은 대학이 자율적으로 독자적인 학생 선발기준과 방식을 정하여 선발하도록 함으로써 대학에 학생 선발과 관련된 자율권을 부여했다. 사실 개혁안 이전에도 대학입시에서 대학의 자율성은 일정하게 인정되어 왔다. 예를 들면, 대학의 특성이나 학과별 특성을 고려해서 대학별 고사^{논술고사나 본고사}나 면접 등을 시행하고 전형자료로 활용하도록 한 것 등이 그러하다.

그러나 5·31 개혁안은 여기에서 한 걸음 더 나아가 대학이 "독자적인 학생 선발기준과 방식을 정하여 선발할 수 있다"고 명시했다.[4] 이러한 독자적 선발기준에 의한 학생 선발의 자율성에 대한 강조는 대학별로 학교장 추천자, 취업자, 특기자 전형 등 다양한 특별전형을 도입할 수 있는 근거가 되었다.

수시모집과 관련하여 5·31 개혁안이 강조한 또 한 가지 정책이 특별전형 확대다. 대입 전형은 일반전형과 특별전형으로 구분된다. 일반전형은 "일반 학생 대상으로 보편적 교육목적에 따른 전형"이고, 특별전형은 "농어촌학생, 취업자 및 대학의 독자적인 기준에 의한 학생의 특별한 소질이나 경력을 기준으로 하는 전형"을 말한다.[5]

5·31 개혁안 이전에도 특별전형이 있었지만, 주로 예체능 특기자 선발과 산업체 근무자를 위한 전형에 국한되어 있었다. 그러나 5·31 개혁안 이후 특별전형은 그 종류가 다양해지고 모집인원도 확대되면서 수시모집의 중요한 방식의 하나로 자리 잡았다.

우선 특기자전형이 전통적인 예체능 특기자에서 문학, 어학, 수학, 과학 특기자로 확대되었다. 또한 외교관 자녀와 특수교육 대상자_{장애인}, 농어촌학생 특별전형이 도입되었다. 이어서 재외국민과 외국인, 소년·소녀가장, 생계 곤란한 독립유공자 손자녀 등으로 확대되었다.

특히 '대학 독자적 기준에 의한 특별전형 도입'은 특별전형의 확대에 중요한 역할을 했는데, 추천자 전형이나 내신 우수자 전형, 어학 우수자 전형, 만학도 전형 등이 여기에 속한다.[6] 서울대를 포함한 최상위권 대학은 올림피아드 등 국제대회 참가자나 입상자, 주요 경시대회 입상자를 자격조건으로 부여하거나, 내신성적 최상위권 학생을 선발하는 방식으로 이러한 특별전형을 활용했다.

수시모집의 목표는 내신성적이나 수능성적과 같이 "객관적인 성적 지표"를 벗어나서 "성적 이외의 다양한 요소를 통해 학생을 선발"하는 방식으로 대입 전형의 다양화를 추구하는 것이었다. 그

1997~2001학년도 수시모집 비율(%)

구분	1997	1998	1999	2000	2001
수시모집 비율	1.5	1.5	2.3	3.6	4.9

리고 종합생활기록부의 도입과 대학의 선발 자율성 보장, 특별전형의 확대, 특히 대학 독자적 기준에 의한 전형 도입은 수시모집제도의 실행을 뒷받침했다. 하지만 정작 5·31 개혁안이 적용된 97학년도부터 2001학년도까지 수시모집 비율이나 대학의 학생 선발권을 활용한 전형방식의 다양화는 아주 미미한 수준에 머물렀다.[7]

수시모집 첫해인 97학년도에 수시모집으로 선발한 인원은 전체 모집인원의 1.5%에 불과했고, 이후 매년 그 비율이 조금씩 증가했지만 2001학년도에도 4.9%에 수준에 머물렀다. 수시모집이 본격적으로 확대되기 시작한 것은 김대중 정부의 이해찬 장관이 '특기·재능·특별활동' 등으로 선발하는 '무시험 전형 대폭 확대'를 천명하고 그에 입각한 입시가 적용된 2002학년도부터다.

>>> 한 가지만 잘해도 대학에 갈 수 있다?

수시모집 규모는 2002학년도 입시부터 급증했다. 김대중 정부의 이해찬 교육부장관이 주도해서 1998년 발표한 〈2002학년도 대입제도 개선안〉이 그 기폭제였다. 개선안이 추구한 대입 개혁 방향은 크게 세 가지로 요약된다.

> 첫째, 시험성적 위주의 대입제도 개혁, 즉 입시 없는 무시험 전형 확립.
> 둘째, 시험성적으로 '한 줄 세우기'에서 벗어나 다양한 특기와 재능을 반영하는 '여러 줄 세우기'로 대입 전형 다양화.
> 셋째, 대학의 학생 선발 자율권 최대한 보장.[8]

2002 개선안도 '5.31 교육개혁안'과 마찬가지로 우리나라 교육 개혁의 핵심은 초중등교육이 입시교육에서 벗어나는 데 있다고 인식했다. '입시'란 '입학자를 선발하기 위한 시험'을 말하는데, 이러한 입시 위주의 교육이 단편적인 지식을 수동적으로 암기하는 교육을 만들어 왔다는 것이다. 또한, 이런 교육으로는 자기 주도적인 학습 능력도 키울 수 없고 창의적 사고력 형성이나 지덕체의 조화로운 인격체로의 성장을 도모할 수 없다는 것이다.[9] 그런데 바로 그런 입시 위주의 교육을 만들어 내는 주범이 시험성적 위주의 대입제도이므로 이를 개혁하기 위해서는 무시험 전형, 즉 입시 없는 대입제도의 정립이 필요하다는 것이다.

무시험 전형이란 "지필고사 위주의 시험을 실시하지 않고, 시험 또는 교과 점수의 비중을 현격히 줄여 다양한 전형자료를 중시"하는 제도를 말한다. 여기에는 추천제 전형, 특기자 선발, 조기 선발, 그 외의 다양한 특별전형이 포괄된다.[10] 그러니까 2002 개선안은

'대입을 위한 입학시험을 보지 않거나, 입학시험 성적의 중요성'을 낮추고, 성적 이외의 자료를 활용해서 다양한 방식으로 학생을 선발하는 방식으로 대입제도의 변화를 추구한 것이다.

한편, 무시험 전형을 활성화하기 위해서는 여러 가지 '비非성적 자료'를 중심으로 한 다양한 대입 전형의 개발과 적용이 필수적이다. 2002 개선안은 이렇게 다양한 전형 방법을 도입하는 가장 효과적인 방법은 대학별로 독자적인 전형 방법을 개발하도록 하는 것이라고 보았고, 이를 위해서 대학에 학생 선발의 기준과 방법에 관한 자율권을 강조한 것이다.

교육부의 이러한 방침에 따라 대학들은 수능성적 없이 진학할 수 있는 다양한 종류의 특별전형을 경쟁적으로 만들어 내기 시작했다. 그리고 이러한 경향은 언론과 일선 고교에 "시험 안 보고도 대학 간다", "한 가지만 잘하면 대학 간다"는 인식을 확산시켰다.

또한, 2002학년도 개선안은 추천자의 종류를 다양화하고 대학에 추천자 전형 모집 확대를 권장했다.* 우선 이전에는 학교장 추천으로 제한했던 것에서 "담임교사, 교과교사, 종교지도자, 교육감, 자치단체 및 산업체 대표" 등 다양한 추천자 전형이 가능하도록 했다.[11] 여기에 더해 대학들은 대학의 독자적 기준에 의한 추천

---

* 추천제 전형은 본래 5·31 교육개혁안에서 제시된 기획 중의 하나였다. 이에 따라 1998학년도부터 대입 전형 다양화의 일환으로 학교장 추천제가 대입 전형 기본계획으로 고시되었다.

자를 이보다 더 다양하게 확대했다.*12

이에 따라 추천제 입학 인원은 2002학년도에는 34,670명 전체 모집 인원의 9.3%으로 치솟았고, 2005학년도에는 그 비율이 10.4%까지 확대되었다. 그러나 이런 식의 무분별한 추천제 전형은 주요 대학이 해당 전형을 폐지하면서 2006학년도부터 모집인원과 비율이 감소하기 시작한다.

학교장 추천 전형을 선도적으로 시작한 서울대는 1998학년도부터 4년간 추천제를 실험해서 2001학년도에는 970명 모집정원의 20.9%을 학교장 추천으로 선발했다. 그러나 정작 2002 개선안이 적용된 2002학년도부터는 학교장 추천제를 폐지했다.** 고려대와 연세대의 경우 2007학년도 이후에는 추천제 전형을 실시하지 않았으며 그 외 주요 대학도 2008학년도부터 추천제를 폐지하기 시작했다.

결국 추천제 전형 모집인원은 지속적으로 감소해서 2011학년도에는 전체 모집인원 대비 2.4%로 줄었고, 16학년도에는 1.2%로 사실상 의미 없는 수준에 이르렀다. 적어도 무시험 전형을 추구하고 그 중요한 방식으로 확대된 추천제 전형은 요란한 실험 소문만 남기고 사라져 간 것이다.***

* 대학별 독자적 기준에 의한 추천에는 동문, 선배, 벤처기업 경영자, 관광사업체의 장, 대안학교장 추천 등도 있다.
** 이후 서울대는 학생부 성적 우수자와 수학, 과학, 어학 특기자를 중심으로 하는 특기자 전형으로 바꾸었고, 2005학년도 이후 학생부 성적 우수자 전형을 교장 추천에 따른 지역균형 전형과 특기자 전형으로 개편했다.

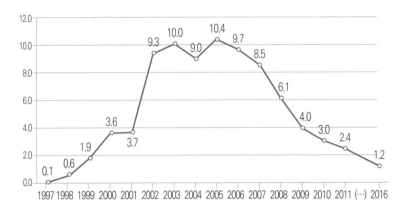

1997~2016학년도 전체 모집인원 대비 추천제 전형 모집인원 비율

한편, 김대중 정부가 수시모집 비율을 확장한 가장 중요한 수단은 김영삼 정부에서 이미 기반이 마련된 특별전형을 더욱 확대하는 것이었다. 특히 2002 개선안은 "일반전형보다 특별전형이 더 중요하다"는 인식을 가지고 있었다. 일반전형이 "한 가지 척도와 기준에 의해 학생을 석차화하여 선발함으로써 다양한 학생들의 소질과 잠재력을 경시"한 반면, 특별전형은 "여러 줄로 나누기에 적합할 뿐 아니라 21세기 지식기반사회가 요구하는 학생 선발 방법에 가장 적합한 형태"라고 본 것이다.[13]

*** 한편, 2015학년도에 학생부 종합전형이 시작되고 확대되면서 추천제는 학교장 추천 또는 고교 추천 방식으로 재정립되기 시작했다. 그러나 학생부 종합전형의 일환으로 다시 등장한 추천제는 과거와 같은 무분별한 추천제가 아니라, 추천이 중심이라기보다는 대부분의 경우 학교별로 추천받은 내신성적 우수자에 대해 서류와 면접을 포함한 종합평가를 통해 선발하는 방식으로 활용된다.

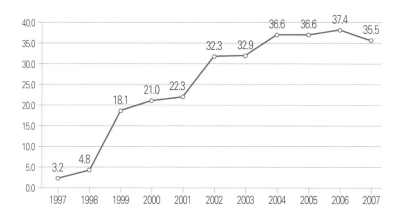

대학입시에서 특별전형이 차지하는 비중의 변화 (단위: %)

교육부가 특별전형 확대를 강력하게 추진하면서 대학들은 다양한 형태의 특별전형을 쏟아냈다. 예를 들면, 경시대회나 국제대회 수상경력, 수학·과학·어학 특기자, 체육 특기자와 같이 비교적 잘 알려진 전형뿐만 아니라, 로봇, 만화, 바둑, 발명, 서예, 조리, 한문 등 다양한 종류의 특기자 전형이 등장했다. 또한, 대학 독자적 기준에 따른 특별전형에는 가업 계승자, 개근자, 남학생, 만학도, 전업주부, 복수학위 희망자, 선행 또는 효행자 전형도 등장했고, 심지어는 "미인대회 입상자" 특별전형이 보도되기도 했다.[14]

수능성적이 거의 영향을 주지 않는 수십 가지에 이르는 다양한 특별전형이 만들어지면서 특별전형에 의한 선발인원과 비중도 커졌는데 1997학년도에 전체 모집인원의 4.5%였던 모집비율은 2006학년도에 37.4%까지 높아졌다.

이처럼 추천제 전형과 다양한 특별전형 등 무시험 전형이 확대되면서 수시모집이 차지하는 비중이 급격히 높아지기 시작했다. 2002 개선안이 적용되기 이전인 2001학년도에 전체 모집인원의 4.5% 수준이던 수시모집 비중은 2006학년도에 48.3%로 높아졌다.

≫ 정시모집보다 커진 수시모집

김대중 정부에 이어 노무현 정부도 특별전형 확대를 통한 수시모집 팽창에 가세했다. 특히 노무현 정부는 특목고 교육과정 운영 정상화를 위해 동일 계열 진학을 촉진한다는 명분으로 과학고와 외국어고 등 특목고 학생들을 위한 특별전형을 더욱 확대했다.[15] 이러한 특별전형 확대는 수시모집 팽창을 이끌었고, 2007학년도에는 수시모집 비율이 51.5%까지 확대되면서 정시와 수시의 모집 비중이 역전되었다.

이후 이명박 정부와 박근혜 정부도 정시모집 축소와 수능 영향력 약화 정책을 통해 수시모집 확대 경향을 지속했다. 이명박 정부의 대입 3단계 대학 자율화 정책과 입학사정관제 확대 정책으로 수시모집 비중은 2011학년도에 60%를 넘겼고, 학생부 종합전형을 도입하고 확대한 박근혜 정부와 이를 계승한 문재인 정부의 정책에 힘입어서 2018학년도에는 그 비중이 70%를 넘어섰으며, 2023

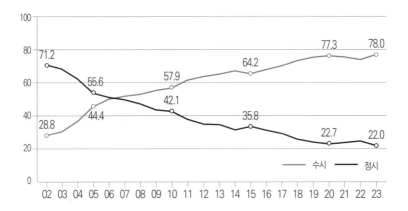

정시모집과 수시모집 비율 변화(2002~23학년도)

학년도에는 78%까지 높아졌다.

종합해 보면, 1997학년도에 수시가 처음 도입된 이후 지난 25년 간 대입의 역사는 '비非성적자료' 중심의 수시모집이 대세로 등극하는 과정이었다. 김대중 정부의 추천제와 특별전형 확대, 노무현 정부의 특목고 우대 특별전형, 이명박 정부의 입학사정관제, 박근혜 정부와 문재인 정부의 학생부 종합전형은 수시모집을 확대하는 중요한 정책적 기제였다.

그러나 이렇게 수시모집이 대학입학의 대세가 되어 가는 상황에서 그로 인한 부작용도 심각하게 표출되기 시작했다. 우선 대입 전형이 지나치게 복잡해졌다. 이에 따라 사교육 업체가 주도하는 입시설명회가 성황을 이루었고, 수험생은 물론이고 학부모까지 나서서 대입 정보를 얻기 위해 분주하게 뛰어다니고, 전형 내용을 공부해야 하는 것이 당연시되었다. 무엇보다 심각한 문제는 수시모집의 확대로 대입 공정성이 크게 훼손되기 시작했다는 점이다. 특히 이명박 정부의 입학사정관제와 박근혜 정부가 도입한 학생부 종합 전형이 수시모집의 중요한 축으로 등장하면서 대입 공정성 문제가 사회적 논란의 핵으로 떠올랐다.

제8장

입학사정관제와
학생부 종합전형의 진실

수시모집은 객관적인 성적보다 재능과 특기, 창의성, 잠재성, 봉사활동 등을 더 중시해서 학생을 선발하는 제도다. 그리고 이를 위해서 대학이 독자적인 기준으로 학생을 선발할 수 있도록 장려해왔다. 이러한 수시모집의 방향성에 가장 어울리는 선발 방식이 입학사정관제라고 할 수 있다.

입학사정관제란 학생이 제출한 다양한 서류에 대한 종합적이고 질적인 평가를 바탕으로 학생을 선발하는 제도를 말한다. 우리나라의 입학사정관제는 그 자체가 독립적인 전형으로 존재하는 것은 아니다. 그보다는 서류를 중심으로 선발하는 다양한 전형에 입학사정관이 참여하는 방식으로 적용된다. 학생이 제출한 서류를 평가해 1단계 합격자를 선발한다고 할 때, 입학사정관이 그 서류를 평가하는 것이다.

>>> 미국 입학사정관제의 배경

입학사정관제나 학생부 종합전형과 같이 주관적으로 기록된 서류를 가지고 학생을 선발하는 제도가 선진국형 대입제도라고 주장하는 소위 교육 전문가들을 쉽게 볼 수 있다.

그러나 이렇게 주관적인 기록과 서류로 학생을 선발하는 나라는 기껏해야 미국, 일본, 영국 정도다. 그나마 일본은 전체 모집인원의 10% 정도를 입학사정관제로 선발하는데 사립대학이 대부분이고, 국공립대학의 경우 전체 정원의 4% 미만에만 입학사정관제를 적용한다.[1] 영국의 경우 옥스퍼드나 케임브리지에서 자기소개서와 면접을 활용하기도 하지만, 영국은 기본적으로 A-LEVEL 시험의 고득점을 기본전제로 하기 때문에 미국식 입학사정관제와는 차원이 다르다. 따라서 '전형적인 입학사정관제'를 운영하는 나라는 사실상 미국밖에 없다. 그 외의 주요 국가, 예를 들면 독일, 핀란드, 스웨덴, 싱가포르, 중국 등의 나라들은 우리나라 수능과 같은 국가시험이나 고등학교 성적으로 선발한다.

우리나라 입학사정관제가 모방한 모델도 미국의 입학사정관제다. 그런데 미국에서 입학사정관제도를 도입한 가장 큰 이유가 '특정 집단의 학생이 대학에 입학하는 것을 제한'하기 위해서였다는 사실을 아는 사람은 많지 않다.[2]

미국에서 입학사정관제를 시작한 것은 1920년대 이후인데, 이

전까지는 미국의 명문대학들도 모두 시험을 통한 성적으로 학생을 선발했다. 문제는 시험성적으로 학생을 선발하는 체제에서 유대인들이 대거 명문대학에 입학하게 되면서 시작되었다.

제1차 세계 대전 이후 많은 수의 동유럽 유대인들이 미국으로 이주했고, 유대인 학생들이 '좋은 시험성적'을 통해 하버드를 포함함 명문대학에서 진학하는 비율이 높아지기 시작한 것이다. 하버드대학의 경우 신입생 중 유대인 비율이 1900년에는 7%에 불과했으나 1922년에는 21.5%까지 증가했다.[*]

당시 미국의 지배층이었던 WASP백인, 앵글로색슨, 개신교도는 기본적으로 유대인에 대해 적대감을 가지고 있었는데, 이들 입장에서 볼 때 미국 명문대학에 유대인이 대거 입학하는 상황은 당황스러울 뿐만 아니라 분노할 만한 사태로 인식되었다.[**]

그래서 이들이 명문대에 입학하는 유대인을 줄이고 제한하기 위해 고안해 낸 것이 입학사정관제다. '시험성적으로 학생을 선발'하는 것이 아니라 '학생이 제출한 서류를 바탕으로 대학이 정성적 평가를 통해 선발'하기 시작한 것이다. 그리고 이런 제도를 뒷받침하기 위해서 '단순히 학업능력'만 뛰어나다고 해서 인재라고 볼 수

---

[*] 2020년 기준, 미국 내 유대인 비율은 2.4% 수준이다.
[**] WASP, 즉 앵글로색슨 백인 개신교도들은 종교적인 이유로 유대인들에 대한 적대감과 경멸적 태도를 가지고 있었을 뿐 아니라 러시아 사회주의 혁명을 목도하면서 특히 동유럽계 유대인들을 '불온한 사상'의 근거지라고 인식했다.

없으며, '다양한 능력과 리더쉽, 잠재적 가능성과 품격'까지 갖춘 인재를 선발해야 한다는 논리를 개발했다.[*]

이에 따라 미국의 명문 사립대학들은 학생들에게 성적 이외의 다양한 자료의 제출을 요구했고, 그러한 자료를 종합적으로 평가해서 학생을 선발하는 입학사정관제를 본격적으로 시행하기 시작했다. 이때 대학이 평가하는 내용과 방법에 관한 기본 원칙이 '대학의 자율 재량'과 '불투명성'이다. 학생이 제출한 다양한 서류의 기록에 대해서 무엇을 어떻게 평가하는지는 '대학 자율'이고, 그러한 평가과정과 결과는 '공개하지 않는다'는 것이다.

그런데 대학이 선발에서 누구를 배제할 것인가를 결정한다는 것은 곧, 누구를 선발할 것인가를 결정한다는 뜻이기도 하다. 당연히 미국에서 입학사정관제를 도입한 이후 유대인들의 합격자 비율은 낮아지기 시작했고, 미국 상류층 자녀의 명문대 입학률은 높아지기 시작했다.

>>> 입학사정관제의 도입과 확대

우리나라에서 입학사정관제 도입은 노무현 정부에서 발표한

---

[*] 1920년대 미국에서 개발된 논리는 2010년대 한국에서 지식정보화사회에서 필요한 미래 인재의 요건으로 둔갑한다.

입학사정관제 지원 대학 수와 지원금 변화(2007~13)

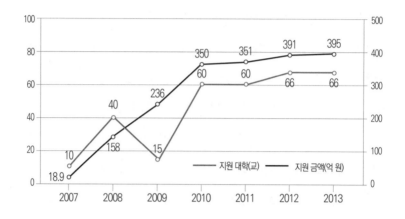

〈2008학년도 대입 개선안〉에 처음으로 명시되었다. 이에 따라 2007년에는 입학사정관제 시행을 지원하기 위해 10개 대학에 18억 9천만 원을 지원했고,[3] 2008학년도 입시에서 최초로 시행되었다. 2008학년도에 입학사정관제로 선발한 인원은 전국에서 254명 전체 모집정원의 0.1%이었다.[4]

노무현 정부에서 물꼬를 튼 입학사정관제는 이명박 정부의 '대학 자율성 확대' 정책과 맞물려 급속히 확대되었다. 특히 이명박 정부는 대학의 국제적 경쟁력 강화와 실질적인 특성화를 실현하기 위한 핵심과제는 학생 선발 및 대학 운영에 대한 대학의 자율성을 확대하는 것이라고 보았다. 이에 따라 대학입시 개선 방향을 대입 대학 자율화로 설정하고, 구체적으로 〈대입 3단계 자율화 방안〉을 제시하고 추진했다.

입학사정관제 모집 대학 수와 모집인원의 변화

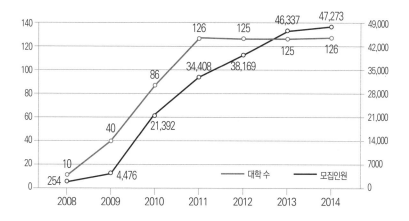

이러한 정책 방향에 완벽하게 부합하는 대입 전형방식이 입학사정관제였다. 입학사정관제는 수능이나 내신 등 객관적 성적자료에 구애받지 않고, 대학이 독자적 기준과 전형방식에 따라 학생을 선발하는 방식이므로 학생 선발의 자율성을 실현하는 최적의 방안이었기 때문이다.

실제로 이명박 대통령은 자신의 임기 내 상당한 대학들이 100% 가까이 입학사정관제로 선발하게 될 것이라며 "소위 우리가 가고 싶어 하는 좋은 대학들이 내년도 입학시험에서 논술시험 없이 입학사정을 통해서 뽑고, 또 농어촌에서 지역 분담을 해서 뽑을 것"이라고 주장했다.[5]

정부의 입학사정관제 확대를 추진하는 정책 수단은 '선도 대학'을 선정해 이들 대학에 입학사정관제 운영을 위한 재정을 지원하는 것이었다. 이른바 '입학사정관제 지원 사업'이다. 이명박 정부의 강력한 추진에 힘입어 2007년도에 18억 9천억 원을 배정했던 입학사정관제 지원금은 2008년 158억으로, 이후 매년 증액해서 2013년에는 395억 원에 이르게 된다.[6]

그리고 이러한 정부의 강력한 지원 결과, 2008학년도에 10개 대학에서 254명을 모집하는데 불과했던 입학사정관제 모집인원은 2014학년도에는 126개 대학에서 47,273명^{전체 모집인원의 12.5%}을 모집하는 것으로 확대되었다.[7]

≫ 입학사정관제에서 학생부 종합전형으로

박근혜 정부는 2015학년도부터 입학사정관제를 '학생부 종합전형'으로 전환하면서 제출서류 항목을 일부 변경했다. 입학사정관제에서는 학생부＋자기소개서＋교사추천서＋개인 활동기록 보고서 등 4가지 서류를 제출했는데, 학생부 종합전형으로 명칭을 바꾼 다음에는 개인 활동기록을 제외한 3가지 서류만 제출하도록 한 것이다.

개인 활동기록 보고서에는 주로 학업계획서, 공인외국어시험, 외부 수상실적, 외부 봉사활동, 인턴, 학술활동 등 주로 '학교 외부'에서 이루어진 활동이나 성과를 기록해 왔다. 그런데 이런 기록이 제외되면서 학생부 종합전형에 반영되는 서류 내용은 학교 내 활동 중심으로 바뀐 셈이다.

그러나 학생부 종합전형도 입학사정관제와 마찬가지로 '성적 이외의 다양한 자료'를 입학사정관이 '종합적으로 정성평가'한다는 점, 그리고 그 과정과 결과가 공개되지 않으며, 대학의 학생 선발의 자율성을 강조한다는 점에서 기본적으로 입학사정관제의 연장선에 있다.

제출되는 서류를 보면 우선 학생부가 있다. 학생부에는 내신성적뿐 아니라 교과 담당 교사가 수업 시간에서의 활동을 바탕으로 학생별로 작성해 주는 기록세부능력 특기사항과 담임교사가 학생의 장점과 성장과정에 대해서 작성하는 기록행동특성 및 종합의견, 그리고 교내 경시대회 수상실적과 그 외 비교과 활동기록이 포함된다. 비교과 활동기록이란 동아리활동, 봉사활동, 독서활동, 자율활동학생회 등, 진로 관련 활동 등을 말한다. 학생부와 함께 제출되는 자기소개서는 학생 스스로 5,000자 이내로 작성해서 제출하며, 교사추천서는 1,500자 이내다.[*]

이렇게 학생부의 교과성적과 비교과기록을 모두 반영하고, 여기에 자기소개서와 추천서까지 반영하기 때문에 이 전형을 "학생부

---

[*] 교사추천서는 2022학년도부터 폐지되었고, 자기소개서는 2024학년도부터 폐지된다.

고교 정상화 기여 대학 지원 사업 규모(2013~22)

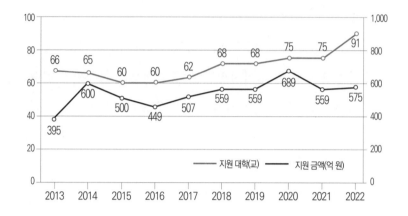

종합전형"이라고 한다. 이러한 세 가지 서류에 대해 대학의 입학사
정관이 항목별 점수를 부여하고 그 점수의 총합에 따라 합격 여부
를 결정한다.*

　한편, 박근혜 정부와 그 뒤를 이은 문재인 정부는 입학사정관제
지원 사업의 명칭을 '고교교육 정상화 기여 대학 지원 사업'으로
바꾸고 지원규모를 더 늘리면서 정책적으로 학생부 종합전형의 확
대를 추진했다.[8] 입학사정관제라는 명칭이 사용된 마지막 연도인
2013년에 입학사정관제 지원규모는 이미 395억까지 확대되었는
데, 2014년2015학년도 대입에 학종으로 전환된 다음에 600억 원으로
증액되었다.[9] 이후 지원규모는 약간 감소하다가 문재인 정부에 와

---

* 대학에 따라서는 2단계에서 면접 또는 구술면접을 하기도 한다.

2008~23학년도 수시모집 학생부 종합전형(입학사정관 전형) 모집인원 추이

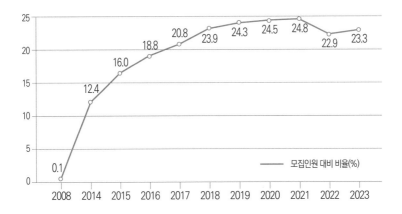

* 출처: 한국대학교육협의회(각 연도), 연도별 수시모집요강 주요사항 보도자료 재구성. 2008~2014학년 도까지 입학사정관제, 2015학년도 이후 학생부 종합전형.

서 559억 원 수준으로 다시 높아진 후에 2020년에는 689억으로 증액했다. 이후 2021년과 2022년에는 각각 559억 원, 575억 원으로 약간 감소했지만 매년 정부가 500억 원 이상의 지원금을 지급하면서 학생부 종합전형의 유지와 확대 정책을 펼쳐온 것이다.

이러한 정부의 지원 정책에 힘입어 학생부 종합전형으로 선발하는 인원과 비중도 높아졌다. 2015학년도 학종 모집인원은 전체 모집인원 대비 16%였던 것이 21학년도에는 24.8%까지 증가한 것이다.[*] 특히 상위권 대학들은 전국 평균보다 훨씬 높은 비율로 학생

---

[*] 2022학년도에 학생부 종합전형의 비율이 약간 감소했는데, 이는 2019년 '조국 사태와 학생부 종합전형 실태 조사' 이후 정부가 대입 공정성 강화 방안의 일환으로 16개 대학에 대해 정시 비율을 40%까지 확대할 것을 권고했기 때문인 것

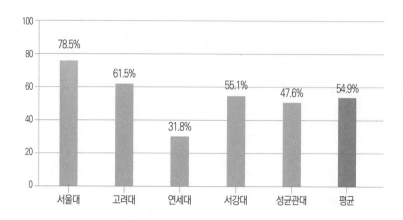

2020학년도 주요 5개 대학 학종 선발 비율

부 종합전형을 통해 학생을 선발하기 시작했다. 예를 들면 2020학
년도의 경우 학종으로 모집하는 비율은 전국 평균은 24.5%였지만,
서울대는 전체 모집인원의 78.5%,* 고려대 61.5%, 연세대 31.8%,
서강대 55.1%, 성균관대는 47.6%를 학종으로 선발했다.[10]

　그러나 입학사정관제와 마찬가지로 학생부 종합전형은 제출되
는 서류의 신뢰성 문제와 평가과정의 불투명성 문제로 인해 지속
적으로 불공정과 부정 시비가 불거졌고, 특히 상위권 대학들이 이
전형으로 많은 인원을 선발하는 것으로 인해 사회적인 비판은 더
욱 거세졌다.

　으로 보인다.
* 　서울대 학종에서 지역균형과 기회균형을 제외한 수시 일반전형(학종 일반)의
　모집비율은 전체의 약 50%다.

>> 과장, 편법, 조작 — 학생부 종합전형은 왜 비판받는가

학종에 대해 끊임없이 불공정 시비가 일어나는 이유는 무엇일까? 학생 선발과 관련하여 핵심적인 두 가지 측면 모두에서 신뢰성과 공정성에서 문제가 되기 때문이다. 하나는 지원자를 평가하는 핵심자료인 "서류"의 문제고, 다른 하나는 대학에서 평가하는 과정의 문제다.

먼저 학생부 종합전형에서 당락에 결정적인 영향을 미치는 서류의 질적 수준과 내용은 기본적으로 '부모의 능력', '학교의 능력', '학교 내 학생의 위치', 그리고 '담당 교사의 성의와 능력'에 영향을 받는다.

'부모의 능력'에는 경제적 능력뿐 아니라 인맥, 그리고 학생의 기록을 만들기 위해서 부모가 투자할 수 있는 시간과 자녀의 대학 진학에 대한 열정 그리고 정보력도 포함된다. 이렇게 무장한 부모의 능력이 자녀의 동아리활동이나 자율활동, 봉사활동뿐만 아니라 진로활동 등에 기록될 내용에 영향을 준다. 또한, 경제력과 정보력이 뒷받침되는 경우, 아예 고1 때부터 비싼 컨설팅을 통해서 학생의 스펙을 관리받고 마지막에 자기소개서 첨삭과 면접 준비에까지 부모가 개입한다.

'학교의 능력'은 학교가 얼마나 다양하고 수준 높은 프로그램을 운영해서 학생의 활동기록을 만들어 줄 수 있느냐를 말한다. 교육비가 많고 특별한 학교일수록 다양하고 풍부한 프로그램을 운영하며, 이러한 프로그램은 학생의 학생부 활동 내용의 질에 결정적인 영향을 준다.[*]

'학교 내 학생의 위치'는 특히 일반 사립고에서 문제가 된다. 거의 모든 일반 사립고에서 고1 때 내신성적 상위권 학생을 선발해 특별반 또는 심화반을 편성한다. 그리고 학교는 이 학생들이 대입 실적을 높이는 '핵심 자원'이라고 보기 때문에 학생부 기록 관리를 포함해서 학교의 모든 자원을 집중해서 지원한다. 그러니까 고1 때 전교권에 들지 못하는 최소한 80% 이상의 학생들은 1학년이 끝나기도 전에 주요 대학 진학을 위한 학교의 지원 대상에서 배제되는 셈이다.

마지막으로 '교사의 성의와 능력'에 따라서 학생부에 기록되는 내용의 양과 질에 큰 차이가 난다. 학생부에 형식적인 수준의 내용으로 서술해 주는 교사를 만난 학생은 아무리 열심히 하고 뛰어난 활동을 했다고 하더라도 '좋은 기록'을 남기기 어렵다.

결국 학생부 종합전형에서는 '학생이 스스로 갖춘 능력'보다 그 능력을 지원하거나 포장해 주는 외부의 능력이 중요하게 작용하는 셈이다.

---

[*] 자사고나 특목고 등 학생 1인당 교육비가 많이 책정되는 학교의 경우, 창의적 체험활동 비용이 일반 공립학교보다 최대 11배나 더 많다.

그런데 학생부 종합전형에서 서류의 신뢰 문제는 여기서 끝나지 않는다. 치열한 대입 경쟁이 존재하는 상황에서 서류의 내용이 결정적인 영향을 미치고, 그 서류 상당 부분이 주관적으로 작성되는 상황이 되면, 남들보다 더 돋보이는 서류를 만들기 위한 과장과 편법 동원은 물론 거짓으로 조작하는 일마저도 쉽게 벌어지기 때문이다.

봉사활동 '기록'이 중요한 항목이 되자 학종 합격자 중에 봉사활동 시간이 400시간을 넘긴 학생도 있었다.[11]

동아리활동은 특히 남들보다 돋보이는 학생부 기록뿐만 아니라 자기소개서에 담기는 중요한 재료다. 2016학년도 서울대 학종 합격자 중에서 일반고 출신 합격자는 평균 4.5개의 동아리활동을 했다.[12]

독서활동이 대입에 반영된다고 하니 독서 열풍이 아니라 '독서목록 작성 열풍'이 일어난다. 서울대 학종 합격자 중에는 95권의 독서 기록을 제출한 사례도 있었다.[13]

자율 탐구활동을 통한 소논문 작성은 자기소개서의 내용을 풍부하게 만들어 주는 핵심적인 요소다. 그러자 소논문 작성을 위해 "교수 등 전문가를 섭외"하거나 아예 300만 원 내고 논문을 대필하는 사태까지 생겨난다.[14]

경시대회 수상실적이 중요해지니 1년에 224회 경시대회를 개최하는 고등학교도 생겨나고, 학종 합격자 중에 120개 경시대회에서 상을 받은 학생도 등장했다.[15]

아예 학생부에 기록될 내용을 학생에게 써 오게 하는 일도 흔히 벌어진다. 이른바 셀프 학생부가 작성되기도 한다.[16]

교사까지 가담해서 특정 학생들의 1등급 성적 유지 위해 학생부를 수정하고, 세부능력 특기사항 기록은 36회 조작한 사례가 드러나기도 했다.[17]

자기소개서는 수험생을 '자기소설서'를 쓰는 작가로 변신하게 하고, '부르는 게 값'인 자기소개서 대필 업체도 등장했으며, 한 편당 60만원씩 하는 대필 사교육업체에 부모가 줄을 서기도 한다.[18]

교사추천서는 이 학생 저 학생 것을 복사해서 베껴 쓰는 일이 흔하게 벌어진다. 2017학년도에는 교사추천서 중 20% 이상 내용이 비슷한 사례는 5,700여 건, 50% 이상은 1,171건에 이른다.[19]

>> 대학 선발과정의 불투명성과 의심받는 공정성

대학의 평가과정에 대해서도 신뢰성과 공정성 시비가 계속되었다. 대학은 평가항목이 무엇인지, 배점이 얼마나 되는지, 채점기준은 무엇인지 공개하지 않는다. 학생 1명당 몇 명의 입학사정관이 평가했는지도 공개하지 않으며, 평가받은 학생들의 점수가 얼마인지도 공개하지 않는다. 그래서 합격한 학생도 자신이 합격한 이유를 알지 못하고 불합격한 학생도 왜 불합격했는지, 자신에게 무엇이 부족한지 알 수 없다. "깜깜이 전형"이라고 불리는 이유다.

학종에 대한 불신은 언론에 보도된 사례뿐 아니라 다수의 설문조사를 통해서도 지속적으로 확인되었다. 한국리서치가 학부모 대상으로 조사한 설문조사 결과에 따르면 응답자의 79.6%가 "학생부 종합전형은 학생과 학부모가 합격 불합격 기준과 이유를 정확히 알 수 없는 전형이다."라고 응답했다.[20]

《동아일보》에 따르면, 학종은 "부모와 사교육이 도움 없이 학생의 능력과 노력만으로 경쟁 가능한가?"라는 질문에 교사 62.1%, 학생 70.5%, 학부모 86.8%가 "아니요"라고 응답했다. 또한, "부모의 배경이 가장 큰 영향을 미치는 전형이 무엇이냐"는 질문에도 학종이라는 응답이 가장 높았다. (학종이라는 응답 평균 43.1%, 수능이라는 응답은 평균 9.9%)[21]

한편, EBS의 조사에서도 고등학교 3학년 교사들은 학종을 가장 불

"부모의 배경이 가장 큰 영향을 미치는 전형이 무엇이냐"에 대한 설문 결과 (단위: %)

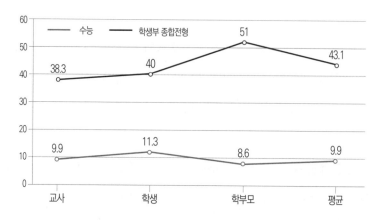

EBS '대입 전형별 공정도' 인식조사 (단위: 4점 만점)

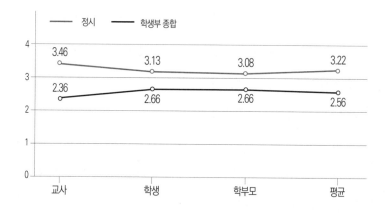

공정한 대입 전형으로 여기는 것으로 나타났다. 반면에 학생·학부모·교사는 모두 수능 중심 정시전형이 가장 공정하다고 응답했다.[22]

또한 리얼미터의 설문조사에 따르면, 학종의 비율을 유지하거나 확대해야 한다는 의견은 **37.3%**^{현행 유지 19.3%, 확대 18%}에 불과한 반면, 학종 폐지 또는 감축 의견은 절반이 넘는 50.8%였다. 완전 폐지 14.6%, 축소 36.2%. 이에 비해 수능 정시전형 비율이 높은 비중이어야 한다는 응답이 55.5% 매우 높은 비중 21.3%, 대체로 높은 비중 34.2% 로 나타 났고, 수능 정시전형이 낮은 비중이어야 한다는 응답은 22.3% 대체로 낮은 비중 12.8%, 매우 낮은 비중 9.5% 에 불과했다.[23]

≫ 베일을 벗는 고교 등급제

2019년 조국 사태 이후 교육부는 처음으로 13개 대학을 선정해서 학생부 종합전형 실태 조사를 실시했다. 그리고 많은 국민이 실태 조사를 통해서 그동안 끊임없이 제기되어 왔던 학종의 문제점들이 속 시원히 밝혀지길 기대했다. 학종 실태 조사와 관련한 중요한 관심사 중의 하나는 주요 대학들이 은밀히 고교 등급제를 시행하고 있다는 의혹을 확인하는 것이었다.

이를 확인하는 가장 간단한 방법은 학종 합격자 중에서 일반고 합격자의 내신성적과 자사고와 특목고 학생들의 내신성적을 비교하는 것이다. 대학에서 고교 등급제를 시행하지 않는다면, 일반고 합격자와 자사고와 특목고 합격자의 내신성적의 차이가 크지 않을 것이다. 모든 학교의 내신성적을 동등하게 취급했을 것이기 때문이다. 반대로 등급제를 적용했다면 일반고 합격자는 매우 높은 성적으로만 합격하고, 자사고·특목고 합격자들은 훨씬 낮은 성적으로도 합격한 결과가 나올 것이다.

그러나 교육부는 이와 관련한 조사를 하고도 그 실태를 명확히 밝히지 않았을 뿐 아니라 심지어는 13개 대학 전체의 평균 내신성적 분포조차 공개하지 않았다. 대학별로 학종 합격자 중에서 고교 유형별로 내신성적이 얼마나 되는지를 밝히는 간단한 일을 하지 않은 것이다.

다만, 교육부는 임의로 3개 대학을 선정해서 4년간 고교 유형별 평균 내신등급은 "일반고 〉 자사고 〉 외고·국제고 〉 과학고 순서"로 높으며, 이러한 "고교 유형별로 서열화된 평균 내신등급 순서는 지원 단계부터 최종등록 단계까지 대부분 일관되게 유지"되고 있다고 발표했다.*

그러나 교육부가 고교 유형별 평균 내신성적 차이를 명확하게 드러내는 방식을 피했음에도 불구하고 위에 제시한 자료만으로도 대학들이 학교 유형별로 내신성적을 평가하는데 차별을 하고 있으며, 일반고의 경우 가장 '천대받고 있음'이 확인된다. 학종 합격자 중에서 일반고 학생은 내신성적이 대단히 높고, 특목고 학생은 일

---

* 교육부는 3개 대학이 어디인지, 왜 3개 대학만 선정해서 평균을 계산했는지도 설명하지 않았고, 제시한 그래프에는 수치도 표시하지 않아서 어림짐작으로만 이해하도록 만들었다. 학종파가 주도하는 교육부 관료들은 학종의 실태를 최대한 은폐하거나 완화하여 표현하기 위해 노력했다.

고교 유형별 평급 내신등급 사례

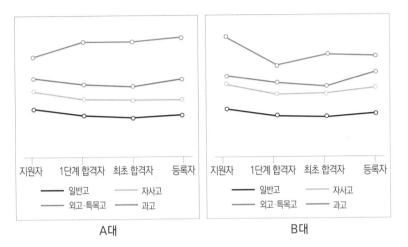

A대　　　　　　　　　　　B대

반고와 비교해서 내신성적이 상당히 낮기 때문이다. 이와 관련하여 교육부는 "일부 대학의 서류평가 시스템을 통해 과거 졸업자 진학 실적이나 고교 유형별 평균 등급을 제공하는 사례 등 특정한 고교 유형이 우대받을 수 있는 정황을 발견했다"고 밝혔다.[24]

≫ 서류평가 13.38분, 면접 12.31분

학생부 종합전형 실태 조사 결과 중에서 가장 충격적인 것은 대학들이 학생을 정성평가를 통해서 선발한다면서 상식적으로 납득할 수 없는 수준의 시간을 사용하고 있다는 것이었다. 조사 결과에 따르면 대학이 학생부 종합전형으로 선발할 때 학생 1인당 서류평가에 소요되는 시간은 평균 13.38분[13분 23초], 면접 평가 평균 시간은 12.31분[12분 19초]이었다.[25]

그동안 대학들은 학생들이 제출한 서류에 대해 학업능력, 전공 적합성, 발전 가능성, 인성 등 네 가지 평가 영역으로 나누고, 각각 세부적으로 16개 이상의 평가항목으로 구분하여 종합적으로 평가해서 합격자를 선발한다고 주장해 왔다.

그런데 학생부 종합전형에 제출되는 서류는 학생부만 해도 A4 용지로 20쪽이 넘고, 자기소개서는 5천 자, 교사추천서도 1,500자에 이른다. 이 정도 분량이라면 14분 만에 성의 있게 읽어 보는 것 자체가 불가능하며, 사실 눈으로 쭉 훑어보기에도 부족한 시간이다. 결국, 이 서류들을 종합적으로 평가해서 학생들을 선발한다는 주요 대학의 주장은 실상은 평균 14분도 안 되는 시간에 '대충 훑어보고' 학생들을 선발해 왔다는 뜻이다.

한편, 이 황당한 서류평가 시간에는 더 심각한 문제도 숨겨져 있다. 다수의 입학사정관에 따르면, 실제 합격권 내에 있는 학생의 경우에는 서류를 평가하는 데 한 시간 가까이 소요된다고 한다. 그런데 전체 평균 시간이 14분도 안 되는데, 어떻게 합격권 내 있는 학생들에게는 한 시간 가까운 시간을 할애해서 평가할 수 있는 것일까? 이러한 시간 배당이 가능하려면, 산술적으로 사전에 '합격권 밖'에 있다고 판단된 상당수의 학생의 서류는 읽어 보지도 않고

처리하는 방법밖에 없다.[26] 그리고 이것은 많은 수험생의 서류가
읽히지도 않고 버려질 수도 있다는 것을 의미한다.

학종에서 학생 1인당 서류와 면접 평가 소요 시간

학생 1인당 평균 서류평가	학생 1인당 평균 면접
13.38분	12.31분

>>> 학종이 농어촌, 저소득층, 일반고에게 유리하다고?

놀라운 일은 이렇게 학종에 대한 수많은 문제와 비판이 제기되
어 왔음에도 불구하고 오히려 학종으로 선발하는 모집비율은 지속
적으로 증가해 왔다는 점이다. 박근혜 정부뿐만 아니라 문재인 정
부에서도 학종 확대 정책은 계속되었다. 그리고 이렇게 학종의 확
대를 정당화해 온 논리는 학생부 종합전형은 "일부 문제가 있기는
하지만 기본적으로 장점이 많은 대입 전형방식"이라는 것이다.

예를 들면, 학종 확대를 주도한 사람들은 "수능에 비해 학종에
서 읍면 출신 합격자가 많다"고 주장해 왔다. 다음 쪽의 그래프는
교육부가 발표한 13개 대학 학종 실태 조사 결과자료다. 이 자료에
따르면, 농어촌 출신 합격자 비중은 학종에서는 15%지만 수능 전
형에서는 8.6%밖에 안 된다. 따라서 학종에서 농어촌 출신 합격자
비중이 수능보다 1.7배 이상 많은 것으로 보인다.[27] 하지만 이런 주

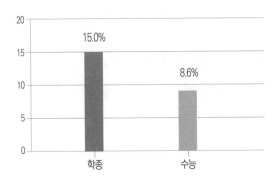

학종에서 농어촌 출신 합격자 비중

장은 일종의 '눈속임'이다. 이 눈속임에 속지 않기 위해서는 특별
전형과 일반전형을 구분할 수 있어야 한다.

우리나라 대입 전형에는 '일반전형'과 '특별전형'이 있다. 일반
전형은 일반 학생을 대상으로 보편적인 교육적 기준에 따라 학생
을 선발하는 전형이고, 특별전형은 특별한 학생에 대해서 별도로
선발하는 전형을 말한다. 예를 들면 특수교육대상자 전형^{장애인 대}
^상, 북한이탈주민 전형, 농어촌 전형, 저소득층 전형 등은 특별전형
이다.

특별전형은 수능으로 선발할 수도, 내신으로 선발할 수도, 면접
으로 선발할 수도 있고, 학생부 종합전형으로 선발할 수도 있다.
실제로 농어촌 전형 등 대부분의 특별전형은 학종 이전부터 존재
했다.

그런데 지금은 대부분 대학이 특별전형을 학종으로 선발한다. 그
러니까 학종 합격자에는 '일반전형 학종 합격자'와 '특별전형 학종

합격자'가 모두 포함되어 있다. 그런데 농어촌 특별전형의 합격자는 100% 읍면 출신이다. 그것이 자격조건이기 때문이다. 따라서 학종 전체 합격자 가운데 읍면 출신은 '학종 일반전형에서 합격한 읍면 출신 합격자'와 '농어촌 특별전형 합격자 수'가 합쳐진 것이다.

반면에 수능 중심 전형은 거의 대부분 일반전형이다. 그러니까 학종 합격자 중에 읍면 출신이 더 많다는 주장은 학종 일반전형 합격자와 학종 특별전형_{농어촌 전형}의 합격자 수를 합해 놓고 수능 일반전형 합격자와 비교하는 눈속임인 것이다.

이런 식으로 비교하면 다음과 같은 주장도 가능하다. 학종과 수능의 합격자 중에서 장애인 비율은 어디가 더 높을까? 당연히 학종이 높다. 특수교육대상자 특별전형은 장애인을 선발하는 전형이고, 지금은 학종 방식으로 선발한다. 그러니까 학종 전체 합격자 중에서 장애인에는 학종 일반전형에서 합격한 장애인과 특수교육대상자 특별전형으로 합격한 장애인이 모두 포함된다. 그런데 수능은 일반전형만 있으므로 당연히 수능보다 학종에서 특수교육대상자_{장애인}의 비율이 높을 수밖에 없는 것이다.

그러므로 학종과 수능 중에서 어떤 전형에 농어촌 출신 비율이 더 높은지를 제대로 비교하려면 농어촌 특별전형 합격자를 제외하고 '학종 일반전형'과 '수능 일반전형'을 비교해야 한다. 이렇게 비교하면 어떻게 될까?

2018학년도 13개 대학 학종과 수능 합격자 중 읍면 출신 합격자 비율 비교

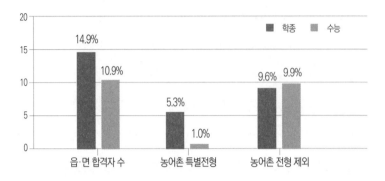

출처: 교육부, 〈13개 대학 학생부종합전형 실태 조사 결과 보고서〉, 2019. 11. 5.; 13개 대학 2018학년도 수시·정시모집 요강; 조승래 의원실, 〈읍면 출신, 일반학종 유리하지 않다〉, 2019. 11. 10.[28]

위 그래프는 교육부가 실태 조사한 13개 대학의 2018학년도 모집요강을 모두 조사해서 농어촌 특별전형 합격자를 제외하고 학종과 수능을 비교한 자료다. 이렇게 농어촌 특별전형 합격자를 제외하고 학종과 수능의 읍면 출신 합격자 비율을 비교하면 학종은 9.6%, 수능은 9.9%로 수능이 오히려 학종보다 읍면 출신 합격자의 비율이 높다. 따라서 학종 합격자 중에 읍면 출신 합격자 비중이 높고, 그래서 학종이 지역균형에 기여한다는 주장은 거짓말이다.

또한 학종 확대를 주도한 사람들은 "학종 합격자에는 수능보다 저소득층이 더 많다"고 주장해 왔다. 다음 표는 국가교육회의 김태철 전문위원이 발표한 자료다.

이에 따르면 기초생활수급자를 포함해서 4분위 이하에 해당하는 저소득층의 비율은 학종이 31.3%, 수능은 23%다. 따라서 학종

전형별 소득분위(2017)　　　　　　　　　　　　　　　　　　　　(단위 : %)

구분	전형 유형					총합
	학생부 종합	학생부 교과	논술 위주	수능 위주	실기 위주	
기초생활 수급자	4.3	3.3	0.4	1.7	1.5	2.5
1~4분위	27.0	30.7	19.8	21.3	24.2	25.4
5분위 이상	68.7	66.0	79.8	77.0	74.5	72.0
전체	100	100	100	100	100	100

출처 : 김태철, 〈공정하고 미래지향적인 대학입학제도〉, 17쪽.

의 저소득층의 비율이 훨씬 높아 보인다. 그러나 이러한 주장도 '읍면 출신 합격자 비중'과 똑같은 방식의 '눈속임'이다.

　앞의 글에서 설명했듯이 대입에는 일반전형과 특별전형이 있다. 그리고 특별전형에는 '저소득층 특별전형'도 있다.[*] 그런데 '저소득층 특별전형'도 현재는 모두 학종으로 선발한다. 그러니까 표에 제시된 학종 합격자의 저소득층은 '학종 일반전형 합격자의 저소득층과 저소득층 특별전형 합격자'를 더한 것이다. 이렇게 합해진 비율과 수능 일반전형의 비율을 비교하니 학종에 저소득층 비율이 높아 보이는 것이다.

　학종과 수능 중에서 저소득층의 비율이 어디가 더 높은지를 제대

---

[*]　저소득층 특별전형의 명칭은 기회균형 전형, 고른기회 전형, 사회배려 전형 등 대학마다 다양하다.

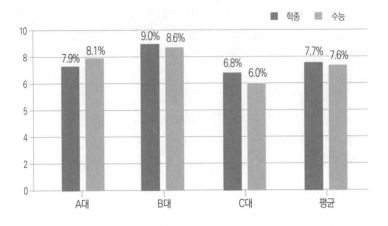

3개 대학 소득수준 3구간 이하 국가장학금 수혜율 학종과 수능 비교(기회균형 제외)

출처: 교육부, 〈2016~19학년도 13개 대학 학생부 종합전형 실태 조사 결과〉.

로 비교하려면 저소득층 특별전형을 제외하고 학종 일반전형의 저소득층 비율과 수능 일반전형의 저소득층 비율을 비교해야 한다.

위 그래프는 교육부가 발표한 학생부 종합전형 실태 조사 결과 자료 중에서 기회균형_{저소득층 특별전형} 합격자를 제외하고 비교한 것이다. 이렇게 비교하면, 저소득층 비율이 학종은 평균 7.7%, 수능은 평균 7.6%로 거의 차이가 없다. 심지어는 A대학은 수능 전형의 저소득층 비율이 학종보다 높다._{수능은 8.1%, 학종은 7.9%} 따라서 교육부의 감사 결과에 따르면 '학종이 수능보다 저소득층 합격자 비중이 높다'는 주장은 거짓말이다.

한편, 학종 확대를 주도해 온 사람들은 "학종은 수능에 비해 일반고 합격자가 더 많다"고 주장해 왔다. 진보적 정치인뿐만 아니라 일반고 교사, 그리고 많은 시민이 학종을 지지한 가장 큰 이유 중의 하나가 이런 주장에 대한 믿음 때문이다.

게다가 이 주장은 호소력이 강하다. 대부분의 사람들은 "특목고나 자사고 학생들이 공부를 잘하니까 수능에서 더 유리할 것"이라고 생각하기 때문이다. 따라서 그나마 학종 덕분에 일반고 학생들이 주요 대학에 진학할 기회가 생긴다고 판단하는 사람이 적지 않다. 심지어 심상정 의원 같은 진보 정치인도 이런 논리로 받아들여 수능 중심의 정시 확대를 반대했다.

그런데 '사실'은 어떨까? 만일 학종이 일반고에 더 유리하고 수능은 일반고에 더 불리하다면 일반고는 학종에서 더 많은 합격자를 낼 것이고, 수능 전형에서는 더 적은 합격자를 낼 것이다.

아래의 그래프는 2019년 11월, 교육부가 13개 대학 학종 감사 결

교육부 감사 13개 대학 학종과 수능 합격자 학교 유형 비교

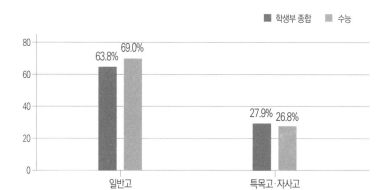

출처: 교육부, 〈2016~2019학년도 13개 대학 학생부 종합전형 실태 조사 결과〉.

과보고를 통해 발표한 내용이다.

이 자료를 보면, 학종 합격자 중에서 일반고 출신이 차지하는 비율은 63.8%다. 반면에 수능 합격자 중에서는 일반고 출신의 비율이 69%다. 즉, 학종 확대론자의 주장과 달리 일반고 출신의 합격자 비율은 학종보다 수능에서 더 높다. 따라서 "일반고 학생에게 수능은 불리하고, 학종이 유리하다"는 주장은 사실이 아니다. 사실은 오히려 정반대다.

한편, 학종 합격자 중에서 특목고와 자사고 출신의 비율은 27.9%지만, 수능 합격자 중에서는 26.8%에 불과하다. 즉 특목고와 자사고는 수능보다 학종에서 합격자 비율이 더 높다. 따라서 특목고와 자사고 학생은 수능보다 학종이 더 유리한 셈이다.

또한 일반고와 특목·자사고의 유불리의 실체를 정확하게 파악하기 위해서는 교육부 감사 대상 13개 대학* 중에는 특목고나 자사고 학생이 '선호하지 않는 대학'이 있다는 점도 고려해야 한다. 그런 대학들은 특목고와 자사고 학생의 지원자 자체가 없거나 적다. 따라서 일반고와 특목고·자사고 학생에게 유리하거나 불리한 전형이 무엇인지 파악하려면 특목고와 자사고 학생이 주로 지원하는 최상위권 내지는 상위권 대학의 결과를 확인하는 것이 필요하다.

* 건국대, 경희대, 고려대, 광운대, 동국대, 서강대, 서울대, 성균관대, 연세대, 포항공대, 춘천교대, 한국교원대, 홍익대. (가나다 순)

아래 그래프는 서울대와 서강대, 성균관대의 학종 전형과 수능 전형에서 특목고와 자사고 합격자의 비율과 일반고의 비율을 비교한 것이다.

서강대의 일반고 합격자 비율은 학종에서는 43.4%지만 수능에서는 63.1%를 차지한다. 반대로 특목고와 자사고 출신 합격자 비율은 학종에서는 55.9%지만 수능에서는 34%에 불과하다. 성균관대도 일반고 합격자의 비율은 학종에서 58.7%인데 수능에서는 그보다 높은 64.5%다. 반대로 특목고와 자사고의 비율은 학종에서는 39.1%지만 수능에서는 32.7%로 줄어든다.

서울대의 입시 결과도 서강대나 성균관대와 동일한 경향을 보여준다. 서울대에는 기회균형, 지역균형, 수시 일반전형 등 세 종류

서울대·서강대·성균관대의 입학전형·학교유형별 합격자 비중(2017) (단위 : %)

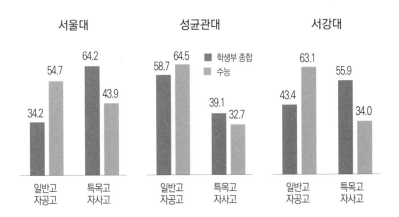

출처: 서강대와 성균관대 자료는 김 현, 〈통계로 살펴보는 학생부 종합 전형의 3년〉, 서울대 자료는 2017학년도 서울대학교 모집결과 보도자료.

의 학종이 있다. 그중에서 서울대를 대표하는 학종 일반전형은 수시 일반전형이며, 이 전형으로 전체 모집인원의 약 50%를 선발한다. 그런데 서울대 수시 일반전형 합격자 중에서 일반고가 차지하는 비율은 34.2%에 불과하다. 반면에 수능 전형에서 일반고 합격자의 비중은 그보다 훨씬 높은 54.7%다. 반면에 특목고와 자사고 출신은 수시 일반전형에서는 합격자의 64.2%를 차지하지만 수능에서는 43.9%에 불과하다.

종합해 보면, 일반고 합격자 비중은 학종보다 수능 전형에서 더 높다. 그리고 서울대, 서강대, 성균관대 등 최상위권 대학에서는 그 차이가 훨씬 더 크다. 따라서 학종이 일반고에게 유리하고, 학종 때문에 일반고 학생들이 대학에 가는 길이 더 열린다는 주장은 거짓말이다.

≫ 서울대는 정말 학종으로 일반고를 배려하고 있을까

서울대는 전체 모집인원의 약 50%를 '수시 일반전형'이라는 명칭의 학생부 종합전형으로 선발하고 있다. 그런데 이 전형에서 특목고와 자사고 출신 합격자 비중이 일반고에 비해 압도적으로 높다. 전국의 고3 학생 중에서 특목고와 자사고 학생의 비중은 5.2%에 불과하지만2017, 이들은 서울대 수시 일반전형 합격자 중에

64.2%를 차지한다. 반면에 전체 고3 학생의 거의 95%를 차지하는 일반고 출신은 이 전형의 합격자 중에서 고작 34.2%를 차지할 뿐이다.

그런데 이와 같은 서울대의 전형 결과에 대해 "서울대가 특목고와 자사고에 특혜를 주고 있는 것"이라는 비판이 일어나자 학종 확대론자들은 다음과 같이 주장하면서 서울대를 옹호했다.

> 서울대 학종에는 '수시 일반전형'만 있는 것이 아니라 '지역균형 전형'도 있다. 그리고 서울대는 '지역균형 전형'을 통해 일반고를 배려해 왔다. '수시 일반전형'과 '지역균형 전형'을 합해서 서울대 학종 전체를 보면 일반고와 특목고, 자사고 합격자의 비중이 비슷한 균형을 이룬다. 그러므로 서울대 '수시 일반전형'만을 "학종"으로 계산하는 것은 학종 선발 결과를 왜곡하는 것이다.

쉽게 말하면, '수시 일반전형이라는 학종'에는 특목고와 자사고 출신 합격자가 많지만, 서울대는 '지역균형 전형이라는 학종'을 통해서 일반고를 많이 뽑아 주고 있기 때문에 서울대 '학종 전체'로 보면 특별히 특목고와 자사고에 특혜를 주는 게 아니라는 것이다.

그렇다면 '지역균형 전형'에서 일반고 합격자는 얼마나 될까? 2021학년도 서울대는 '지역균형 전형'으로 총 738명[21.7%]을 선발했는데 이 중 696명, 즉 94.3%가 일반고 출신 합격자다. 따라서 이

자료만 보면 서울대는 '지역균형 전형'이라는 '학종'을 통해서 '일반고를 대단히 배려하고 있는 것'처럼 보인다.

하지만 서울대가 '지역균형 전형'이라는 '학종'을 통해서 일반고를 배려하고 있다는 주장은 사실이 아니다.

우선, 서울대 '지역균형 전형'은 '학종이 있기 훨씬 이전'인 2006학년도부터 시행된 전형이며, 본래는 '학종'이 아니었다. 이것이 '학종 방식'으로 바뀐 것은 13학년도부터다. 따라서 서울대 지역균형 전형은 '학종 이전의 지역균형 전형' 2006~12학년도과 '학종 방식의 지역균형 전형' 2013학년도 이후으로 구분된다.

그런데 일반고 합격자의 비중을 비교해 보면, '학종 이전의 지역균형 전형'으로 선발했을 때 그 비중이 더 높았고, '학종 방식'으로 바뀐 이후부터는 오히려 줄어든 것을 확인할 수 있다.

다음 쪽의 그래프는 2006년부터 21학년도까지 서울대 지역균형 전형 합격자 중에서 일반고 출신의 비중을 보여준다.

그래프에서 보듯이 '학종 이전의 지역균형 전형'에서 일반고 합격자는 7년간 평균 99.5%였다. 반면 학종 방식으로 변경된 이후 일반고 합격자 비율은 평균 94.2%로 줄었다. 즉 서울대는 지역균형 전형을 '학종 방식'으로 변경하면서 일반고를 배려한 것이 아니라 오히려 '일반고의 합격자 비율을 평균 5.3% 하락'시켜 온 것이다. 그리고 일반고 출신이 줄어든 만큼의 비율은 자사고 출신에게 돌아갔다.

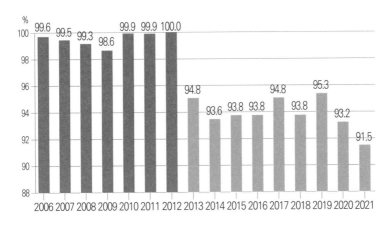

서울대 지역균형 선발 합격자 중 일반고 비중 변화(2006~21학년도)

출처: 서울대학교 모집결과 보도자료.

그런데 왜 지역균형 전형이 '학종 방식'으로 바뀌면서 일반고의 비중이 줄어든 것일까? 그리고 '학종 이전의 지역균형 전형'에서는 어떻게 일반고 비중이 99.5%에 이를 수 있었을까? 그 이유는 전형방식의 차이에 있다.

'학종 이전에 지역균형 전형'일 때는 1단계에서 100% 내신성적으로 선발하고, 2단계에서 내신성적75% + 서류12.5% + 면접12.5%으로 선발했다. 따라서 이 전형에서는 내신성적이 결정적이었다. 내신성적이 낮으면 1단계를 통과할 수도 없고, 2단계에서도 여전히 내신성적의 비중이 크기 때문이다.

그러나 학종으로 바뀌면서 전형방식은 '서류평가 + 면접평가를 종합해서 일괄 선발'하는 것으로 변경되었다. 그런데 이렇게 되면 내신성적의 반영 비율이 얼마인지 알 수 없게 된다. 내신성적도 '서류평가'라는 이름으로 뭉뚱그려지기 때문이다. 게다가 '서류평가'는 '종합적인 정성평가'여서 내신성적 이외의 요소들에 대해서 대학에서 소위 '자율성을 발휘'해서 평가할 가능성이 커진다. 면접도 마찬가지다. 그리고 서울대의 입시 결과가 말해주는 것은 '뭉뚱그려진 서류평가와 면접 방식', 즉 '학종 방식'으로 인해 일반고 학생은 더 불리해지고, 반면에 자사고 학생은 훨씬 더 유리해진 것이다.

만일 서울대가 지역균형 전형을 '학종 방식'으로 변경하지 않고 이전과 같이 1단계에서 '내신성적 100%'로 선발했다면 일반고의 합격자 비중은 94.2% 수준이 아니라 99.5% 수준을 유지했을 것이다.

결국 서울대 학생부 종합전형의 진실은 전체 모집인원의 50%를 선발하는 '수시 일반전형이라는 학종'에서 특목고와 자사고 학생들을 64% 선발하고, 약 20% 선발하는 지역균형 전형도 '학종 방식'으로 변경하면서 자사고 출신 합격자를 늘리고 일반고 합격자를 줄여왔다는 것이다. 그리고 이런 이유로 서울대가 '학생부 종합전형'을 통해 '고교 서열화'를 부추기고, 대입제도의 '불공정성을 극대화'하는 첨병의 역할을 해 왔다는 비판을 받게 되는 것이다.

≫ 수능이 확대되면 사교육비 상승?

학종 확대론자들은 수능의 영향력과 변별력 약화와 수능 중심 정시모집의 축소를 강력하게 주장해 왔다. 수능의 영향력과 변별력이 약해져야 입학사정관의 '정성평가'가 들어설 자리가 넓어지고, 수능 중심 정시가 축소되어야 학종의 비중이 더 커지기 때문이다. 그리고 이를 뒷받침하기 위해 "수능이 사교육비의 주범이며, 수능이 확대되면 사교육비가 급증"할 것이라고 주장해 왔다. 반면에 학종은 사교육의 경감에 기여한다는 것이다.

그런데 만일 학종 확대론자들의 주장대로 수능이 사교육비의 주범이라면 수능 중심 전형, 정시모집의 비율이 줄어들수록, 그리고 수능의 영향력이 약해질수록 사교육비가 줄어들 것이다. 마찬가지로 수능 중심의 정시 대신에 수시모집이 증가하고, 특히 학종의 비율이 높아질수록 사교육비가 더 줄어야 할 것이다.

다음 쪽의 그래프는 2008학년도부터 2020학년도까지 정시모집 비율의 변화와 사교육 참여 학생 1인당 사교육비의 변화고등학생 추세다.

2008학년도 이후 수능 중심 정시 비중은 46.9%에서 22.7%로 반 이상 줄었다. 그러나 사교육비는 전혀 줄지 않았다. 오히려 참여 학생 1인당 사교육비는 416만 원에서 718만 원으로 72.6%나 증가했다. 수능 중심 정시 비율이 급격히 그리고 지속적으로 줄었음에

정시모집 비율과 사교육비 변화(2008~20학년도)

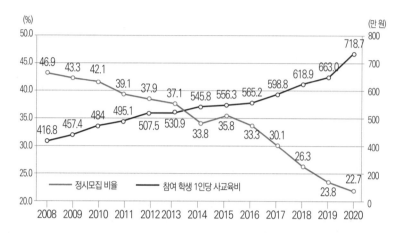

출처 : 통계청, 〈사교육비조사결과(2007~19)〉; 대교협, 대입 전형계획 보도자료 및 대입 전형계획 첨부자료(2008~20).

도 불구하고 사교육비가 감소하기는커녕 오히려 증가해 왔다는 사실은 사교육비의 주범이 수능이 아님을 의미한다.

수시모집과 사교육비의 관계는 어떨까? 정시가 축소되고 수시가 확대되면 사교육비는 감소할까? 다음 그래프는 수시모집 비율과 사교육비 변화를 보여준다.

그래프에서 보듯이 수시모집 비율은 2008학년도 53.1%에서 2020학년도에는 77.3%까지 높아졌다. 그런데 이렇게 수시 비율이 높아지는 동안 사교육비는 감소한 것이 아니라 오히려 계속 증가했다.

그러면 학종은 어떨까? 학종으로 선발하는 비율이 증가하면 사교육비는 감소할까? 다음 그래프는 학종 모집비율의 변화와 사교

수시모집 비율과 사교육비 변화(2008~20학년도)

출처: 통계청, 〈사교육비조사결과(2007~19)〉; 대교협, 대입 전형계획 보도자료 및 대입 전형계획 첨부자료(2008~20).

육비의 추세를 보여준다.

2009학년도에 학종의 전신인 입학사정관제가 본격적으로 도입되었고, 2015학년도부터 학종으로 명칭을 변경했다. 2009학년도 입학사정관제 모집비율은 전체 모집인원의 1.2%에 불과했으나 이후 지속적으로 증가했다. 학종으로 명칭이 바뀐 다음에는 그 비율이 더 높아져서 2020학년도에는 전체 인원의 24.8%를 학종으로 선발했다. 학종 비율이 20배나 증가한 것이다. 그런데 그래프가 보여주듯이 학종의 모집비율이 증가하면서 사교육비도 지속적으로 증가했다. 따라서 학종 비율이 증가하면 사교육비가 감소한다는 것은 거짓이다.

사실 사교육비는 대입 전형을 어떻게 바꾼다고 하더라도 그 추

학생부 종합전형 모집비율과 사교육비 변화(2009~20학년도)

출처: 통계청, 〈사교육비조사결과(2007~19)〉; 대교협, 대입 전형계획 보도자료 및 대입 전형계획 첨부자료(2008~20).

세가 크게 달라지지 않는다. 우리나라에서 대학 진학을 둘러싼 사교육의 뿌리는 욕망, 불안, 그리고 의무감에 놓여져 있다. 한국사회에서 평판이 높은 대학에 진학하기 위한 경쟁은 일생 전체에 지대한 영향을 주는 '지위획득 경쟁'으로 자리매김되어 있다. 이런 상황에서 사교육은 이 경쟁에서 우위를 차지하려는 투자로 인식된다.

그렇기 때문에 대입 전형에서 본고사가 중요해지면 본고사 사교육이, 내신이 중요해지면 내신 사교육이 팽창하며, 학종이 중요해지면 다양한 서류 꾸미기와 기록 관리 컨설팅이 증가한다. 마찬가지로 논술이 중요해지면 논술 사교육이 증가하고, 수능이 중요해지면 수능 사교육이 확대된다. 따라서 대입 전형방식을 바꾸는 것으로 사교육비를 경감시킬 수 있다는 주장은 정부 당국이 의례적으로 던지는 '립서비스'에 가깝다.

≫ 학종은 학교를 교육적으로 변화시켰을까

학종 확대론자들은 학생부 종합전형 도입 이후 학교 현장에 '교육적으로 의미 있는 변화'가 일어나고 있다고 주장해 왔다. 수능이 대입 전형의 중심일 때는 수업이 문제풀이 위주로 진행될 수밖에 없었고, 수능시험과 무관하다고 생각되는 수업방식이나 활동은 기피 대상이었던 것에 반해서 학종 이후 교실 수업과 학교생활의 모습이 바뀌고 있다는 것이다. 예를 들면 이들은 다음과 같이 주장했다.

수업에 관심이 없던 아이들이 하나둘씩 교과서를 보게 되고, 한마디의 말도 하지 않던 아이들이 자기 생각을 말하는 놀라운 변화가 일어나고 있다.

무늬만 동아리였던 무기력한 동아리활동은 생기가 넘치는 아이들의 꿈을 펼치는 장소가 되었다.

'책 좀 읽자'고 노래를 불러도 읽지 않던 학생들이 먼저 독서목록을 가지고 온다.

경시대회에 참여해 달라고 애걸복걸하던 교사들은 이제 서로 대회에 참여하겠다는 아이들을 보게 되었다.[29]

학생들은 진로 심리검사, 진로독서, 직업체험, 직업인 인터뷰, 진로상담 등에 적극 참여하며, 자신과 직업 세계에 대한 다양한 정보를 탐색한다.[30]

이런 이야기는 학교 현실을 조금이라도 알고 있는 사람들에게는 듣기에도 민망스러운 주장이지만, 학종 확대론자들의 이러한 주장이 많은 사람들이 학종을 지지하게 만든 중요한 근거 가운데 하나였다.

학종이 처음 도입된 것이 2015학년도이고, 그 첫 세대 수험생은 2012년도에 고등학교 1학년이었다. 따라서 학종 확대론자의 주장에 따르면, 2012년도부터 지난 11년간 학종은 학교 현장을 교육적으로 의미 있게 변화시키고 공교육을 정상화해 온 셈이다.

물론 일부 학교에서 그리고 극히 일부의 열정적인 교사들이 교육적으로 훌륭한 시도와 노력을 해 왔다는 점은 인정해야 한다. 그러나 전체적으로 볼 때 학종으로 인해서 우리나라 고등학교가 교육적으로 의미 있게 변화했다는 이야기에 동의할 사람은 많지 않다.

사실 비교과활동은 그것이 대학입시의 중요한 요소가 되는 순간 더 이상 자발적인 활동이나 순수한 교육활동으로서의 의미를 유지하기 어렵다. 이제 그 활동은 대학 진학을 위한 수단이 되어 버리기 때문이다. 더구나 활동기록이 대학 합격을 결정하는 중요한 요소가 되기 때문에 수험생 입장에서는 자신의 기록을 '더 멋지고, 더 풍부하고, 더 돋보이는 내용'으로 만들어 내는 것이 대입을 위한 필수적인 전략적 과제로 받아들여진다. 기록된 내용이 보여주는 경쟁력이 결국 원하는 대학에 진학하기 위한 경쟁력이기 때문이다. 결국 비교과활동을 대학입시의 경쟁 요소로 만드는 순간, 그 모든 활동은 대입 경쟁에서 우위를 확보하기 위한 수단이자 전략적 과제로 변질된다.

그런데 비교과활동은 교과목 시험처럼 범위가 정해진 것도 아니고, 최고점이 정해진 것도 아니다. 또한, 학교에서 다른 학생들이 함께 지켜보는 가운데 확인된 결과를 제출하는 것도 아니다. 게다가 수상실적 같은 객관적인 자료를 제외하면 다른 학생이 무슨 활동을 했고, 그 내용을 어떻게 기록했는지 서로 알지 못한다. 이런 상황에서 남들보다 뛰어난 비교과 활동기록을 남기려는 경쟁은 끝이 없고, 그 결과 앞서 보았듯이 학종에 제출되는 모든 서류 항목 기록에서 윤색, 과장, 편법 동원, 심지어는 거짓과 조작까지 발생했던 것이다.

제9장

국민이 입시제도를 정한다?
– 대입 공론화 논쟁

≫ 시민의 의견을 존중한 것이 아닌,
   정부 내 의견 조정 실패에서 비롯된 공론화

2015년 9월 23일, 교육부는 2015 개정 교육과정 개편안을 발표했다. 고등학교에 기초 소양 함양을 위해 문·이과 구분 없이 모든 학생이 배우는 공통과목을 도입하고, 통합적 사고력을 키우는 통합사회 및 통합과학 과목을 신설했다. 특히 모든 학생이 수학에 흥미와 자신감을 잃지 않도록 학생 발달단계와 국제적 기준을 고려하여 학습 내용의 수준과 범위를 적정화하는 등 창의·융합형 인재양성을 위한 교육과정 마련에 초점이 맞춰졌다. 그러나 정작 교육부는 새 교육과정에 따른 수능시험 개편안을 4년 예고제가 적용되는 2017년으로 미룸에 따라 당시 중학교 1학년 학생들이 고등학교에 입학한 뒤에도 교육과정 취지가 효과를 거둘 수 없으리라는 비판이 제기되었다.[1] 이에 따라 시점은 더욱 연장되어 2021학년도 수능 개편안이 쟁점화된다.

수능 개편안이 발표될 예정이던 2017년, 박근혜 대통령의 탄핵으로 조기 대선이 치러지면서, 문재인 대통령의 교육 공약이 주목을 받았다. 문재인 대통령은 주요 교육 공약으로 대학입시 단순화와 2015 개정 교육과정에 따라 실시되는 2021학년도 수능부터 절대평가 전환, 수시에서 수능 최저학력 기준 폐지 검토를 내건 바 있었기에,[2] 7월에 발표하는 2021학년도 수능 개편안에 대한 국민적 관심이 증폭되었다. 특히 수능의 절대평가로의 전면적 전환과 공통과목으로만 수능을 치르는 방안에 대한 관측이 나오면서 수능 전 과목 절대평가와 관련된 논란이 격화되었다.

이러한 논란은 지속적으로 수능 전 과목 9등급 절대평가 전환이 필요하다고 주장해 온 김상곤 전 경기도 교육감이 2017년 6월 사회부총리교육부장관로 임명되면서 극에 달한다. 국민인수위원회가 개설한 '광화문 1번가' 누리집에는 김상곤 내정자 지명 후 변별력 문제, 학생 부담 가중, 사교육 확대 가능성, 대학별 고사의 부활 가능성 등을 이유로 들며 수능 절대평가 공약을 재고해 달라거나 반대한다는 학생과 학부모 의견이 쏟아졌으며,[3] 한국교원단체총연합회교총는 6월 27일, 2015 개정 교육과정 도입에 따라 2021학년도 대입 제도를 발표해야 할 교육부가 함구하고 있음을 비판한 바 있다.[4]

교육부는 2017년 7월 17일이 되어서야 대입 단순화 및 수능 개편 추진 태스크포스T/F를 신설하고 "대입 단순화와 수능 개편 등 새 정부의 국정과제 이행을 위해 8월 31일까지 전담팀을 운영, 학생·학부모·고교·대학 등 관계자의 의견을 폭넓게 수렴하고 합리적인 개편안을 마련할 계획"이라고 밝혔다.[5] 이어 8월 3일, 제7회 국정현안점검조정회의의 논의 내용과 향후 권역별 공청회를 통한 대국민 의견 수렴을 거쳐 그달 말 수능 개편안을 확정·발표할 계획이라고 발표했다.[6] 8월 10일, 교육부는 일부 과목영어, 한국사와 통합사회/통합과학, 제2외국어/한문 등 4과목 절대평가와 전 과목 절대평가 2가지 안으로 구성된 2021학년도 대학수학능력시험 개편 시안을 공개하고 31일에 있을 2021학년도 수능 개편안 확정·최종 발표 전까지 네 차례 권역별 공청회를 열어 두 가지 안에 대한 의견을 수렴할 것이며, 31일 최종 발표할 개편안은 1안과 2안 중 하나로 정해진다고 공언했다. 그러나 의견 수렴을 위해 8월 11일과 16일 두 차례 개최된 공청회에서는 오히려 분열과 갈등 양상이 심화되었다. 전국 초·중·고교생 학부모 2,346명을 대상으로 실시된 설문조사 결과 응답자의 80.5%는 교육부가 제시한 1, 2안보다 현행 유지가 바람직하다고 응답하였다.(개편안 추진 의도는 5장 참조)

2015년만 해도 2015 개편 교육과정과 이에 맞춘 수능 개편안을 2017년까지 제시한다는 정부의 정책 결정만 남겨 두었던 대입제도 개편 문제가 문재인 대통령과 김상곤 교육부장관의 의견 차이로 갈등을 야기한 것이다. 문재인 대통령은 대학입시 단순화를 공약의 주요 골자로 삼았지만 김상곤 장관은 수능 절대평가 전환과 학생부 종합전형 확대가 필요하다는 점을 강조했다. 이는 곧 수능 절대평가를 수능 무력화에 이은 정시 축소로 인식되면서 이에 반대하는 국민의 거센 반발을 부른다. 여론이 악화되자 2017년 8월 31일, 교육부는 수능 개편 유예를 결정하고 제도 도입을 한 해 미뤄 18년 8월까지 22학년도 수능 개편안을 마련하겠다고 발표했다.

≫ 대입 공론화의 굴곡진 여정과 모순된 결론

교육부는 2017년 9월 5일 열린 국무회의에서 「국가교육회의 설치 및 운영에 관한 규정안」대통령령이 통과했다고 밝혔다. 같은 달 말 출범한 국가교육회의는 문재인 정부의 중장기 교육정책 방향을 제안하고 복합적인 교육 현안에 대한 대안을 제시하는 교육개혁 컨트롤타워 역할을 담당할 예정이었다. 그러나 국가교육회의 의장을 애초 알려진 대로 대통령이 맡는 대신 민간 전문가를 내세우고 보수 성향의 교원단체 참여는 배제해 실효성, 중립성 논란이 일었다. 일각에서는 갈등 조정에 실패할 경우 대통령의 위상에 흠집이 생길 것을 꺼렸기 때문이라는 해석이 있었는데, 그 때문에 국가교육회의의 역할에 대한 의심도 따라서 커졌다.[7]

국가교육회의에 교육 주체들의 의견 수렴과 민주적 참여가 보장되지 않은 점도 회의적이었다. 정부 관료와 대학 당국의 참여는 법령으로 보장된 반면 교원과 학부모, 학생 등 교육 주체는 제외됐다. 이뿐만 아니라 민간 전문가로 구성되는 위촉직 위원에 학부모단체와 교원·시민단체 등을 참여시킬지도 결정되지 않은 상태였다. 이 같은 조건과 구성이라면 국가교육회의가 범사회, 초정권적인 교육정책을 제시하기는커녕 현안 조정에도 어려움을 겪을 것이라는 우려 섞인 전망이 제기되었다.[8] 정권을 초월하는 교육정책 수립을 목표로 2003년 7월 출범했지만 인사 난맥상과 리더십 부재 등으로 별다른 성과를 내지 못했던 노무현 정부의 교육혁신위원회의 재판再版이 될 것이라는 우려 섞인 시선도 상당하였다.

2017년 12월 12일, 대입제도 개편을 위한 제1차 정책포럼을 시작으로 대입정책포럼이 시작되었다. "2018년 3월 말 혹은 4월 초 수능 개편안 시안을 확정해 국가교육회의로 넘기고 시안 내용은 국가교육회의 혹은 교육부가 일반에 공개한다. 이후 국가교육회의가 여론을 수렴하고 숙의과정을 거쳐 8월에는 확정안을 발표한다"는 것이 원래 계획이었다. 대입정책포럼을 진행하며 교육부는 〈2018년 정부 업무보고〉를 통해 국민참여 정책 숙려제를 시행한다고 밝혔다. 정책 결정과정에서 국민 의견을 수렴하기 위해 ① 청와대 국민청원, 교육부 온교육 등을 통해 국민 의견을 접수하고 ② 이를 반영해 30일에서 6개월 이상의 숙려기간을 가진 뒤 ③ 정책 결정 후 배경 및 사유를 상세히 밝힌다고 하였다. 이 숙려기간이 소위 공론화기간이다.

교육부가 의뢰한 사안을 처리하기 위해 국가교육회의는 2018년 4월 16일, 〈대학입시제도 개편 공론화 추진방안〉을 발표했다. 주요 내용은 대입제도개편특별위원회^{대입특위}와 공론화위원회^{대입공론위}를 구성하고, 5~7월 중 공론화 범위와 의제를 선정하여 3차례의 세밀한 의견 수렴과정을 거쳐 권고안을 8월 초순 확정·발표한다는 것이었다. 이에 따라 4월 23일 대입특위가 구성되었고, 4월 30일에는 대입공론위가 출범했다.

5월 16일, 공론화위원회^{공론위}는 ① 공론의제 선정 ② 대국민토론회 ③ 시민참여형 조사 등 3단계 공론화 추진계획을 발표하였다. 대입제도개편특별위원회가 결정한 공론범위를 바탕으로, 공론위는 학부모, 교원, 대학관계자 등 이해관계자와 전문가 의견을 청취하여 공론의제를 선정하기로 하였다. 이어 대입제도 개편에 대한 사회 전반의 관심 및 이해도 제고 등을 위하여 호남·제주, 충청, 영남, 수도권·강원 등 4개 권역에서 권역별 대국민토론회를 개최하고, TV 토론회, 온라인 소통채널 의견수렴 등을 추진하기로 하였다. 특히, 직접적인 이해관계자인 학생들의 의견을 적극 반영하기 위하여 별도로 미래세대 토론회를 열어 대입제도에 대한 의견을 청취하고 그 내용을 정리하여 최종보고서에 담을 계획도 밝혔다.

이후 19세 이상 국민을 모집단으로 지역, 성, 연령 등을 고려하여 적정규모의 표본을 추출한 후, 그중에서 대입제도에 대한 의견, 성, 연령 등을 고려하여 최종적으로 대표성 있는 시민참여단을 선발한다. 시민참여형 조사는 대표성을 고려하여 선정된 시민참여단이 각계각층의 다양한 의견과 이해관계자 및 전문가의 입장이 충실히 반영된 자료를 심층적으로 학습하고 토론하는 과정을 통해 대입제도 개편안에 대한 공적인 여론을 도출하는 과정으로 계획하였다.[9] 이후 공론화위원회는 8월 초까지 시민참여형 조사의 결과를 정리한 후 대입제도개편특별위원회에 제출하며, 대입제도개편특별위원회는 공론화 결과를 바탕으로 대입제도 개편 권고안을 마련하고, 국가교육회의에 심의·의결을 요청하게 된다. 공론화의 전 과정을 개념적으로 요약하면 다음과 같다.

공론화 추진 절차

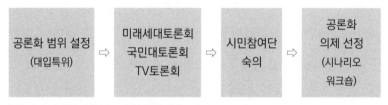

출처: 국가교육회의, 〈대입제도 개편 공론화 결과〉, 2018.

일반인이 말하는 공론화는 보통 마지막 시나리오 워크숍만을 의미하지만 실제 공론화는 위 그림의 모든 과정을 포함한다. 공론화위원회는 공론범위로 제안된 내용을 공론화 의제로 전환시키기 위한 방안으로 시나리오 워크숍을 선택하였다. 이 방식은 학생, 교사, 학부모 및 시민단체, 대학관계자, 입시전문가 5개 그룹 각 7명씩으로 구성된 참여자들이 1박 2일의 토론을 거쳐 3개 공론범위를 조합한 시나리오를 제공하는 방식이었다.[10] 각 쟁점별로 복수의 입장 선택이 가능하므로 3가지 쟁점별 입장을 조합할 경우 다양한 경우의 수가 도출될 수 있고, 쟁점별로 분리되어 결정될 수 있는 사안이 아니라고 판단하여 효과적인 숙의를 위해 의제 수를 줄이기 위한 방법이었다.

워크숍 참가자는 대입제도 개편에 다양한 의견이 균형 있게 반영되도록 하였다. 교원을 대변하는 교총과 전교조는 물론 앞선 논의과정에서 치열한 논쟁을 벌였던 정시확대를위한학부모모임과 공정사회를위한국민모임, 사교육걱정없는세상 등의 학부모·시민단체, 대학관계자들과 대입전문가에 이르기까지 실로 그간 대입제도 개편을 둘러싼 사회의 갈등 구조가 드러났다. 그러나 이들을 뽑은 기준이 명확하지 않고, 학부모·시민단체 그룹을 동일 선상으로 묶었으며, 대학 소속 전문가들이 상대적으로 많다는 점, 그리고 이들 다수가 수능 상대평가 유지 입장을 표명한 점을 보았을 때 시나리오 워크숍 참여자의 대표성이 떨어진다는 지적도 있었다.[11]

더 큰 문제는 이러한 시나리오 워크숍의 결과 선정된 의제가 네 가지에 한정되어 있다는 점이다. 시나리오 작성의 임의성이 지적될 수 있는 부분이다. 즉, 교육부에서 제시한 의제가 수능-수시, 절대-상대평가, 최저학력 적용 여부의 세 가지로 의제마다 두 개의 선택

공론화 의제 주요 내용

구분	학생부 위주 전형과 수능 위주 전형 비율	수능 평가방법	수시 수능 최저학력 기준 활용 여부
의제 1	(정시) 수능 위주 전형과 (수시) 학생부 위주 전형의 균형 유지. 각 대학은 모든 학과(실기 제외)에서 (정시) 수능 위주 전형으로 45% 이상 선발	상대평가 유지 원칙	대학 자율. 단, 교육부의 영향력 행사 배제
의제 2	대학 자율. 단, 특정 전형에 과도하게 치우쳐 학생의 전형 선택권이 제한되지 않도록 함	전 과목 절대평가 전환	활용 가능. 단, 현행보다 기준 강화 불가* * (예) 반영 영역 수를 확대, 더 높은 등급 요구 불가
의제 3	대학 자율. 단, 특정 유형의 전형방식 하나만으로 모든 학생을 선발하는 것은 지양	상대평가 유지 원칙	대학 자율. 단, (수시) 학생부 종합전형 혹은 (수시) 학생부 교과전형의 취지 반영 수준에서 설정 및 지원자의 전공 / 계열과 유관한 영역으로 적용 범위 제한 권장
의제 4	(정시) 수능 위주 전형 확대, (수시) 학생부 교과전형과 (수시) 학생부 종합전형 비율의 균형 확보	상대평가 유지 원칙	대학 자율

출처: 대입제도개편 공론화위원회 보도자료, 2018.

지가 있으므로, 총 8개의 조합이 가능함에도 단 네 가지 의제만 제시되었다. 시나리오 워크숍에 참여한 35명이 서로 합의한 이해관계자 간 사전 조율의 결과다.[12] 네 가지 의제를 정리하면 위의 표와 같다.

"전문가들조차 4가지 시나리오를 완벽히 이해할 수 없다"[13]는 부정적인 평가를 들으면서 시나리오 워크숍 도입 자체의 적절성에 대한 논란이 제기되었던 만큼 이를 통해 숙의를 진행해야 하는 시민참여단에게 효과적인 숙의를 기대하는 것은 처음부터 무리였다. 김영란 위원장이 직접 대입 개편을 위한 사전 연구도, 데이터도 없다고 비판하는 등 공론화위원회 내부에서도 적절한 자료가 제공되지 않았다는 비판이 나왔다.[14] 시민참여단의 숙의기간 역시 16일에 불과해 충분한 숙의가 이루어질 것인지에 대한 우려가 제기되었다. 실제 시민참여단의 일부는 사전에 배포된 숙의자료가 어려워 전문적 내용을 이해하기에 시간이 부족했기 때문에 실제 학습은 주로 2차 토론회 중에 이루어졌다고 밝히기도 하였다. 또한 토론회에서 발제자의 발표시간 및 발표 후 숙의시간이 부족하여 발표 내용의 사실 여부를 판단하기에도 시간이 부족했으며, 의제 간 시간 균형에 매몰된 기계적인 진행 때문에 심층토론이 이루어지기 어려웠다는 불만도 제기되었다.[15]

490명의 시민정책참여단으로 구성된 공론위는 ① 수능 상대평가 유지 + 정시 비중 45% 이상(1안) ② 수능 전 과목 절대평가 + 수시·정시 비율 대학 자율(2안) ③ 수능 상대평가 유지 + 수시·정시 비율 대학 자율(3안) ④ 수능 상대평가 유지 + 정시 확대(4안) 등 4개 안을 놓고 토론을 벌였지만 뚜렷한 결론을 내지 못했다. 각 안에 대한 시민참여단의 선호도 조사에서 가장 높은 점수를 얻은 1안

3.40점과 두 번째로 높은 점수를 받은 2안3.27점이 통계적으로 유의미한 차이가 없다5점 만점 기준는 이유에서다. 의제별 지지도 조사 결과는 다음 표와 같다.

대입제도 개편 의제별 지지도 조사 결과 (단위 : %)

	1차 (7.14~15)	2차 (7.27)	3차 (7.29)
수능 상대평가 유지 + 정시 비중 45% 이상	49.4	53.8	52.5
수능 전 과목 절대평가 + 수시·정시 비율 대학 자율	50.5	40.6	48.1
수능 상대평가 유지 + 수시·정시 비율 대학 자율	39.2	30.5	37.1
수능 상대평가 유지 + 정시 확대	50.3	47.8	44.4

의제별 지지도 조사 결과는 이러한 우려가 기우가 아니었음을 보여주었다. 최종적으로 1차와 3차 조사 결과를 비교하면 의제 1은 3.1%포인트 증가하였으며, 의제 2는 2.4%포인트 감소하는 것에 그치고 있다. 공론조사에서 숙의과정이 일정 수준 이상의 효과를 낳았다고 보는 경우는 숙의로 인한 의사의 변경이 나타났을 때이다.[16] 공론조사의 장점 중 하나는 선택지가 다양하여 하나의 결론을 도출하기 어려운 문제에서 참여자들이 토론을 통해 부적합한 것을 하나씩 줄여 가면서 결론에 도달할 수 있다는 점이다. 집단토론과정에서 관점 변화가 생겨 나에게 좋은 것보다 사회 전체에 좋

은 것을 선택하는 선호전환 효과가 나타난다. 그 결과 선호의 단봉성이 증가하여 투표의 딜레마인 선호가 순환하는 문제를 해결 가능한 이점이 있다. 이번 공론화에서는 그런 특징이 발견되지 않았다. 시민참여단의 낮은 전문성과 불충분한 자료 제공, 짧은 숙의기간 등으로 인하여 공론화위원회의 숙의효과가 낮았다고 볼 수 있다.

서로 대립적인 안인 1안과 2안이 근소한 차이로 지지를 받자 공론화위원회는 유의미하지 않은 차이의 결과를 가지고 단일안을 도출할 수 없다는 입장을 밝혔다. 두 의제는 수능 상대평가와 절대평가라는 대립적 입장이었기 때문에, 공론위는 중장기 대입정책 방향에 대한 부가질문 조사 결과를 반영했다. 중장기 대입정책 방향에 대한 질문에서 시민참여단은 절대평가 과목 확대27.0%, 전 과목 절대평가26.7%, 전 과목 상대평가19.5%, 상대평가 과목 확대15.3%, 현행 유지11.5% 순으로 응답했다. 이를 근거로 공론위는 단기적으로는 수능 위주 전형상대평가인 정시를 확대하되, 중장기적으로는 수능 절대평가를 준비한다는 모순되는 결론을 제시했다. 공론화 결과의 중장기적 개편 방안이 공론화의 공식의제에 대한 숙의결과로부터 도출되지 않고 부가질문에 대한 응답으로 도출됨으로써 공론화 결과에 대한 정당성 확보가 어려워졌다고 평가할 수 있다.

공론화위원회의 모호한 발표는 혼란을 더했다. 1안 지지자들은 지지율 52%로 1위로 선택된 사실이 존중돼야 한다고 주장한다. 통계적 유의미 여부를 따질 것 없이 과반 지지율을 얻은 1안대로 가야 한다는 것이다. 반면 2안을 지지한 전교조 등은 "2안으로 가라는 결론"이라고 정반대로 해석했다. 2안이 지지율로는 둘째지만 1등과 통계적으로 유의미한 차이가 없기 때문에 시민들이 중장기적으로도 수능 절대평가로 가야 한다는 의견을 분명히 했다고 보는 것이다.

공론위는 다만 "수능 위주 정시전형이 현행 20%대보다 높아질 필요가 있다"는 의견에 대한 시민참여단의 지지도가 82.7%에 달한다는 점을 들어 "시민참여단이 정시전형의 일정한 확대를 요구한 것으로 판단된다"고 결론을 내렸다. 다만 1안과 2안에 대한 지지도가 엇비슷하다는 이유로 "정시 비중을 45%까지 늘리는 것은 과도하다"는 의견을 덧붙였다. 2안에 포함된 수능 전 과목 절대평가 전환에 대해서도 공론위는 모호한 의견을 제시했다. "2022학년도 대입에서 수능 전 과목을 절대평가로 전환하기는 이르지만, 중장기적으로는 절대평가 방식도 준비해야 한다"는 것이 골자다. 절대평가를 지지하는 의견53.7%과 상대평가를 지지하는 의견46.3%이 대동소이한 것을 감안한 것으로 보인다.

교육부는 〈2022학년도 대학입학제도 개편 방안 및 고교교육 혁신방향〉을 발표한다. 수능 위주 전형 비율이 30% 이상으로 확대될 수 있도록 각 대학에 권고하기로 하고 학생부는 정규 교육과정을 중심으로 기재하도록 개선하기로 하였다. 인적사항에서 학부모 정보를 삭제하고 자율동아리는 학년당 1개에 한하여 객관적으로 확인 가능한 사항만 기재하고, 소논문은 기재하지 못하도록 하였다. 또한 고교학점제 및 성취평가제 개선, 고교 체제 개편을 종합적으로 연계하여 추진하기로 하였다.[17]

2022학년도 대입제도 개편안을 둘러싼 교육계의 반발이 끊이지 않는 가운데 김상곤 책임론도 점점 거세졌다. 문재인 정부 교육 공약·정책을 반대하는 측은 물론 지지하는 측도 김상곤 장관의 경질을 촉구하고 나섰고, 그 결과 유은혜 장관이 내정된다.

≫ 공론화 논쟁은 입시제도에 어떻게 반영되었는가?

유은혜 장관은 후보자 시절 논술 전형과 수학·과학·외국어 특기자 전형을 폐지하고 수시모집의 50% 이상을 반드시 학생부 교과전형으로 선발하고, 학생부 자기소개서 폐지를 제안하는 등 기존 대입정책에 대한 수정 가능성을 제기하였다. 그리고 10월 2일, 교육부장관으로 취임하자마자 "학종 불신을 해소하기 위해 관련 정책을 계속 발굴하겠다"고 예고했다. 이에 조응하듯 그간 수능 축소 담론을 이끌어 왔던 교육단체들이 "학생부 종합전형^{학종}의 비교과 요소를 대폭 폐지하라"는 요구를 들고 나왔다. 사교육걱정없는 세상과 좋은교사운동 등이 모여 만든 '문재인 대통령 교육공약 되찾기 국민운동'은 10월 4일 수상경력, 자율동아리, 봉사활동, 독서

활동 등의 비교과 요소를 없애고 중간·기말고사 성적만 적는 현행 교과 요소에 정성평가를 더해 학생의 특징이 두드러지게 하자는 내용의 기자회견을 개최하였다. 반면 이에 대하여 공정사회를위한 국민모임은 "학종 불신을 해소하기 위한 정책은 없다"며 즉각적인 학종 폐지를 요구, '정시 대 수시'의 논의에서 학종 자체를 둘러싼 형태로 담론의 변화가 나타났다.

이런 상황에서 2018년 11월, 서울 숙명여고 전 교무부장 현○ 씨의 자녀가 2017년 입학 후 6번의 시험 가운데 5번을 유출된 정답을 사전에 확보해 치렀다는 혐의가 경찰 수사에서 확인되면서 학생부 전형 전반에 대한 비판 여론이 증폭되었다. 이에 11월 20일, 제3차 반부패정책협의회에서 문재인 대통령은 "공교육 정상화, 사교육비 절감, 그리고 진보적 시민단체가 주장하는 수능 비중 축소, 내신·학종 비율 확대 등의 정책 추진에 엄두를 못 내고 있는데, 그 저변에는 학사비리가 작용하고 있다"며, "수능이 가장 공정하다는 국민들의 여론이 압도적인 상황이다. 학교와 내신에 대한 국민의 신뢰 없이는 공교육 정상화 등 제도 개선이 불가능하므로 비상한 각오로 임해야 한다"고 강조하였다. 이어 12월 11일, 교육부 업무 보고에서도 "우리가 정시 위주 교육에서 벗어나야 하고, 전인교육 하고 공교육을 살려야 하지만 학부모들 인식은 내신이나 학생부에 신뢰가 없으니 차라리 수능이 가장 공정하다고 생각하고 정시 확대를 더 바란다"고 언급하였고, 이는 학교 내신과 학생부, 수시 학종 전형에 대한 개혁을 주문한 것으로 받아들여졌다.

12월 17일, 교육부는 〈초중고 감사결과 공개 및 종합 대응방안〉에서 전국 17개 시·도 교육청이 2015년부터 18년까지 전국 1만 392개 초·중·고교를 감사한 결과 숙명여고와 같은 시험지 유출이 13건 적발되었다고 밝혔다. 이에 교육부는 '고교상피제'를 도입하고 교과우수상 수상경력을 미기재 하는 것을 검토하는 등 학생부 기재 지침을 개정하기로 한 종합 대응방안을 발표함과 동시에 「학교생활기록부 작성 및 관리지침 개정안」을 행정예고했다.

개정안은 인적사항에서 학생의 학부모 정보^{이름과 생년월일, 가족변동사항 등}를 적지 않도록 하고, 학생 진로 희망사항이 빠지며, 봉사활동 역시 시간만 적고 어떤 활동을 했는지 부연하는 특기사항은 빠지도록 하였다. 또한 모든 교과목의 소논문 참여 등도 기재 내용에서 제외하였다. 그러나 학종에서 대학이 비중 있게 평가하는 교과학습발달상황은 일부 내용이 소폭 간소화되는 것 외에 크게 바뀌지 않았고, 관심 분야와 학업에 대한 자기주도성, 심화학습 등을 어필할 수 있는 독서활동도 그대로 유지되었다. 또한 최대 개수가 6개로 제한된 수상경력의 경우 제출 숫자는 줄지만 기록은 그대로 유지된다는 점에서 여전히 학생의 역량을 평가하는 중요한 기준으로 작용할 수 있다는 우려도 제기되었다.

2019년 2월 26일, 전국시도교육감협의회가 〈대입제도 개선 연구단 1차 연구보고서〉 발표 기자회견을 열고 대입에서 수능 비중을 줄이고 정시와 수시를 통합하자는 주장을 내놓기도 하였으나 이미 '정시 대 수시'에서 '학종 개선'으로 주요 담론이 변화된 시점에 나온 보고서라는 점에서 큰 반향을 불러일으킬 수는 없었다. 다만 4월 30일 발표된 2021학년도 대입전형시행계획에서 수능 위주 전형 선발 비율은 20.4%로 전년(19.9%) 대비 0.5%포인트 늘어나는 데 그쳤다. 유은혜 장관은 정시 수능 위주 선발 비율을 2022학년도까지 30% 이상 확대하기로 한 사회적 합의를 대학들이 존중하고 협조할 것이라고 생각한다고 밝혔다.

여기서 2019년 8월, 조국 법무부장관 후보자의 자녀가 과거 한 영외고 재학 시절 2주 가량의 인턴 기간을 통해 의학 영어 논문의 제1저자로 등재된 사실이 밝혀지고 이로 인한 대입 특혜가 있었던 것 아니냐는 의혹이 제기되면서 학종과 관련된 논란이 극에 달하게 된다. 특히 조○ 씨가 대학에 들어간 2010년까지는 부모의 사회·경제적 지위, 논문 등재, 도서 출간, 발명 특허, 교외 경시대회, 해외 봉사활동, 공인외국어시험 등을 모두 학생부에 기록할 수 있었다는 점이 조명되며, 학종과 관련한 교육 당국의 '땜질식 처방'에 대한 비판으로 확산되었다.

조국 장관 후보자 자녀 논란으로 입시가 불공정했다는 인식이 확산되면서 대입에서 정시 비율을 늘려야 한다는 주장 역시 다시 본격적으로 제기되기 시작하였다. 8월 22일 국회 정무위에서 노형욱 국무조정실장이 '정시 50% 확대'를 주장하는 여당 의원에게

"전적으로 동감"이라고 동조하기도 하였으며, 이찬열 국회 교육위원장은 교육위 전체회의에서 "(조 후보자 자녀) 대학입시 관련 부분은 수시와 학종의 근본 의문 수준까지 와 있다"고 발언하였다. 결국 9월 1일, 문재인 대통령이 직접 "그동안 입시제도를 개선하려는 노력이 있었지만 여전히 공평하지도, 공정하지도 않다"며 대학입시제도 전반을 재검토해 달라고 지시했다.

문재인 대통령의 발언은 공론화 이후 학종 개선 중심으로 형성되었던 담론을 다시 '정시 대 수시' 담론으로 회귀시킬 수도 있는 사안이었다. 이렇게 될 경우 고교학점제 등 문재인 정부의 교육정책 전반에 혼란이 일어날 수밖에 없었다. 따라서 학종의 공정성과 투명성을 강화하여 대입 전형 전반에 대한 신뢰도를 높이는 것에 대책의 초점이 맞춰진다. 유은혜 장관 역시 "정시와 수시 비율을 조정하는 문제로 불평등과 특권의 시스템을 바꿀 수 있다고 생각하지 않는다"며 이러한 입장을 분명히 했다. 9월 6일, 당정청 비공개 실무협의회에서도 이번 개편의 방점이 학종 공정성 확보라는 것에 의견을 모았다고 알려졌다. 9월 9일, 문재인 대통령이 조국 장관 임명과 함께 고교 서열화와 대학입시의 공정성 등 기회의 공정을 해치는 제도부터 다시 한번 살피고, 특히 교육 분야의 개혁을 강력히 추진해 나가겠다는 내용의 대국민 담화를 발표하면서 이런 흐름에 반전이 올 것이라는 예측이 있었으나 18일, 당정청 비공개 실무협의회를 통해 정시와 수시 비율 조정 문제는 이번 대입제도 개편 논의에 포함될 수 없다는 점을 분명히 하였다.

2019년 10월 22일, 국회에서 열린 2020년도 예산안 관련 시정연설에서 문재인 대통령은 "국민들께서 가장 가슴 아파하는 것이 교육에서의 불공정"이라며 "정시 비중 상향을 포함한 입시제도 개편안을 마련하겠다"고 밝혔다. 그동안 정시·수시 비율 조정은 고려하지 않겠다던 교육부의 입장과 배치될 뿐만 아니라 바로 한 달 전 있었던 당정청 실무협의회 결과와도 어긋났기에 혼란은 더욱 가중되었다. 물론 교육부가 22일 당일 "학종 비율의 쏠림이 심각한 대학들, 특히 서울 소재 주요 대학에 대해서는 수능 비율 확대 권고를 당정청이 같은 의견으로 협의해 왔다"고 밝혔지만 논란은 쉽게 가라앉지 않았다.

결국 11월 28일 유은혜 장관은 〈대입제도 공정성 강화 방안〉을 발표했다. 주요 내용은 2023학년도 대입에 완전 확대를 목표로, 이르면 당시 고등학교 1학년이 치를 2022학년도 대입부터 서울대·고려대·연세대 등 서울 소재 16개 대학의 수능 위주 전형정시을 40% 이상으로 확대하고, 소논문과 진로 희망 분야, 교사추천서는 22학년도부터 폐지하며, 고교 프로필 전면 폐지 및 고교 정보 블라인드 처리의 서류평가 확대, 24학년도부터 정규 교육과정 외 모든 비교과활동과 자기소개서 폐지 등의 내용을 담고 있다. 교육부의 발표는 학종 축소와 학생부 교과전형의 확대와 맞물려 사실상 대입제도의 틀을 수능과 내신 중심으로 재편한 것으로 분석되었다.

2019년 〈대입제도 공정성 강화 방안〉 이후 학생부 종합전형 변화의 초점은 학교생활기록부의 기재 및 대입 반영 요소가 대폭 축소되고 있다는 것이다. 2022~23학년도 입시와 관련한 주요 변화는 인적·학적사항 통합, 진로 희망사항 삭제, 수상경력 학기당 1개 제한, 소논문 기재 금지, 봉사활동·특기사항 미기재 등이다. 2024학년도에는 대입에 반영하는 항목이 더 축소되어, 수상경력, 교과 세부특기사항 및 영재·발명교육 실적, 자율동아리, 독서활동, 봉사활동 및 개인 봉사활동 실적 등이 전부 미기재되고 미반영되는 등 활용이 제한된다. 제출서류 또한 2022학년도부터 자기소개서가 개편되고 교사추천서가 폐지됐으며 2024학년도부터는 자기소개서마저도 전면 폐지됐다.

결국 학생부의 대입반영 주요 항목 비중에서 비교과가 차지하는 영역이 현저하게 줄어들고 교과 내신과 교과 세부능력 및 특기사항세특 등 교과 위주로 그 중요성이 강조되었다. 이러한 방향이 '공정성' 확보라는 목적을 달성할 수는 있을지 모르나 학생부 종합전형 자체가 고안되고 도입되었던 목적에 비추어 그 존재의의를 가질 수 있을지는 의문이다.

입학사정관 제도에서 시작된 학생부 종합전형은 교육계 내부의 오랜 신념이 반영된 제도여서 교육계 내부의 관심과 기대가 컸다. 입시에 미치는 교사의 직접적인 영향력을 실질적으로 강화시켰고, 학교교육의 결과뿐만 아니라 과정까지 입학의 과정에 고려한다는 점에서 공정성을 가져올 것으로 생각되어 학부모, 학생 및 일반 시민들의 지지도 어느 정도 있었다.

그러나 교사추천서 작성 등 학생부 기록의 내실화 등 관련된 제도를 제대로 운영하지 못한 고등학교, 사적 이익을 극대화하기 위하여 외부 자원 이용을 극대화하여 전형자료의 신뢰성에 의문을 가져오게 한 학부모, 학생이 제출한 자료의 신뢰성을 적극적으로 검증할 자원과 의지가 극히 제한적이었던 대학은 학생부 종합전형의 원래 목적과 취지를 실현할 역량과 환경이 충분하지 않았다는 판단을 가능하게 한다.

특히 대입제도의 핵심 전형으로 발전한 학생부 종합전형의 방향성을 새롭게 설정하는 주된 계기가 교육계의 정책 실패에 대한 자체적인 성찰만으로 개선되기에는 힘들었다. 제도의 형태는 정책의 명칭 아래 유지되지만 그 내용은 정책 도입 당시의 목적을 달성하기 어려운 상태로 바뀌어 버렸다. 학생부 기재 내용의 축소과정이나 교사추천서, 자기소개서가 폐지되는 과정이 그 사실을 증명한다. 교과가 강조된 학생부 종합전형은 공정성의 강화가 아니라 정책의 수명이 다했다는 역설적 진실을 말해준다.

시험 – 꺼지지 않는 문제의 불길이 아니라
살아 있는 희망의 불씨가 될 수 있을까?

이 책을 통해서 시험과 관련하여 복잡하게 얽혀 있는 실타래를 풀어서 보이려고 노력하였다. 시험이라기보다는 전형, 특히 대학 입학전형이 가진 여러 가지 문제점에 대해서 역사적으로 정리하고 분석적인 접근을 시도하였다. 다각적인 접근이라기보다도 원래 계획에서 예상하지 못했거나 했어도 숨긴 내용이었다. 정책이 시행되면서 나타난 것이기도 했지만 계획 단계에서부터 예상할 수 있는 일들이 많았다. 1990년대의 내신 절대평가제 도입과 2000년대의 입학사정관제 도입이 대표적이다.

전국의 평균 대학 진학률이 50%가 넘은 상황에서 고교 교사들이 할 수 있는 일은 정해져 있다. 시험을 볼 자신의 학생들이 불리하지 않도록 하는 것이다. 절대평가에서 가장 유리하게 내신을 주는 방법은 시험을 가능한 한 쉽게 출제해서 가장 많은 학생들이

1등급을 받도록 하는 것이었다. 외국어고나 과학고에 있는 학생들은 내신에서의 불리를 걱정하며 대거 고등학교를 자퇴했고, 대학은 고교 내신을 신뢰하지 않게 되었다. 이후 대학에서는 고등학교의 내신을 사정할 때 내신성적에서의 비율뿐만 아니라 몇 등을 했는지 석차 등급 및 과목의 통계적 특성까지 요구하게 되었다. 작은 규모의 학교보다는 큰 규모의 고등학교들이 내신성적에서 유리하게 된 것도 그 결과라고 할 수 있다. 이후 대학들은 고교 내신에 대해 학생을 믿고 선발하는 자료라기보다, 일단 의심하고 보는 전형자료로 여기게 되었다.

교사들만을 탓할 수는 없다. 물론 양심적이고 상식적인 출제로 시험을 출제하고 내신을 산출한 교사와 학교도 있을 것이다. 그러나 양심과 상식이 긍정적인 결과로 반영되지 않았을 때의 후폭풍을 개별 교사나 학교장이 감당하기는 힘들다. 채점 결과를 고치는 부정만 없다면 시험을 쉽게 내는 것은 법적으로는 불법이 아니다. 그러나 도덕적으로나 상식적으로는 더 큰 잘못이다. 이러한 잘못은 처벌할 방법이 없기 때문에 모두가 가담하는 나쁜 일의 전형이다. 입시에 참여하는 사람들의 다양한 행동에 대한 예상은 언급하지 않은 채 아름다운 언사로 보고 싶은 장밋빛 결과만을 드러내는 교육계와 당국의 관행이 빚어낸 참사일 뿐이다.

입학사정관제나 학생부 종합전형의 결과를 보자. 제도 자체가 나빠서 문제가 생기는 게 아니다. 제도가 도입되던 2008학년도는 10개교의 254명을 대상으로 실시되었다. 이명박 정부 출범 이후 본격화되어 09학년도에는 40개교 4,476명, 10년에는 90개교 24,696명을 선발하였다. 총 대학 모집인원 중 입학사정관 선발이 차지하는 비율은 1.3%와 7.0%였다.[1] 11학년도는 105개 대학에서 총인원 27,628명에 달하여 모집 비중이 10%에 달했다. 내심 아쉬운 점은 2010학년도, 아무리 많아도 2011학년도 정도로 비율을 통제하면서 제도를 안착시켜 나가야 했는데 그 숫자와 비율을 무턱대고 늘리기만 해서 제도 자체에 대한 신뢰를 무너뜨리고 말았다.

전국 대학의 평균이 이 정도이지 주요 대학의 입학사정관 비율은 훨씬 높았다. 사고가 터지기 좋은 조건이었다. 물론 시험으로 뽑기 힘들다고 주장하는 특별한 학생이 많아서 그럴 수도 있었을 것이다. 우리나라의 대표적인 대학에서 입학사정관제가 주장하는 것처럼 시험으로 가려내기 힘든 잠재력, 성장 가능성, 창의력, 자기주도 학습력, 인성을 고려하여 뽑아야 할 학생이 매년 몇 명 정도 있을까? 그렇게 특별한 학생을 측정할 방법은 있는지, 과연 있다면 몇 %를 뽑는 것까지 합리적으로 받아들일 수 있을까?

주요 대학 중 서울대는 2010학년도에 330여 명10.41%, 고려대는 1,085명28.76%, 연세대는 611명17.95%을 각각 입학사정관제로 선발하였다. 전국 평균이 6.5%였을 때 이들 주요 대학은 전국 평균의 2~3배, 4배 이상에 다다랐다. 그리고 11학년도를 보면 서울대는 1,100여명으로 학생의 1/3 이상인 35.53%를 선발하였고, 연세

대도 1/4에 이르는 24.05%인 896명을 선발했다.[2] 전국 평균의 3.5
배와 2.5배이다. 고려대는 신입생 중 65.45%에 이르는 2,656명을
입학사정관제로 선발하여 전국 평균의 7배 가까이를 입학사정관
으로 뽑았다. 기존의 내신과 수능으로 뽑을 수 없을 정도로 잠재력,
성장 가능성, 창의력, 자기주도 학습력, 인성을 가진 특별한 인재가
매년 5천 명 3개 대학의 2011학년도 입학사정관 선발 학생 수이 넘게 있다는 말
을 믿을 수 있는 사람이나 받아들일 수 있는 사람이 얼마나 될까?

입학사정관제로 시작된 학생부 종합전형의 불공정성을 드러낸
조국 장관 사태의 주인공인 조○ 씨가 고려대학교 2010학번이라는
사실이 이러한 입학사정관제 선발의 과도한 확장과 무관하지 않을
것이다. 충분한 준비가 없는, 그리고 과도한 기대로 가득한 정책은
반드시 부작용을 가져오기 때문이다. 터질 만한 곳에서 사고가 터
졌다. 조국 사태의 파급력을 감안하면 사고라기에는 규모가 너무
나 큰 참사가 터진 것이다.

이런 참사보다 더 큰 내적인 대참사는 십여 년간 이렇게 큰일이
진행되는 데도 아무도 책임을 지지 않았다는 것이다. 대통령이 국
회에 가서 대학입학전형과 관련된 하나의 이슈만 건드려 이야기할
정도로 큰일이었는데도 말이다. 여러 명의 잘못이 오랜 시간을 두
고 누적되어 책임을 물을 적절한 방법이 없었기 때문에 역설적으
로 아무도 책임을 지지 않아도 되는 상황이 벌어진 것이다. 책임을
묻기에 공범이 너무 많았다. 자신들이 생각하기에는 바람직한 일

을 하다가 벌어진 일인데, 바람직하지 못한 결과에 대해서만 책임을 지라는 건 담당자들이 받아들이지 못할 일이기도 할 것이다. 논란이 벌어질 때쯤 장관은 그만두었을 확률이 높고, 공무원은 다른 부서로 전출되었을 가능성이 높다. 교사 출신 고위직은 큰 사고를 쳐도 학교나 시·도교육청으로 다시 가면 그만이었다.

2019년 9월, 김현아 국회의원이 교육부로부터 제출받은 〈최근 5년간 대학별 학생부 종합전형 부정 적발 현황〉에 따르면 2014년부터 18년까지 5년간 부정 행위로 입학이 취소된 경우는 9건에 불과했다.[3] 대통령이 발언하고 난 이후 각 대학별로 이루어진 조사에서도 별 내용이 없었다. 10여 년간 작성된 수백만 장의 추천서를 쓴 교사, 자기소개서를 쓴 학생, 그 서류에 근거하여 학생을 선발한 대학의 입학사정관 중 법적으로 책임을 진 경우는 아직까지 듣지 못했다. 장관직 사퇴는 물론 본인 말대로 멸문지화를 당한 조국 전 장관이나 의학전문대학원을 졸업하고 의사로 지내다 고졸 학력이 된 그 딸은 억울하다는 생각이 들 것이다. "왜 나만 가지고 그래?"라는 오래된 유행어가 부녀에게는 사무친 서러움으로 다가올 것이다.

얼마 전 발표된 〈2028 대학입시 개편 시안〉을 보면 희망의 불씨보다는 활활 타오를 또 하나의 참사가 예상된다. 상대평가제와 고교학점제의 충돌, 수능의 내신 합산 등으로 인한 정시의 학종화 등 갈등의 씨앗이 심겼다. 이 책에 담긴 문제와 처방에 대한 내용이 약간만 바뀐 채로 수년 후 또 등장할 가능성이 높아졌다는 뜻이다. 이

책의 개정판이 필요 없기를 바라지만 저자들의 관심과 열정이 그대로라면 그냥 지나치기 힘든 일이 필연적으로 발생할 것 같다.

〈여는 글〉에 나온 것처럼 학생들은 고등학교 생활 내내 관리해야 하는 존재가 되었다. 학생이 학습한 내용에 대하여 시험을 봐서 달성된 성취도를 평가하는 것에서 교사가 관리한 내용을 기반으로 대학이 선발의 준거로 삼는 경우가 많아졌다. 앞으로도 줄지 않을 것이다. 왜 이렇게 되어 가는지 세 가지로 설명할 수 있다.

첫째, 학습한 내용 대신 만들어진 성과로 학생을 선발하는 방식으로 변했다. 앞에서도 언급되었지만 기업과 국가기관의 채용방식은 이미 많이 변했다. 영어와 상식으로 대변되던 공채는 "라떼"의 산물이 된 지 오래다. 성취도가 아닌 자기소개서, 수상경력, 동아리, 공모전 등 성과물에 의한 선발이 표준이 되었다. 또한 국가기관은 개별과목의 성취도가 아닌 해당 직역의 적성을 토대로 선발한다. 즉, 얼마나 그 직역에 이미 만들어졌는지를 토대로 선발한다. 공공기관에서도 블라인드 채용으로 학습한 내용보다는 해당 직역을 얼마나 잘 수행할 수 있는지 묻는다.

대학입시도 고등학교에서 어떤 과목을 배웠고 얼마만큼의 성취도를 얻었는지보다는 진학하려는 학과나 전공에 얼마나 적합한지를 보려는 경향이 강해지고 있다. 해당 학과나 전공에 대한 준비는 석사나 박사과정에 진학할 때 물어보는 게 더 적합할 것이다. 고등학교에서는 과학고나 예고, 체고 등을 제외하고는 특정 전공이나 학과에 그리 특화해 가르칠 분위기나 여력이 되지 않기 때문이다. 석사과정 지원자도 요즘은 오히려 기본적인 글쓰기나 읽기 능력을 묻는 경우가 많은데, 박사과정 입학생에게나 사용할 만한 입학전형을 대학입학에서 쓰고 있는 것이다.

둘째, 바람직한 제도에 대한 합의가 어려워졌다. 세상이 다양화돼서 그렇다기보다는 아직 그만한 조정 기능을 갖추지 못했다. 권위주의 정부 시절에는 강제와 강압이 사회적 합의라는 이름으로 가능했지만 그 이후는 봉합 또는 미봉책이 사회적 합의의 다른 말이 되었다. 바람직한 합의가 힘든 가장 힘든 이유는 이익집단의 힘이 커졌기 때문이다. 유·초·중등 교사의 수가 50여만 명이고 교원단체 및 노조 가입자 수도 15만 명에 육박한다. 교사가 자신에게 유리한 제도를 선호하고 집단적인 영향력을 가하는 것을 뭐라고 할 수 없다. 학교에 직접적인 영향력이 가장 큰 교원단체 및 노조의 선호라면 이들의 선호에 당선이 직접적인 영향을 받는 교육감도 눈치를 볼 수밖에 없다. 조직화된 교육계 내부의 세력과 조직화되지 않은 학부모와 학생은 그 영향력이 매우 다르다. 이러한 정치적인 구조 때문에 민감한 문제, 특히 입시와 관련된 문제에 대하여 바람직한 합의를 이룬다는 것은 매우 힘든 일이 되었다.

과거에는 입시를 준비하는 학생이 해당 과목을 배울 수 있는 사람은 해당 과목 교사와 기껏해야 인근 사설 학원 강사 정도였다. 그러나 인터넷 강의가 보편화된 요즘은 전국 최고의 일타 강사 강의에까지 접근 가능하다. 모두가 직접 수강을 할 수는 없지만 최소한 온라인강의는 가능하다. 이런 환경에서 학생이 교과 과목을 배우고 익히는 주요 교습자로서 교사가 가졌던 권위는 학교 밖으로 점점 넘어가고 있다고 볼 수 있다. 이런 환경의 변화 속에서 교사가 학생에 대해서 가질 수 있는 힘은 이제 가르치는 것에서 관리하는 것, 서류를 기록하는 것으로 자연스럽게 변화하고 있다. 즉, 수행평가, 내신, 세특 등에 대한 기록이 교사가 가질 수 있는 유일한 권력이기에 이를 포기하기란 점점 어려워져 가고 있다. 그렇기 때문에 학교에서 수시는 학교교육 정상화로, 정시는 학교의 입시기관화로 여겨질 수밖에 없다. 교사들의 분위기가 이런데 입시제도에 대한 바람직한 합의를 한다는 것은 쉽지 않을 것이다.

셋째, 책임을 묻기 힘든 쪽으로 제도가 변해 간다. 관리기록은 서류로 남는데 서류는 허위기재만 아니면 책임을 묻기 힘들다. 교사가 가르친 내용에 근거해서 시험을 본다면 학생은 사교육을 포함한 모든 교수 내용에 자신의 성취도를 결부시키게 된다. 그러나 관리가 되면 달라진다. 질적으로 잘 했냐, 못 했냐가 아니라 관리를 했냐, 하지 않았냐가 더 중요해진다. 정성적인 내용에 의한 평가가 이루어질수록 직접 책임을 져야 할 요소가 줄어들기 때문이다. 빈칸만 남겨 두지 않으면 된다. 내용의 충실성이나 객관성은 평가할 길이 없다.

특히 교육정책과 관련돼서 그렇다. 2025학년부터 시작될 고교

학점제의 준비상황을 보자. 고교학점제는 학습과 관련된 모든 내용과 방법에 대해서 우리가 알고 있는 고등학교를 대학교처럼 바꾸는 일이다. 내신도 절대평가를 해야 제대로 작동할 수 있는 제도이다. 물론 대부분의 대학도 학점 인플레로 상실하게 될 지도 모를 사회적 신뢰 때문에 상대평가를 도입하고 있는 것이 현실이다. 이러한 이유 때문에 고등학교도 상대평가를 유지할 수도 있겠지만 그건 현실적인 타협안이다.

2025학년부터 전면 실시될 고교학점제가 파행을 거듭할 경우 누가 그 책임을 질 것인가? 수년 동안 보수와 진보 정부 모두가 추진했고, 교육부와 시·도 교육청이 계획과 실행을 함께했다. 지난 정부의 마지막 교육부장관은 정권이 바뀌어도 고교학점제는 지속되어야 한다고 못을 박았고, 이번 정부의 장관도 그대로 이어받아서 회피할 수 있는 기회를 놓쳤다. 교육과 관련된 장기 계획을 맡게 된 국가교육위원회의 숟가락이 하나 더 얹힌다. 서로 준비한다고 허둥대고 있지만 정작 문제가 터지면 결국 아무도 책임지지 않을 건 뻔하다. 지금까지 그랬던 것처럼. 대통령이나 의회가 교육정책에 대해서 왈가왈부하면 교육의 정치성 운운하면서 반대하는 게 시·도 교육감의 일상이다. 그러다가 문제가 터지면 책임져야 할 사람이 해결할 의지나 성의를 보여준 적은 기억에 없다.

이런 이유로 이제 입시는 공정한 쪽으로 가기보다는 이해관계를 잘 반영하는 쪽으로 움직이고 있다. 교육계에서 가장 다수를 차지하고 직접 업무를 수행하고 있는 고교 교사가 가장 큰 힘을 발휘하고 있다. 또한 조직화된 목소리를 내면서 시·도 교육감 선거나 교육부 인사에도 영향력을 발휘한다. 교육부 고위직 가운데 유·초·중등교육을 담당하는 책임교육정책실* 실장은 교원 출신이 맡는다. 교육부 본부의 교사 출신 비율은 14%에 다다르고, 각 시·도 교육청은 보통 1/4 정도가 교사 출신이다.

수시와 정시를 둘러싼 논란이 극에 달했던 2019년의 여론조사를 보면 교육계 내부와 국민여론 간의 차이를 극명하게 알 수 있다. 당시 여론은 다수인 63.2%가 "정시가 더 바람직하다"고 응답했고, 22.5%만이 "수시가 더 바람직하다"고 답했다. 특히 학생은 73.5%가 정시가 더 바람직하다고 답했고, 이제 갓 입시를 치른 20대도 72.5%가 정시가 더 바람직하다고 답했다.[4] 학종을 포함한 수시를 직접 경험한 학생과 20대가 분명 정시가 더욱 바람직하다고 답했다. 여론과 동떨어진 의사결정이 '현장'과 '전문가'의 의견에 더하여 또 이루어질 가능성은 여전하다.

시험, 정확하게는 지필고사가 나쁜 거라고 생각하는 사람들이 교육계에 많다. 또한 사지선다나 오지선다 객관식 시험 때문에 창의성이 생기지 않는다는 황당한 주장이 아무렇지도 않게 교육계에서는 들린다. 20세기 진보주의 시대에 사회과학의 발전 속에 인간

* 예전의 학교교육정책실, 혁신학교지원실.

의 행동에 대한 측정 및 평가 기법이 생겨났고, 그것을 현대 교육학의 출발로 본다. 공교육이 여러 계층의 많은 사람들에게로 확대되면서 발명된 현대적인 평가 기법이 객관식이다. 세계에서 가장 창의적인 사람이 많다고 알려진 미국에서도 대학입시로 치르는 적성 시험인 SAT나 각종 시험을 선다형으로 치른다. 한때 진보의 꿈이었던 핀란드에서는 대학 본고사를 여러 대학이 동일하게 전 과목 객관식으로 치른다.[5]

오히려 어려운 문제를 풀기 위해서 오랜 시간을 두고 깊이 있게 생각하는 데서 생겨나는 게 당연하다. 창의성은 암기에서 시작하여 이해, 적용, 분석, 평가를 거쳐 마지막 인지적 작용의 단계에서 생기기 때문이다. 프랑스 시민혁명 이후 계몽사상가들이 계급이 아닌 실력에 의한 관리등용을 고민하며 수입한 제도가 중국의 과거제도이다. 비과학적이고 탈역사적인 주장이 교육계에서는 오히려 더 큰 목소리가 된지 오래다.

입시와 관련하여 교육계의 영향력이 절대적으로 강할 수밖에 없는 기울어진 운동장에서 학부모와 시민의 목소리가 반영될 수 있는 방법은 교육정책 결정과정에서 전문성과 정치적 중립성으로 포장된 교육계의 목소리를 덜 반영하는 게 가장 현실적인 일이다. 대통령 선거 공약에 입시를 포함한 모든 교육 관련 정책을 연동시켜 대통령이 교육을 책임지도록 하는 방법도 생각해 볼 수 있다. 공약으로 포퓰리즘을 남발할 수 있지만 그 경우 공약을 이행하기에 5년은 짧고 재집권이 어려워질 것이다. 조금 더 실질적인 방법은 정당 통제를 강화하여 시민의 목소리가 입시 관련 정책에 더 반영되도록 하는 것이다. 최선의 정책은 힘들더라도 최소한 지금처럼 갈라파고스 같거나 게리맨더링 같은 현재의 입시정책은 피할 수 있다.

그것이 공정의 시작일 것이다.

주

여는 글 >>> 공정한 대학입시, 우리 사회 최고의 관심사

1 김기석 외, 1996, 79쪽; 《한국교육10년사》; 통계청, 〈장래추계인구〉(kosis.kr/stat
   Html/statHtml.do?orgId=101&tblId=DT_1B01B01); 통계청, 〈인구총조사〉(kosis.
   kr/statHtml/statHtml.do?orgId=101&tblId=DT_1IN5501&conn_path=I3).
2 《동아일보》, 1977. 1. 31.
3 이기훈, 2018.
4 홍성국, 2018.
5 《한국경제》, 2018. 4. 8.
6 이종구·김홍유, 2009.
7 이종구·김홍유, 2010.
8 이종구·김홍유, 2010.
9 이종구·김홍유, 2010.
10 김성민, 2021.
11 최준형, 2021.
12 김세움, 2021.
13 이태형, 2020.
14 《한겨레》, 2023. 6. 30.
15 이민경, 2022.
16 2013년 아베 신조 당시 일본 총리의 자문 기구인 교육재생실행회의에서 펴낸 보고서
   에 등장한다.
17 김용·엄아름, 2018.

제1장 >>> 시험과 선발의 사회사 — 시험을 대하는 한국인의 특징

1 OECD, 1989.
2 Seth, 2002.
3 OECD, 1998.
4 OECD, 1998.
5 이정규, 1999.
6 정순우, 1999.
7 한우희, 1991.
8 정순우, 1999.
9 《동아일보》, 1965. 3. 30.

10 《동아일보》, 1965. 6. 26.
11 성태제, 2002에서 재인용.(Tyler, 1949)
12 성태제, 2002.
13 Karabel, 2005.
14 이종구, 2021.

제2장 >>> 대학, 공정하고 교육적인 입시를 위한 경쟁의 닻을 올리다

1 강준만, 2009.
2 《동아일보》, 2016. 11. 4.
3 《서울신문》, 2018. 8. 17.
4 한국교육십년사 간행회, 1960.
5 강무섭·김재웅·민무숙, 1986.
6 강무섭·김재웅·민무숙, 1986.
7 서기곤, 1969를 인용한 강무섭·김재웅·민무숙, 1985 재인용
8 《동아일보》, 1957. 3. 15.
9 한준상, 1983.
10 《동아일보》, 1952. 4. 24.
11 윤정일·송기창·조동섭·김병주, 1996.
12 《경향신문》, 1968. 10. 16.
13 송재주, 1963.
14 윤정일·송기창·조동섭·김병주, 1996.
15 김경옥·이윤옥, 1973
16 《동아일보》, 1976. 8. 2.
17 신인순·하영애, 1967.
18 서남수·배상훈, 2022.
19 《동아일보》, 1980. 7. 31.
20 정범모 외, 1993.
21 강준만, 2009; 서남수·배상훈, 2022.
22 서남수·배상훈, 2022.
23 헌법재판소 2000. 4. 27. 선고 98헌가16, 98헌마429(병합) 결정.
24 서남수·배상훈, 2022.
25 서남수·배상훈, 2022.
26 문재인 대통령의 2020년도 예산안에 대한 국회 시정연설, 2019. 10. 22.
27 M. Trow, 1973.

제3장 >>> 일제고사보다 내신, 적합한 선발을 위한 첫 도전

1   이경숙, 2017.
2   《조선일보》, 1957. 9. 10.
3   《경향신문》, 1957. 3. 18.
4   이경숙, 2017.
5   이혜영·윤종혁·류방란, 1997.
6   손준종, 2006.
7   《조선중앙일보》, 1936. 2. 1.을 인용한 손준종, 2006 재인용
8   손준종, 2006.
9   손준종, 2006.
10 서남수·배상훈, 2022.
11 《동아일보》, 1980. 9. 8.
12 정범모 외, 1993.
13 《서울신문》, 1996. 1. 20.
14 《중앙일보》, 1997. 10. 20.
15 교육과학기술부·대학교육협의회, 2009.
16 한국경제 TV, 2018. 12. 17.
17 Karabel, 2010.
18 《동아일보》, 2019. 6. 25.
19 청와대 국민청원.
20 《천지일보》, 2019. 7. 16.
21 김범석, 2020.
22 손준종, 2006.
23 《경향신문》, 1980. 7. 30.

제4장 >>> 수능, 화려한 등장 그리고 끝없는 퇴락

1   《대학수학능력시험 10년사》; 《대학수학능력시험 20년사》 63쪽.
2   《동아일보》, 1993. 11. 18.
3   《한겨레》, 1993. 8. 21.
4   《세계일보》, 1994. 3. 6.
5   《한국일보》, 1993. 11. 19.
6   한국교육과정평가원, 《대학수학능력시험 20년사》, 102쪽.
7   한국교육과정평가원, 《대학수학능력시험 20년사》, 85, 101쪽.
8   2004년 발표된 2008학년도 대입제도 개선안의 핵심 내용은 세 가지다. 첫째는 내신
    성적 상대평가 도입 및 반영 비율 확대, 둘째는 수능 등급제, 셋째는 학생들의 다양한
    특기와 적성을 적극적으로 발굴하여 선발할 수 있도록 대입 전형의 전문화 체계를

강화하기 위해 입학사정관제를 도입하는 것이다.

9 교육인적자원부, 〈학교교육 정상화를 위한 2008학년도 이후 대학입학제도 개선방안 (시안)〉과 그 질의·응답 자료, 2004. 8.

10 〈고교생 또 자살, 두 달 새 10명 희생〉, 《프레시안》, 2005. 5. 10. 나중에 내신성적의 실질 반영률과 실질 영향력이 그다지 높지 않다는 사실이 알려지면서 내신에 대한 부담이 완화되기는 한다.

11 교육부, 각 연도 〈입학사정관제 지원 사업 선정 결과 보도자료〉. 2013년에는 〈대학의 입학사정관 역량강화 지원 사업 선정결과〉로 명칭을 변경하였다.

12 《국민일보》, 2013. 2. 5.

13 2013학년도와 2014학년도 입학사정관제 선발인원은 각 학년도 대교협 대입 전형 시 행계획 참조.

14 《한국일보》, 2011. 1. 26.

15 《경향신문》, 2013. 5. 22.; 《문화일보》, 2013. 6. 3.

16 《한겨레》, 2013. 7. 15.

17 교육부, 〈대학수학능력시험 영어영역 절대평가 도입〉, 2014. 12. 26.

18 교육부, 위의 글.

19 〈수능 영어 절대평가 정착 땐 국어·수학 등에도 도입 검토〉, 《한국일보》, 2015. 4. 20.

20 게다가 절대평가에서 1등급을 받은 학생들의 상당수는 원점수만 비교할 때 이전이 라면 2등급 수준의 원점수를 받은 학생들이며, 절대평가 2등급을 받은 학생들 원점 수 수준은 거의 대부분이 이전이라면 4등급 수준에 원점수를 받은 학생들이다. 《내 일신문》, 2019. 11. 28.

21 2018학년도 정시모집을 기준으로 자연계의 경우 서울대는 3등급 이상은 만점, 나 머지 대학은 4등급 이상을 만점으로 인정했다.(blog.naver.com/kgeo17/2209296 97458)

22 교육부, 〈대학수학능력시험 영어영역 절대평가 도입〉, 2014. 12. 26.

제5장 >>> 수능 전면적 절대평가 추진과 조국 사태

1 《뉴시스》, 2017. 6. 29.

2 《한국일보》, 2017. 7. 17.

3 《중앙일보》, 2017. 8. 6.

4 대입제도 변경안은 시행 3년 이전에 확정해야 하기 때문에 2021학년도 대입 개편안 을 2017년 8월말까지 결정해야 한다.

5 《동아일보》, 2017. 9. 1.

6 《국민일보》, 2017. 10. 24.

7 《동아일보》, 2017. 12. 28.

8 《서울신문》, 2018. 3. 31. 정시 확대는 곧 대입에서 수능의 영향력이 강화되는 것을

의미하고, 또한 학생부 종합전형이 포함된 수시모집은 축소되는 것을 의미한다.

9 교육부가 숙의와 공론화 결정을 요청했던 주요 주제에는 2가지에 더해서 〈수시·정시 선발 시기를 통합할 것인가 현행대로 유지할 것인가〉도 포함되어 있었지만, 사실 이 문제는 쟁점의 핵심이 아니었다. 교육부, 〈대학입시제도 국가교육회의 이송안〉, 2018. 4. 11.

10 대입제도개편 공론화위원회, 〈대입제도 개편 공론화 결과〉, 2018. 8. 3. 공론화위원회가 정리한 시민참여형 조사 결과 보고에는 위의 2항목 이외에 4가지 항목에 대한 조사 결과가 포함되어 있다.

11 국가교육회의 보도자료, 《〈대학입시제도 개편 권고안〉 발표》. 2018. 8. 7.

12 교육부, 〈2022학년도 대학입학제도 개편 방안 및 고교교육 혁신방향 발표〉, 2018. 8. 17.

13 《한국일보》, 2019. 9. 2.

14 《경향신문》, 2019. 10. 22.

15 교육부, 〈대입제도 공정성 강화 방안 발표〉, 2019. 11. 28.

16 교육부, 위의 글.

17 교육부, 〈대입 공정성 강화 방안〉, 2019. 12. 9.(if-blog.tistory.com/9695)

제6장 >>> 킬러 문항 논란과 2028년 대입 개편안

1 《경향신문》, 2022. 5. 17.

2 《CBS 노컷뉴스》, 2023. 6. 15. 22:10.

3 《조선에듀》, 2023. 6. 19.

4 《한겨레》, 2011. 2. 16.

5 핀란드 교육문화부, 〈2015년 중등학교 교과 과정의 기본 사항〉.

제7장 >>> 수시모집의 등장 ─ 성적 중심 선발에서 벗어나자

1 대통령 자문 교육개혁위원회, 〈세계화·정보화 시대를 주도하는 新교육체제 수립을 위한 교육개혁 방안〉, 1995. 5. 31., 28쪽.

2 대통령 자문 교육개혁위원회, 위의 글, 29쪽.

3 대통령 자문 교육개혁위원회, 위의 글, 28쪽.

4 대통령 자문 교육개혁위원회, 위의 글, 28쪽.

5 교육부 고시 제1998-4호. 이후 일반전형과 특별전형에 대한 규정이 약간 달라졌는데, 현행 「고등교육법」에서는 "일반전형은 일반 학생을 대상으로 보편적인 교육적 기준에 따라 학생을 선발하는 전형", "특별전형은 특별한 경력이나 소질 등 대학이 제시하는 기준 또는 차등적인 교육적 보상기준에 의한 전형이 필요한 자를 대상으로

학생을 선발하는 전형"으로 규정하고 있다.(「고등교육법」 제34조 1, 2항)

6 대학 독자적 기준에 의한 전형이 처음 명시된 것은 1998학년도 교육부 고시다.

7 2001학년도까지 대학들은 독자적 기준으로 선발 방식을 다양화하기보다는 수능성 적 우선 선발 제도라고 할 수 있는 특차모집에 집중했다.

8 〈교육부장관 담화문〉, 《2002학년도 대학입학제도 개선안내자료집(1999.2)》, 3~4쪽.

9 이러한 문제의식은 5·31 개혁안의 문제의식과 완전히 동일하다. 5·31 개혁안 대통 령 보고서인 〈세계화·정보화시대를 주도하는 신교육체제 수립을 위한 교육개혁방 안(1995)〉, 6~8쪽.

10 교육부, 《2002학년도 대학입학제도 개선안내자료집(1999.2)》, 10, 31쪽.

11 《2002학년도 대학입학제도 개선안내자료집》, 10쪽.

12 《경향신문》, 1998. 11. 4.

13 교육부, 《2002학년도 대학입학제도 개선안내 자료집(1999.2)》, 9쪽.

14 《세계일보》, 1999. 3. 27.

15 교육인적자원부, 〈학교 교육 정상화를 위한 2008학년도 이후 대학입학제도 개선방 안(시안)〉, 2004. 8.

제8장 >>> 입학사정관제와 학생부 종합전형의 진실

1 김지영, 〈일본의 대학입시제도 현황〉, 《해외교육동향》 364호, 2019. 11. 20.

2 미국의 입학사정관 도입의 역사에 관한 것은 제롬 카라벨, 《누가 선발되는가》, 3~4 장 참조. 그리고 그 결과 명문대가 어떻게 상류층 자녀들을 합격시켜 왔는지를 잘 보 여주는 것은 대니얼 골든, 《왜 학벌은 세습되는가》 참조.

3 대교협, 〈2007년 대학입학사정관제 지원 사업 결과 발표〉, 2007. 8. 3.

4 《국민일보》, 2013. 2. 5.

5 《조선일보》, 2009. 7. 28.

6 각 연도 교육부, 〈입학사정관제 지원 사업 선정 결과 보도자료〉. 2013년에는 〈대학의 입학사정관 역량강화 지원 사업 선정결과〉로 명칭을 변경하였다.

7 대교협, 〈각 연도 수시모집 주요 사항〉; 김준엽 외, 〈대학에서의 학습 및 활동을 중심 으로 본 입학사정관제 성과(2013)〉, 2쪽.

8 2017년에는 '고교교육 기여 대학 지원 사업'으로 다시 명칭을 바꿨다.

9 2014년에 2015학년도 입시가 시행된다.

10 2020학년도 각 대학 모집 요강.

11 《동아일보》, 2019. 9. 19.

12 《중앙일보》, 2016. 4. 27.

13 《중앙일보》, 2016. 4. 27.

14 《노컷뉴스》, 2016. 4. 25.; MBN, 2016. 4. 9.

15 《한국일보》, 2017. 10. 13.

16 《국민일보》, 2013. 12. 28.

17 TBC, 2016. 6. 10.;《대학저널》, 2016. 9. 7.

18 《한겨레》, 2016. 9. 27.;《머니투데이》, 2015. 7. 19.

19 TV조선, 2017. 7. 21.

20 송기석, 〈대입제도에 대한 국민(학부모)여론조사 결과 및 대입제도 개선 방향〉, 2016. 9.

21 《동아일보》, 2016. 8. 8.

22 《세계일보》, 2017. 5. 19.

23 사교육걱정없는세상, 〈대학입학전형에 대한 국민인식 조사 결과 발표〉, 2018. 4. 19. 재미있는 것은 이 조사를 의뢰한 사교육걱정없는세상이라는 단체는 그동안 학종 확대 주장의 선봉대 역할을 수행해 온 단체라는 사실이다.

24 《경향신문》, 2019. 11. 5.

25 교육부, 〈13개 대학 학생부 종합전형 실태 조사 결과 별첨자료〉, 2019. 11. 5.

26 이렇게 사전에 실제 평가 대상자를 걸러 내는 일을 주요 대학에서는 사전 평가 대상자 선정과정이라고 부른다. 물론 어떤 기준으로 걸러 내는지는 공개하지 않는다. 하지만 이렇게 걸러진 학생들은 실제로 서류평가를 받을 기회도 없는 셈이다. 한편 이후 발표된 교육부의 〈대입공정성 강화 방안〉에 따르면, "일부 대학에서는 지원자의 35%에게 할애된 서류평가 시간이 5분 미만"이었다. 교육부, 〈대입공정성 강화 방안 별첨자료〉, 2019. 11. 28.

27 교육부 학생부종합전형조사단, 〈13개 대학 학생부 종합전형 실태 조사 결과〉, 2019. 11. 5.

28 조승래 의원이 교육부로부터 제출받은 자료 중에서 2018학년도 학종과 수능 선발인원은 교육부 실태 조사 자료와 수치가 달라서 교육부의 실태 조사 자료를 사용했다. 또한 조승래 의원은 '고른기회 전형' 전체를 제외한 인원을 계산해서 보도자료를 냈는데, 고른기회 전형에는 농어촌 전형뿐 아니라 저소득층 전형 등 여러 가지 전형이 포함된다. 따라서 각 대학의 모집 요강을 확인해서 농어촌 특별전형 인원만 뽑아서 계산했다.

29 이상《한국대학신문》, 2016. 8. 1.

30 《월간 진로적성》, 2016. 8.

제9장 >>> 국민이 입시제도를 정한다? — 대입 공론화 논쟁

1 《경향신문》, 2015. 9. 22.

2 《문재인 대통령 후보 대선공약집》, 2017. 5. 17.

3 《오마이뉴스》, 2017. 6. 15.

4 한국교원단체총연합회 보도자료, 2017. 6. 27.

5 《매일경제》, 2017. 7. 17.

6 국무총리실, 2017. 8. 3.

7 《한국일보》, 2017. 9. 5.

8 《세계일보》, 2017. 9. 5.
9 대입제도개편공론화위원회, 2018.
10 《대입제도 개편 공론화 백서》, 2018.
11 오현철, 2018.
12 박태순, 218.
13 박태순, 2018.
14 《전자신문》, 2018. 7. 11.
15 이주영, 2019.
16 Fishkin, 1991.
17 교육부, 2018.

맺는 글 >>> 시험 — 꺼지지 않는 문제의 불길이 아니라 살아 있는 희망의 불씨가
될 수 있을까?

1 《매경이코노미》, 2012. 8. 13.
2 《한국대학신문》, 2010. 6. 11.
3 《아주경제》, 2019. 9. 30.
4 리얼미터, 2019. 9. 5.
5 우리교육연구소, 2021.

참고문헌

강무섭 · 김재웅 · 민무숙(1986). 《고등교육 정원정책 연구》. 한국교육개발원.

강준만(2009). 《입시전쟁 잔혹사》. 인물과사상사.

교육과학기술부(2009. 3. 9.). 〈선진형 대입전형을 위한 입학사정관제 대폭 확대〉.

교육과학기술부(2011. 12. 13.). 〈중등학교 학사관리 선진화 방안〉.

교육과학기술부 · 대학교육협의회(2008. 6. 18.). 〈입학사정관제 선도대학 선정 결과〉.

교육과학기술부 · 대학교육협의회(2008. 8. 20.). 〈입학사정관 지원사업 대상 40교로 확대〉.

교육과학기술부 · 대학교육협의회(2009). 《2010 입학사정관제 길라잡이》.

교육과학기술부 · 대학교육협의회(2010. 6. 17.). 〈2010년 입학사정관제 지원 사업 선정 결과〉.

교육과학기술부 · 대학교육협의회(2011. 5. 24.). 〈2011년 입학사정관제 지원 사업 선정 결과〉.

교육과학기술부 · 대학교육협의회(2012. 5. 9.). 〈2012년 입학사정관제 지원 사업 선정 결과〉.

교육부(1995. 3. 21.). 〈1996학년도 대학입시 기본계획〉.

교육부(1996. 7. 9.). 〈교육부고시 제1996-3호 1997학년도 대입전형 세부계획〉.

교육부(1997. 3. 7.). 〈교육부고시 제1997-3호 1998학년도 대입전형 기본계획〉.

교육부(1998. 3. 13.). 〈교육부고시 제1998-4호 1999학년도 대입전형 기본계획〉.

교육부(1999. 2.). 《2002학년도 대학입학제도 개선 안내자료집》.

교육부(1999. 3. 3.). 〈교육부고시 제1999-4호 2000학년도 대입전형 기본계획〉.

교육부(2000. 2. 29.). 〈교육부고시 제2000-2호 2001학년도 대입전형 기본계획〉.

교육부(2010. 11. 16.). 〈"이제 대입은 성적순이 아닌 '입학사정관제'다"〉(블로그).

교육부(2013. 2). 〈고교교육 기여대학 지원사업 기본계획(2022-2024)〉.

교육부(2013. 8. 28.). 〈대입전형 간소화 및 대입제도 발전방안(시안)〉.

교육부(2014. 12. 26.). 〈대학수학능력시험 영어영역 절대평가 도입〉.

교육부(2015). 《2015 개정 교육과정》.

교육부(2017. 6. 19.). 〈2017 고교교육 기여대학 지원사업 假결과〉.

교육부(2017. 8. 10.). 〈2021학년도 대학수학능력시험 개편 시안〉.

교육부(2018. 4. 11.). 〈대학입시제도 국가교육회의 이송안〉.

교육부(2018. 5. 17.). 〈2018년 고교교육 기여대학 지원사업 선정결과〉.

교육부(2018. 8. 27.). 〈2022학년도 대입제도 개편방안〉.

교육부(2019. 6. 17.). 〈2019년 고교교육 기여대학 지원사업 추가선정평가 결과〉.

교육부(2019. 11. 28.). 〈대입공정성 강화 방안 별첨 자료〉.

교육부(2019. 11. 28.). 〈대입제도 공정성 강화 방안〉.

교육부(2023. 10.). 〈2028 대학입시제도 개편시안〉.

교육부(2023. 10. 10.) 〈2028 수능 국·수·탐 선택과목 없이 통합 평가 학업포기 내
　　모는 내신 9등급제, 2025부터 5등급 체제로〉.

교육부 학생부종합전형 조사단(2019. 11. 5.). 〈13개 대학 학생부종합전형 실태조사
　　결과〉.

교육부·한국대학교육협의회(2013. 6. 12.). 〈2013년 대학의 입학사정관 역량강화
　　지원사업 선정 결과〉.

교육부·한국대학교육협의회(2013. 9. 24.). 〈'15~16학년도 대입제도 및 '15학년도
　　대입전형 기본사항 확정〉.

교육부·한국대학교육협의회(2014. 6. 18.). 〈고교교육 정상화 기여대학 지원사업
　　선정결과 발표〉.

교육부·한국대학교육협의회(2015. 7. 21.). 〈2015년 「고교교육 정상화 기여대학 지
　　원사업」 선정평가 결과〉.

교육부·한국대학교육협의회(2016. 5. 19.). 〈2016년 고교교육 정상화 기여대학 지
　　원사업, 60교 선정〉.

교육인적자원부(2004. 8.). 〈학교교육 정상화를 위한 2008학년도 이후 대학입학제
　　도 개선방안(시안)〉.

교육인적자원부(2004. 8.). 〈학교교육 정상화를 위한 2008학년도 이후 대학입학제
　　도 개선방안(시안)—질의·응답 자료〉.

국무총리실(2017. 8. 3.). 〈수능개편, 매우 신중하게, 천천히 가야〉. 국무총리실 보
　　도자료.

김경옥·이윤옥(1973). 〈대학입시 문제에 나타난 영어 출제 경향—1970, 71, 72년
　　도 서울, 연세, 이화여자대학교〉. 이화여자대학교 외국어교육과. Foreign
　　language teaching, 6. 105~107.

김범석(2020). 〈학교생활기록 기반 교육평가 장치의 계보학〉. 한국교원대학교 박사
　　학위논문.

김성민(2021). 〈스타트업 채용 현황〉. 재단법인 교육의봄 채용포럼 발표 논문.

김세움(2021). 〈블라인드 채용 현황〉. 재단법인 교육의봄 채용포럼 발표 논문.

김 용·엄아름(2018). 〈일본 대학입시 정책의 변화 동향과 시사점〉.《비교교육연구》
　　28(3). 185~216.

김준엽 외(2013). 〈대학에서의 학습 및 활동을 중심으로 본 입학사정관제 성과〉.

김지영(2019. 11. 20). 〈일본의 대학입시제도 현황〉.《해외교육동향》364호.

김태철(2021. 8. 12.). 〈공정하고 미래 지향적인 대학입학전형제도〉.《미래교육체제
　　수립을 위한 유형별 주요의제 분석》.

대통령 자문 교육개혁위원회(1995). 〈세계화와 정보화 시대를 주도하는 신교육체제
　　수립을 위한 교육개혁방안〉.

리얼미터(2019). 〈바람직한 대입제도는? 정시 63% vs 수시 23%〉. 2019. 9. 5.

박태순(2018). 〈공론화 실패 원인분석과 건설적 공론화를 위한 제언〉.《대입제도개
　　편 공론화 무엇을 남겼나? 토론회》발표문. 2018. 8. 28.

사교육걱정없는세상(2018. 4. 19.). 〈대학입학전형에 대한 국민인식 조사 결과 발
　　표〉.

서남수·배상훈(2022).《대입제도 신분제도인가? 교육제도인가?》. 성균관대학교출
　　판부.

성태제(2002).《현대교육평가》. 학지사.

손준종(2006). 〈'내신제' 도입의 사회적 성격에 관한 연구—1930년대를 중심으로〉.
　　《교육사회학연구》16(3). 135~165.

송기석(2016. 9.). 〈대입제도에 대한 국민(학부모)여론조사 결과 및 대입제도 개선
　　방향〉.

송재주(1963). 〈63년 대학입시 국어과 문제를 보고—국가고사 및 서울대학 입시를
　　중심으로〉. 한국국어교육연구회.《국어교육》5. 86~90.

신인순·하영애(1967). 〈1968년도 대학입시 준비반—서울시내 학원을 중심으로〉.
　　이화여자대학교 사범대학 교육학과.《교육연구》30. 58~65.

오현철(2018). 〈공론화 과정의 비판과 대안〉.《대입제도개편 공론화 무엇을 남겼
　　나? 토론회》발표문. 2018. 8. 28.

우리교육연구소(2021). 〈핀란드의 대학입학제도 개혁과 한국에의 시사점〉.

윤정일·송기창·조동섭·김병주(1996).《한국교육정책의 탐구》. 교육과학사.

이경숙(2017).《시험국민의 탄생》. 푸른역사.

이기정·이 현·고용우·이혜정·조희연(2018).《입시의 몰락》. 창비.

이기훈(2018).《무한경쟁의 수레바퀴—1960~1970년대 학교와 학생》. 서해문집.

이민경(2022). 〈평등에서 개혁으로?—프랑스 대학입시제도 혁신안의 특징과 쟁점〉.《교육학연구》 60(2). 121~144.

이정규(1999).《한국사회의 학력·학벌주의—근원과 발달》. 집문당

이종구(2021).《한국 취업문화·공채문화 40년사》.

이종구·김홍유(2009). 〈삼성공채의 사적 전개 과정과 한국 취업문화 기여도 분석에 관한 탐색적 연구〉.《기업경영연구》 16(3). 78~90.

이종구·김홍유(2010). 〈한국 공채문화의 사적 전개과정과 시대별 특성 비교 분석에 관한 탐색적 연구〉.《경영사학》 25(2). 215~248.

이주영(2019). 〈2022학년도 대입제도개편 공론화 평가〉.《교육정치학연구》 25(4). 117~146.

이태형(2020). 〈학벌이 청년층의 공공기관 취업에 미치는 영향에 관한 연구〉. 연세대학교 석사학위논문.

이 현(2019). 〈대입제도와 사회적 가치〉.《교육비평》 제44호.

이 현·김현수(2021). 〈핀란드 대입제도의 특징 분석〉.《교육비평》.

이혜영·윤종혁·류방란(1997).《한국 근대 학교교육 100년사 연구(II)—일제 시기의 학교교육》. 한국교육개발원.

정범모·김호권·이성진·권 균·이종승(1993).《교육의 본연을 찾아서—입시와 입시교육의 개혁》. 나남.

정순우(1999). 〈한국사회 교육열에 관한 역사·문화적 접근〉.《교육사회학연구》 9(1).

최준형(2021). 〈AI 채용과 취업 시장 트렌드 변화〉. 재단법인 교육의봄 채용포럼 발표 논문.

핀란드 교육문화부. 〈2015년 중등학교 교과 과정의 기본 사항〉.

한국교원단체총연합회(2017. 6. 27.). 〈대입제도 개편 및 특목고·자사고 폐지 등으로 인한 교육혼란 해소 촉구 교총 입장〉.

한국교육과정평가원(2005).《대학수학능력시험 10년사》.

한국교육과정평가원(2014).《대학수학능력시험 20년사》.

한국교육십년사 간행회(1960).《한국 교육 십년사》. 풍문사.

한국대학교육협의회(2003. 2. 19.). 〈2004학년도 대학입학 전형계획 주요사항〉.

한국대학교육협의회(2005. 2.). 〈2006학년도 대학입학 전형계획 주요사항 보도참고자료〉.

한국대학교육협의회(2006. 2. 24.). 〈2007학년도 대학입학 전형계획 주요사항〉.

한국대학교육협의회(2007. 3. 21.). 〈2008학년도 대학입학 전형계획 주요사항〉.

한국대학교육협의회(2007. 8. 3.). 〈고교교육 정상화 기여대학 지원사업 선정 결과〉.

한국대학교육협의회(2008. 3. 19.). 〈2009학년도 대학입학전형계획 주요사항 발표〉.

한국대학교육협의회(2008. 11. 28.). 〈2010 대학입학전형계획 주요사항 발표〉.

한국대학교육협의회(2009. 11. 30.). 〈2011학년도 대학입학전형 시행계획 발표〉.

한국대학교육협의회(2010. 12. 6.). 〈2012학년도 대입전형 시행계획 발표〉.

한국대학교육협의회(2011. 12. 9.). 〈2013학년도 대입전형 시행계획〉.

한국대학교육협의회(2012. 12. 10.). 〈2014학년도 대입전형 시행계획〉.

한국대학교육협의회(2013. 12. 19.). 〈2015학년도 대입전형 시행계획 발표〉.

한국대학교육협의회(2014. 8. 7.). 〈2016학년도 대입전형 시행계획 발표〉.

한국대학교육협의회(2015. 5. 14.). 〈2017학년도 대입전형 시행계획 발표〉.

한국대학교육협의회(2016. 4. 27.). 〈2018학년도 대입전형 시행계획 발표〉.

한국대학교육협의회(2017. 4. 28.). 〈2019학년도 대학입학전형 시행계획 발표〉.

한국대학교육협의회(2018. 5. 1.). 〈2020학년도 대학입학전형 시행계획 발표〉.

한국대학교육협의회(2019. 5. 1.). 〈2021학년도 대학입학전형시행계획 발표〉.

한국대학교육협의회(2020. 4. 30.). 〈2022학년도 대학입학전형시행계획 발표〉.

한국대학교육협의회(2021. 4. 29.). 〈2023학년도 대학입학전형시행계획 발표〉.

한우희(1991). 〈보통학교에 대한 저항과 교육열〉. 《교육이론》 6(1).

한준상(1983). 《한국 대학교육의 희생》. 문음사.

홍성국(2018). 《수축사회—성장 신화를 버려야 미래가 보인다》. 메디치미디어.

황홍규(2008). 〈새 정부의 대학 정책 방향〉. 《대학교육》.

2002학년도 대학입학제도 개선위원회(1998). 〈2002학년도 대학입학 전형제도 실행
방안 연구〉.

kgeo17(2017). 〈주요 대학 2018 수능 한국사 수시 및 정시 반영 방법 정리〉.(blog.
naver.com/kgeo17/220929697458)

Fishkin, J. S.(1991). *Democracy and deliberation*. 김원용 역(2003). 《민주주의와 공
론조사》. 이화여자대학교출판부.

Golden, Daniel(2007). *The Price of Admission*. 이기대 옮김(2010). 《왜 학벌은 세습
되는가》. 동아일보사.

Karabel, J.(2005). *The Chosen: The History of Admission and Exclusion at Harvard,*

Yale, and Princeton. New York: Mariner Books. 이종삼 역(2010).《누가 선발 되는가?—역사편·사례편》. 한울.

OECD(1988). *Report on Education of Korea*. OECD. Paris.

Park, D.(2011). "School Choice Overseas: Are Parents Citizens or Consumers?". Unpublished Doctoral Dissertation. Columbia University. New York.

Sandel, M.(2020). *The Tyranny of Merit*. 함규진 역.《공정하다는 착각》. 미래앤.

Seth, M. J.(2002). *Education Fever: Society, Politics, and the Pursuit of Schooling in South Korea*. Honolulu, HI: University of Hawaii Press.

Trow, M.(1973). *Problems in transition from elite to Mass Higher Education*. Berkeley: Carnegie Commission on higher Education.

Tyler, R. W.(1949). *Basic principles of curriculum and instruction*. Chicago: University of Chicago Press.

《경향신문》. 1957. 3. 18. 〈高校의「不正內申書」綻露〉.

《경향신문》. 1968. 10. 16. 〈성패는 관리 방법에—대입예비고사제 진단〉.

《경향신문》. 1980. 7. 30. 〈사회적 病弊 근원적 剔抉〉.

《경향신문》. 1998. 11. 4. 〈'2002 大入' 특별전형 다양화/75개 大學 요강 분석결과〉.

《경향신문》. 1998. 11. 4. 〈'이젠 대학도 선택시대'… 톡톡튀는 특별전형〉.

《경향신문》. 2008. 1. 22. 〈인수위, "대학입시 3단계 자율화 방안 전문"〉.

《경향신문》. 2013. 5. 22. 〈수능 등급 떨어질까봐 한국사 선택 포기…〉.

《경향신문》. 2015. 9. 22. 〈수능안 빠진 '반쪽 개정'…현장선 "원천무효 소송"〉.

《경향신문》. 2019. 11. 5. 〈고교서열화로 학종서 '특목고에 특혜' 준 대학들〉.

《국민일보》. 2013. 2. 5. 〈[이명박 정부 5년 교육정책 평가] (상) 입학사정관제〉.

《국민일보》. 2017. 10. 24. 〈김상곤 "대입 학종 '추천서·자소서' 축소 또는 폐지〉.

《내일신문》. 2019. 11. 28. 〈학교교육과정 외·자소서 폐지한다〉.

《뉴시스》. 2017. 6. 29. 〈김상곤 후보자 "불합리한 서열화 해소···안정적인 대입제 도 마련〉.

《동아일보》. 1952. 4. 24. 〈입학기(入學期)를 당(當)하여〉.

《동아일보》. 1957. 3. 15. 〈입시의 공정을 기하라(상)—서울대학교 수학 고사는 재 실시되어야 한다〉.

《동아일보》. 1965. 3. 30. 〈무우즙도 정답〉.(1965a)

《동아일보》. 1965. 6. 26. 〈인책사임토록 지시. 박대통령 무우즙 파동〉.(1965b)

《동아일보》. 1976. 8. 2. 〈대입 주관식화 불안한 입시 준비생〉.

《동아일보》. 1977. 1. 31. 〈대학합격률 높은 「무명고교」의 지도명세 피땀쏟은 입시 작전 3년〉.

《동아일보》. 1980. 7. 31. 〈교육혁신 무엇이 달라지나 〈1〉 대학입시〉.

《동아일보》. 1980. 9. 8. 〈勉學 새바람「全人教育」「7·30 改革」그후 달라진 教育風俗圖〉.

《동아일보》. 1993. 11. 18. 〈中2 "고입-대입 모두 개편 날벼락"〉.

《동아일보》. 1993. 11. 18. 〈학생-학부모-교사 모두 "학생부종합전형 공정성 의심"〉.

《동아일보》. 2007. 12. 8. 〈"가혹한 등급제"…언수외탐 1등급 644명〉.

《동아일보》. 2016. 11. 4. 최예나·노지원. 〈梨大 서류점수 하위권 정유라, 면접 최고점 받아 '턱걸이 합격'〉.

《동아일보》. 2019. 6. 25. 〈과중한 '수행평가' 부담에 … 불만 목소리 커지는 학생과 학부모들〉.

《매경이코노미》. 2012. 8. 13. 〈무용론 나오는 입학사정관 대입전형… 돈, 시간 없으면 지원 엄두 못 내〉.

《매일경제》. 2017. 7. 17. 〈교육부, 대입 단순화·수능개편TF 신설…'본격 개편'〉.

《문화일보》. 2013. 6. 3. 〈'한국사 수능 필수과목으로' 100만 서명운동〉.

《서울신문》. 1996. 1. 20. 문용린. 〈학력 관리는 고교에 맡기자〉.

《서울신문》. 2018. 3. 31. 〈"내년 정시 늘려라"… 교육부 차관, 대학에 직접 독려〉.

《서울신문》. 2018. 8. 17. 유대근. 〈무너진 교육개혁 3대 축 … 신뢰 잃은 '진보교육 아이콘' 김상곤 부총리〉.

《세계일보》. 1994. 3. 6. 〈수능 "교육정상화 기여" 긍정평가〉.

《세계일보》. 1999. 3. 27. 〈2002년도 대입전형 확정, 고교 진학지도 혼란〉.

《세계일보》. 1999. 3. 27. 〈2002학년도 대학특별전형 눈길〉.

《세계일보》. 1999. 3. 27. 〈대입 40%이상 특별전형〉.

《세계일보》. 2004. 9. 11. 〈새 대입안 곳곳 "암초"/고교별 학력차 공개, 대학 학생선발권 강력 요구〉.

《세계일보》. 2017. 5. 19. 〈고3 교사들 "학생부종합전형이 가장 불공정"〉.

《세계일보》. 2017. 9. 5. 〈국가교육회의 출범… 참여정부 기구 '재판' 되나〉.

《아주경제》. 2019. 9. 30. 〈[2019국감] 김현아 "학종비리 5년간 9건 적발… 입학취소된 경우 드물어"〉.

《오마이뉴스》. 2017. 6. 15. 〈절대평가로 인한 공교육 정상화의 가치가 '우선'〉.

《전자신문》. 2018. 7. 11. 〈김영란 위원장, "대입개편 데이터 없어…공론화 이전에 연구부터 했어야"〉.

《조선일보》. 1957. 9. 10. 최현배. 〈入試 바로잡는 問題 入試方法 폐해에 대한 소견 (下)〉.

《중앙일보》. 1997. 10. 20. 〈특수목적고 총 5백27명 자퇴·전학 … 올 비교내신 폐지 반발〉.

《중앙일보》. 2017. 8. 6. 〈10일 공개될 수능 개편안 시안, 절대평가 전면도입이냐 단계적 확대냐〉.

《천지일보》. 2019. 7. 16. 〈수행평가 축소해야 아이들이 행복하다〉.

《프레시안》. 2005. 5. 10. 〈고교생 또 자살, 두 달 새 10명 희생〉.

《한겨레》. 1993. 8. 21. 〈'비정상 교육'풍토 쇄신의지 담아/대학수학능력 첫 시험 의미〉.

《한겨레》. 2001. 2. 15. 〈2002학년도 전형계획/대입정원 29% 수시모집〉.

《한겨레》. 2008. 9. 18. 〈수능 응시자수 9년만에 증가…수리 나형 '쏠림'〉.

《한겨레》. 2010. 12. 9. 〈2012학년도 대입정원 62% 수시선발〉.

《한겨레》. 2013. 7. 15. 〈"필수과목 지정으로 해결"-"학생 입시 부담만 가중"〉.

《한겨레》. 2023. 6. 30. 〈'보수화'된 미 대법, 소수 인종 우대 대입정책 '위헌' 판결〉.

《한국경제》. 2018. 4. 8. 〈5년간 대학 부정입학 적발 33건 … 사립대가 26건〉.

한국경제 TV. 2018. 12. 17. 〈'수행평가 전원 만점' '생기부 멋대로 수정' 학사 부실 만연〉.

《한국대학신문》. 2010. 6. 11. 〈주요사립대 입학사정관제 '점진적 확대'〉.

《한국일보》. 1993. 11. 19. 〈예체능특기자 병역특례제/95년 1월부터 부활〉.

《한국일보》. 2011. 1. 26. 〈수능 수준별 시험 도입되고 연 1회만 본다〉.

《한국일보》. 2012. 10. 9. 〈수능 국사 선택 2005년 27.7%에서 2012년 6.9%로 줄어〉.

《한국일보》. 2015. 4. 20. 〈"수능서 영어 절대평가 정착 땐 국어·수학 등에도 도입 검토"〉.

《한국일보》. 2017. 7. 17. 〈2021학년도 수능 개편팀 구성… '김상곤 표' 개혁 스타트〉.

《한국일보》. 2017. 10. 13. 〈한해 224번이나… 수시용 교내대회 남발〉.

《TBC뉴스》. 2016. 6. 10. 〈킬러 없이 변별력 갖췄다〉.

《TV조선뉴스》. 2017. 7. 21. 〈[단독] 교사추천서는 '긁어붙이기'…있으나 마나〉.